巨灵擘地

北京大学区域国别研究丛书

“门罗主义”与区域国别研究的知识生产

章永乐 | 著

北京大学出版社
PEKING UNIVERSITY PRESS

图书在版编目(CIP)数据

巨灵擘地 ：“门罗主义”与区域国别研究的知识生产 / 章永乐著. -- 北京 ：北京大学出版社，2025. 6.
ISBN 978-7-301-35973-0

Ⅰ. B089

中国国家版本馆 CIP 数据核字第 2025EJ5934 号

书　　名	巨灵擘地：“门罗主义”与区域国别研究的知识生产 JULING BODI：“MENLUO ZHUYI” YU QUYU GUOBIE YANJIU DE ZHISHI SHENGCHAN
著作责任者	章永乐　著
责任编辑	许心晴
标准书号	ISBN 978-7-301-35973-0
出版发行	北京大学出版社
地　　址	北京市海淀区成府路 205 号　100871
网　　址	http://www.pup.cn
新浪微博	@北京大学出版社　@北大出版社法律图书
电子邮箱	编辑部 law@pup.cn　总编室 zpup@pup.cn
电　　话	邮购部 010-62752015　发行部 010-62750672 编辑部 010-62752027
印 刷 者	大厂回族自治县彩虹印刷有限公司
经 销 者	新华书店 965 毫米×1300 毫米　16 开本　13.5 印张　230 千字 2025 年 6 月第 1 版　2025 年 6 月第 1 次印刷
定　　价	69.00 元

目　录

导　言

巨灵擘地镵鸿荒，飞鼍碎影神螺僵。
上有抟土顽苍苍，下有积水横泱泱。
抟土为六积水五，位置错落如参商。
——梁启超《二十世纪太平洋歌》①

1899年12月31日夜半，正值19世纪与20世纪交替的时刻，梁启超站在驶往美国的海轮上，途经东西两半球的交界海域，目睹太平洋的海潮汹涌，心潮澎湃，写下了长诗《二十世纪太平洋歌》。在这首诗中，梁启超从“巨灵擘地镵鸿荒，飞鼍碎影神螺僵”开始讲述人类的历史。所谓“巨灵”，即古代神话传说中分开华山的河神。“巨灵”将大地分开，从而通过犁垦（“镵”），打破洪荒状态，而各种神灵怪兽为之惊惶失色。此后，各种动物（“虫”）经过“优胜劣败”之“天演”，最后人类胜出，先经历“据乱世”，进而达到“小康”——在此，梁启超将社会达尔文主义与经过康有为重新解释的春秋公羊学“三世说”结合在一起。而随着大洋文明的开启，人类迅速进入“民族帝国主义”的时代。这种“帝国主义”扩张的动力不是少数君主的野心，而是一个民族力量的膨胀。它带来的国家竞争的烈度，也非昔日可比。梁启超警告国人：“物竞天择势必

① 张品兴主编：《梁启超全集》，北京出版社1999年版，第5426页。

至,不优则劣兮不兴则亡"[①]。

本书书名"巨灵擘地",即取自梁启超的《二十世纪太平洋歌》,但同时以一种不同于原诗的方式来运用这一表述。就梁启超原意而言,"巨灵擘地"是开启鸿蒙的意象,然而,它完全可以被用来形容近代殖民帝国对于全球空间的瓜分。在15世纪末,所谓"地理大发现"催生了欧洲列强的海外殖民。在殖民主义者的打击之下,许多古老的区域性文明纷纷遭到毁灭。工业革命之后,西方列强在"组织化暴力"(organized violence)上更为显著的优势,进一步加速了其对于全球空间的瓜分。在欧亚大陆以东,日本通过明治维新崛起,吞并琉球、朝鲜,进而觊觎中国与东南亚,加入了列强瓜分全球与区域空间的游戏。这就是近代旧殖民主义的"巨灵擘地"。我们甚至可以说,德国公法学家卡尔·施米特(Carl Schmitt)的名著标题"*Der Nomos der Erde*",就包含了"擘地"的意思——Nomos 指向对空间的划分,而 Erde 兼具"大地"与"地球"之意。只是这"擘地"的巨灵,在施米特的标题中尚未直接现身。

那么,谁是在"民族帝国主义"时代"擘地"的"巨灵"?从梁启超的后续作品来看,他对于"巨灵"内涵的理解,已经超越了以军事—财政机制为核心的近代国家。1903年,梁启超访问美国,对美国的垄断性经济组织托拉斯(Trust)留下了深刻的印象,在返回日本后不久,即写下近2万字的长文《二十世纪之巨灵托辣斯》,在1903年11月2日至12月2日的《新民丛报》第40—43号上连载。梁启超分析了托拉斯兴起的经济根源,认为这种经济组织形式是为了解决生产过剩弊病而产生的补救之法,但一旦形成,就成为"帝国主义"的工具,对于工业化滞后的中国具有极大的威胁性。[②]如果托拉斯是"二十世纪之巨灵",那么参与空间分割的,绝不仅仅是掌握政治与军事力量的国家,更有与国家结合的资本聚合体。一个殖民帝国的工业越发达,就往往越是依赖跨国公司来支配新的空间。对"二十世纪之巨灵"的发现,进一步强化了梁启超1901年所作的《灭国新法论》的判断:八国联军入京后没有瓜

---

① 张品兴主编:《梁启超全集》,北京出版社1999年版,第5426页。
② 同上,第1113页。

分中国，并非因为他们信奉了什么“保全中国”之论，而是因为他们找到了“灭国新法”；而通过形式上的经济主体对一国经济命脉的瓜分，正是“灭国新法”的关键内容之所在。由于这种“灭国新法”的隐蔽性，梁启超曾在 1902 年发表的《论民族竞争之大势》中称之为不同于“虎行”的“狐行”。①从梁启超的这一视角来看，用“巨灵擘地”来形容近代殖民帝国，不仅可以覆盖关注土地占取的旧殖民主义，也可以覆盖不占领他国领土、但致力于建立经济支配的新殖民主义。

梁启超的新发现，直接关系到对作为后起之列强的美国的重新认识和评价。1900 年 2 月 22 日，清廷驻美公使伍廷芳应邀在宾夕法尼亚大学发表演讲《论美国与东方交际事宜》(*The Proper Relations of the United States to the Orient*)。伍廷芳将“门罗主义”(Manroe Doctrine)论证为“华盛顿之道”的具体化，是“保邦致治之隆规”。他将美国政府当时的“门户开放”照会内容概括为“共保中国洞辟门户，毋许侵陵”，符合华盛顿公正和平之宗旨。②在此基础之上，伍廷芳主张美国应当行华盛顿之遗教，乘着平定菲律宾之势，将“门罗主义”的适用范围扩展到菲律宾乃至亚洲。而在当年八国联军入侵、中国濒临被瓜分境地的背景下，梁启超在《论今日各国待中国之善法》中曾寄希望于美、日、英三国牵制其他列强对中国的瓜分，从而保持中国的领土完整和政治自主，与李鸿章、伍廷芳等长期采用的“以夷制夷”策略，有着相似的思路。③然而，一旦代入“灭国新法”的观念，这些认识都会被打上深刻的问号：“门罗主义”也好，“门户开放”也好，并非保全其他弱国的主义，而恰恰是美国针对这些弱国建立“非正式帝国”的主义；在梁启超看来，20 世纪初的中国也无须感谢美国“保全”中国，因为这种“保全”，从根本上来说还是和其他列强一起，对中国实施“灭国新法”。

梁启超的“灭国新法”之论，很快对他的朋友杨度产生了深刻影响。杨度

---

① 梁启超《论民族竞争之大势》于 1902 年 2 月至 4 月连载于《新民丛报》，进而在 1902 年 5 月由上海广智书局出版单行本《现今世界大势论》，将《灭国新法论》收作附录。梁启超：《现今世界大势论》，广智书局 1941 年版，第 35 页。

② 丁贤俊、喻作凤编：《伍廷芳集》，中华书局 1993 年版，第 133 页。

③ 张品兴主编：《梁启超全集》，北京出版社 1999 年版，第 433—434 页。

认识到，八国联军侵华以来列强的“保全主义”本质上仍然是一种“瓜分主义”，只不过是暂时将“有形之瓜分”变成“无形之瓜分”。[1] 1904 年，杨度深度参与“废约自办”粤汉铁路的请愿活动，站到引入美资的驻美公使伍廷芳的对立面，并在相关论述之中，认为贷款、筑路，都是美国在华实施“无形之瓜分”的手段，而这些又可能为有形的“瓜分主义”提供回归的基础性条件。[2] 1907 年，杨度撰《金铁主义说》，对于当时在列强中盛行的财政—军事国家的内部组织和对外支配模式进行了进一步的理论化，将其称为“金铁主义”。美国不仅不是这一模式的例外，而且是一个极其重要的典型。

在 20 世纪初，梁启超等知识精英对于“巨灵擘地”的新认识，代表着对殖民主义的扩张与支配模式认识程度上的飞跃。在“区域国别学”上升为一级学科的今天，当我们追溯“区域国别学”在中国本土的知识传统的时候，梁启超等知识精英以美国的“门罗主义”与“门户开放”政策为切入点对于“巨灵擘地”的思考，完全可以被重新理解为对深刻塑造近代全球区域与国家秩序及其知识传统的殖民主义权力机制的剖析。但在 20 世纪初，梁启超等知识精英对于殖民主义的回应，仍然具有某种暧昧性——一方面痛感中国受到列强的侵略与压迫，另一方面又对列强充满羡慕，接受列强将全球各民族划分为“文明”“半文明”与“野蛮”三个等级的做法，希望中国通过自觉的变革，从“半文明”等级上升为“文明”等级。如此，“反抗列强”的目的，恰恰是“成为列强”。这种“文明等级论”本身就是殖民主义塑造的区域国别知识框架。只有持一种更为彻底的批判立场，我们才能够在梁启超等知识精英的著述中，清晰地识别出一种深刻的暧昧性。

一、区域国别知识生产：三种立场

随着“巨灵擘地”时代的到来，殖民者的足迹无远弗届，许多与世无争的族群被迫决定是否应该承认殖民者的支配。然而，他们真的具有选择的空

---

① 刘晴波主编：《杨度集》，湖南人民出版社 1986 年版，第 91 页。

② 杨度：《致黄昌年函》，载刘晴波主编：《杨度集》，湖南人民出版社 1986 年版，第 188 页。

间吗?

1906年8月26日清廷重臣端方向慈禧太后进呈的《请定国是以安大计折》(梁启超代笔)曾讨论,如果国家无法做到国富兵强,是否可以“各自立国,两不相妨”。奏折给出了否定的回答:“凡此世界之上,无论何洲何国,苟有内政不修,国贫兵弱者,即为彼等投资本、殖人民、扩势力、争国土之地,西人谓此为‘帝国主义’。帝国主义者,即霸国主义,攘夺人之所有,以为己有者也。百年以来,欧洲各国之势力既皆以此主义而涨出于外,若美洲,若澳洲,若非洲,几于无一尺寸之地,而非列强之所有。五洲之中,已有其四。”①

在殖民帝国的压力之下,离群索居已经成为不可能性的选项。印加文明、玛雅文明与阿兹特克文明遭遇了灭顶之灾,其他一些区域性文明体虽然得以幸存,但其以自我为中心的空间观濒临崩溃,受到沉重打击的还有传统的循环往复的时间观。列强带来了一种线性的时间观,不同的国家和族群被安置到历史进步时间线上的不同位置,而最为进步的族群俨然享有某种对落后族群的“教化”权力。而以“文明”与“教化”的名义来建立支配,是殖民帝国的辩护者最为常用的修辞手法。

列强之间围绕空间展开激烈竞争。对安全和利润的追求,而非单纯知识上的好奇,推动它们不断寻找新的空间。而这就是所谓的“全球化”的原始动力之一。那种将近代社会发展的动力追溯到所谓“科学精神”的叙事,都遮蔽了推动近代科学发展的复杂的动力机制。科学也是一项有组织的事业,而一旦讨论组织的形态和推动力,我们就会遭遇国家、教会、特许公司、金融家等力量。殖民恰恰是将各种力量整合在一起的事业——政治精英寻求安全与荣耀,教会需要收割灵魂,资本家需要利润,而对外殖民满足各种人不同的需求,带来了极其可观的对科学研究的投资。

“巨灵擘地”的过程产生了对“地”以及之上的“人”“物”“事”进行认知的需求。地理学的突飞猛进,人类学的兴起,比较语言学与比较法学的发展,考古学的推进,背后都有殖民主义力量的推动。甚至医学也得到了长足的发

① 夏新华、胡旭晟等整理:《近代中国宪政历程:史料荟萃》,中国政法大学出版社2004年版,第46—47页。

展,因为殖民者经常需要进入那些让他们“水土不服”的地方,于是研究者需要考察不同地方的病症并探索救治的方法。非洲热带雨林的疟疾,曾经长期让殖民者望而生畏。而从南美金鸡纳树提取的奎宁(Quinine)作为抗疟疾的药物在19世纪中期开始大规模应用,加速了非洲被瓜分的进程。殖民者对于陌生空间的人、物、事进行研究,由此也产生了殖民主义的“区域国别研究”传统。在这个传统里,认知者是从“帝国之眼”观察帝国的“新边疆”,认知是为了支配和统治,为了将高度不规则的认知对象纳入认知者的框架,改造成认知者规划的形态。军事征服、传教和商业扩张,驱动着列强的认知活动。

这种认知活动绝不是温情脉脉的。托克维尔(Alexis-Charles-Henri Clérel de Tocqueville)曾断定:“只有手持武器才能研究野蛮民族。”[①]殖民者将诸多非西方民族视为“野蛮”或“半文明”,绝不仅仅是一种“无害的偏见”。在1836年完成的《论文明》(*Civilization*)中,长期服务于东印度公司的英国思想家密尔(John Stuart Mill)提出,一个民族的合作能力(the power of cooperation),决定了其文明的程度。[②]在此,文明与野蛮归根结底是对一个社会组织力的衡量尺度,而组织力的强弱,却是在真实的对抗之中测试出来的。英国权威国际法学家维斯特莱克(John Westlake)公开将一个国家政治组织是否符合“文明国家”标准的关键指标设定为组织起来自我防卫的能力[③],而这一立场很容易得出这样的推论:一个国家如果在自我防卫的战争中失败,本身就证明其“文明程度”不足,于是不仅是“落后就要挨打”,而且是“挨打证明落后”“落后证明该挨打”。于是,殖民帝国在“组织化暴力”(organized violence)方面一度具有的压倒性优势,使其能够毫无心理负担地以“文明”自居。

但由于殖民帝国是复数的,帝国的“边疆”(frontier)地带,往往也是多个帝国争夺之地,于是一个殖民帝国也需要深入认识其他殖民帝国,回应后者

---

① Alexis de Tocqueville, *Writings on Empire and Slavery*, Jennifer Pitts ed. & trans., Johns Hopkins University Press, 2001, p. 130.

② John Stuart Mill, *The Collected Works of John Stuart Mill, Volume XVIII-Essays on Politics and Society Part I*, J. M. Robson ed., University of Toronto Press, 1977, pp. 122-124.

③ L. Oppenheim ed., *Collected Papers of John Westlake*, Cambridge University Press, 1914, pp. 2, 103.

带来的军事、经济和舆论挑战。比如说，英俄“百年大博弈”的过程，不仅是英俄两国对中亚的认识不断深化的过程，也是英俄两国对彼此的认识不断深化的过程。麦金德(Halford John Mackinder)1904年在英国皇家地理学会发表的著名演讲《历史的地理枢纽》，就是英俄“百年大博弈”的知识产物。而殖民帝国之间的争夺与相互削弱，可能会给被统治者的反抗带来可乘之机，于是殖民帝国之间往往需要进行妥协和协调，比如在1900年，八国联军共同镇压义和团运动，1911年武昌起义爆发后，许多列强担心中国出现新的义和团运动，进行了新的“大国协调”，确立“金融中立”政策并支持袁世凯夺权，深刻塑造了民国初年的权力格局。[①]此外，殖民者还需要在“边疆”不断研究和改进他们自己的支配体系和统治工具，不管是军事工具、财政工具、金融工具、产业工具，还是宣传舆论工具。这些都丰富了殖民主义的“区域国别研究”传统。

在原生的殖民主义者之后，我们可以看到殖民秩序的“顺应者”。所谓“顺应”，存在两种可能性：一是顺应具体的殖民帝国，如伪满洲国、南京汪伪政府顺应日本帝国主义，这种顺应，在知识和话语上通常直接继受殖民帝国的论述，如“大东亚共荣圈”论述；二是虽然并不顺应具体的殖民帝国，但顺应殖民主义的逻辑，比如说，明治时期的日本并非顺应具体的哪个西方殖民帝国，而是奋发图强，经过明治维新、甲午战争与日俄战争，从殖民帝国眼中的“半文明国家”，上升为获得殖民帝国承认的“文明国家”。日本的成功，对一战之前的中国起到了很大的示范作用。大量中国留学生东渡学习日本的强国之道。在1905年废除科举之后，留日更是成为泱泱大潮。当时出现的大量对于“民族帝国主义”的讨论，并非批判“民族帝国主义”的逻辑，而是探讨中国如何通过自我改造，发展出自身的“民族帝国主义”，与列强并驾齐驱。

对“民族帝国主义”的羡慕，体现了“富国强兵”的有志追求，然而，它同时也是对现实世界逻辑的一种顺应。梁启超在《新民说》中推崇盎格鲁—撒克逊民族的海外拓殖；杨度在《金铁主义说》中探讨如何认识和推行“金铁主

---

① 章永乐：《“大国协调”与“大妥协”：条约网络、银行团与辛亥革命的路径》，载《学术月刊》2018年第10期。

义";康有为周游列国,留下一系列游记,自命为尝百草的神农,比较各国制度与道路,虽然向往"大同",但又强调当下未脱"据乱世",仍然必须实行适合时代的治法。他们的努力,都未能摆脱"顺应"的基本逻辑。顺应者批判具体的列强带来的压迫,但将列强遵循的强者逻辑视为一种无可脱逃的必然,甚至以"适者生存""优胜劣败"的理由加以论证。

"顺应者"在面对全球霸权(hegemony)的时候,也会表现出"反抗"的一面。如卡尔·施米特对于美国霸权的犀利解剖,日本"亚洲门罗主义"理论家们对于英美的激烈批判,均包含了一定的洞见。然而当他们将目光转向本区域的弱小国家的时候,始终难掩为后者"作主"的姿态。当"顺应者"力量足够强大,跻身于顶级"压迫者"之列的时候,他们的"区域国别研究"传统也转化为压迫者的"区域国别研究"研究传统。二战结束之前,日本政学商各界对于"东洋""东亚"区域的建构,对于土耳其、印度与中亚的研究,已经被全面纳入殖民帝国建构的格局。白鸟库吉、内藤湖南、宫崎市定等日本学者对于中国史的研究,更是发挥着为日本殖民扩张提供"帝国理由"①的功能。

近代中国走上反抗而非"顺应"殖民秩序的道路,并非从一开始就有坚定的决心与清晰的自觉。如前所述,在中国参加第一次世界大战之前,曾经有不少精英试图模仿日本的道路,通过自我改革,成为列强中的一员。然而日本一旦在东亚确立区域霸权,就绝不容许中国通过日本的方式,成为与之并驾齐驱的区域霸权。比如说,在一战期间,袁世凯政府试图趁着协约国有求于中国的时候,加入协约国一方参战,日本对此表示了强烈的反对。②直到1917年通过"西原借款"控制段祺瑞政府、确认中国不会因参战而挑战日本在东亚的地位后,日本才最终支持中国加入协约国阵营参战。除此之外,中国是超大规模国家,在晚清与民初又缺乏强有力的领导力量,无法通过改革

① 我参照"国家理由"(raison d'état)一词,仿造了"帝国理由"这个术语,指称殖民帝国为了扩张和维持自身的帝国统治而进行的正当化论证。不过,在我之前,已有学者在对神圣罗马帝国皇帝、西班牙国王查理五世的统治史的研究中使用了"帝国理由"一词,参见 Laurent Gerbier, Les raisons de l'Empire: Les usages de l'idée impériale depuis Charles Quint, Librairie philosophique J. Vrin, 2016。我对"帝国理由"的使用更聚焦于殖民帝国。

② 唐启华:《洪宪帝制外交》,社会科学文献出版社 2017 年版,第 134—190 页。

将国家整合起来,即便主观上想模仿日本,在客观上也无法取得相应的成果。

然而,第一次世界大战带来了巨大的冲击:自命为“文明国家”的列强相互厮杀,上千万人命灰飞烟灭,这一血腥的场景,令寻求模仿日本那样通过自我变革加入“文明国家”的中国舆论领袖们感到愕然。在一战结束之后,连遵循日本明治维新道路的必要性都已经大大弱化。俄国十月革命后,布尔什维克积极支持殖民地半殖民人民的革命斗争,带来了国际秩序的一种新的可能性,而这在战前列强的“文明等级论”看来,不啻是“野蛮”对于“文明”的反抗和颠覆。[1]而所谓“文明国家”之间的“大国协调”在因一战而破裂之后,并没有得到实质性重建,新生的国际联盟排斥了苏联,美国因为内政原因也没有加入,这使得国际联盟根本无法成为一个真正的“大国协调”的平台。像日本那样通过一个“导师委员会”答辩顺利“毕业”的基本条件,对中国而言,已经接近消失。

一战后,中国走上了同时改造国内秩序与国际秩序的道路,“打倒列强,除军阀”这个新口号表明了国共合作展开的国民革命的抱负。在马克思主义的新视野中,不是财富和教养代表着文明,而是劳动创造文明。[2] 在一战之前,连西欧的工人和农民都会被视为某种“内部野蛮人”,更不用说殖民地半殖民地的工人与农民了。但现在,劳动者及其劳动获得了本体论层面的肯定。一战之前被视为“文明国家”的列强,在战后的正式名称是“帝国主义”,而奉行“门罗主义”与“门户开放”的美国,在战后同样被视为“帝国主义”势力,并不构成一个例外。

---

① 在1923年初版的《罗马天主教与政治形式》(Römischer Katholizismus und politische Form)一文中,时年35岁的德国公法学家卡尔·施米特这样评论俄国十月革命:“自十九世纪以来,欧洲出现了两大反对西欧传统和教育的人群,两大横溢河岸的川流:进行阶级斗争的大城市无产阶级,与欧洲疏离的俄国群众。从传统西欧文化的观点来看,这两大人群都是野蛮人。当他们感觉到自己的力量时,他们就骄傲地自称为野蛮人。”〔德〕卡尔·施米特:《罗马天主教与政治形式》,载《政治的概念》,刘宗坤等译,上海人民出版社2003年版,第77页。施米特在此仍然是站在19世纪欧洲主流的文明论的立场上来看待十月革命的,将其视为欧洲边缘民族和无产阶级两股“野蛮人”的合流。在19世纪的文明等级论之下,这两大人群被视为“文明程度”不足、需要被拒绝乃至延迟进入政治场域的力量,是欧洲“教化”的客体。

② 瞿秋白在1923年旗帜鲜明地提出“文明是人类劳动的创造”。瞿秋白:《现代文明的问题与社会主义》,载《东方杂志》1923年第21卷纪念号。

突破殖民帝国秩序的实践催生了反抗者的“区域国别研究”传统。被压迫者需要从压迫下获得自我解放，然而，不联合其他被压迫者，他们无法凝聚起足够的力量，来对抗他们所受到的压迫，因而必须有一种共同反帝反殖的“国际主义”。实践需要被压迫者研究几个方面的内容：

第一，研究殖民支配体系以及具体力量。每个殖民地半殖民地都会面对具体的殖民帝国，也必然需要对具体的压迫者进行细致研究。面对纷至沓来的诸殖民帝国，中国对近邻日本无疑比对西方列强有更多的研究。然而比研究具体的殖民帝国更具深度与挑战性的，是研究殖民主义的支配体系本身，寻找其中的“薄弱环节”。在这方面，毛泽东在井冈山时期写的《中国的红色政权为什么能够存在》《星星之火，可以燎原》可谓典范。两文从殖民帝国的全球支配体系切入，指出全球殖民帝国处于相互争夺之中，由此导致它们在中国的代理人也相互争夺，从而导致中国不存在一个统一的统治结构，而这就为革命根据地的持存和扩大提供了有利的条件，这正是对支配体系的“薄弱环节”的有力分析。[①]

第二，研究在反抗压迫的过程中可以依靠和团结的力量。孙中山留下的遗嘱中就包括了“联合世界上平等待我之民族，共同奋斗”的主张，毛泽东更是指出：“谁是我们的敌人？谁是我们的朋友？这个问题是革命的首要问题。”[②]于是，在革命需要苏联支持的时候，就需要研究苏联，派遣留学生，翻译俄语文献，等等。中国的研究者会以发现革命潜能的视角，来研究一系列亚非拉国家。如陈翰笙 1959 年出版的《印度与巴基斯坦经济区域》，其宗旨即在于具体说明帝国主义殖民政策如何造成了印度和巴基斯坦两国经济的畸形的落后状态，并分析了两国在争取经济独立、建设一个完整的经济体系方面面临的现实情况。[③] 1964 年根据中央关于加强国际问题研究的指示成立的北京大学亚非研究所，更是对亚非国家展开了大量研究，尤其是探讨其内部变革的动能。

---

① 《毛泽东选集》（第一卷），人民出版社 1991 年版，第 47—56 页，第 97—108 页。

② 同上，第 3 页。

③ 陈翰笙：《印度和巴基斯坦经济区域》，商务印书馆 1959 年版，第 3—4 页。

第三，需要研究在反抗压迫的过程之中可以争取和转化的力量。比如说，中华人民共和国建立之后，始终与日本的左翼进步力量保持着密切联系。1960 年 3 月 18 日，毛泽东在会见日本社会党书记长浅沼稻次郎时曾明确指出，“西太平洋要西太平洋国家自己来管”。[①]这一表述的用意在于倡导中日两国人民携手，共同排斥美国的占领和对本地区事务的干预。1975 年，毛泽东曾在与德国总理赫尔穆特·施密特（Helmut Schmidt）的谈话中，指出欧洲“太散”“太弱”了。[②]这体现了毛泽东分化欧、美的重要策略。中国甚至能够运用美苏之间的矛盾，来减轻自身所受的压力，乃至改变全球力量的平衡。1972 年尼克松访华就是这样一个关键的事件。当时，中国并没有撤下那些让尼克松感到不快的标语，也始终坚持美军必须撤出越南的立场。所有这些决策，都有相关的区域国别研究作为支撑。

与在全球各地拥有实际利益关联的殖民帝国相比，反抗者进行区域国别研究的资源条件往往是很有限的。他们在很多时候必须以反抗者的眼光，“回收利用”殖民帝国所积累的“区域国别”知识。但在现实中逐渐发展的国际交往，也会为区域国别研究提供新的可能性。比如说，在冷战时期，尽管中国与欧美各国的交往受到客观条件的限制，但与第三世界国家的交往却不断发展，如中国援建坦赞铁路，并向非洲友好国家派出医疗队，这些面对面的交往使中国能够获得许多一手资料。中国声援一系列阿拉伯国家的反帝独立运动，并与一些阿拉伯国家展开贸易，主流媒体密切关注阿拉伯国家的动态，学界也对阿拉伯国家展开了诸多研究。[③]

原生的殖民者、顺应者与反抗者这三种类型并不足以穷尽现实世界中不同主体对于殖民帝国及其支配秩序的态度，后者是一道连续的光谱，而不是单独的三个支点。但确定三个支点，有助于我们在连续的光谱之中对其他的点进行定位。比如说，本书上编专文探讨拉丁美洲的主体性，强调了其反抗

---

① 中华人民共和国外交部、中共中央文献研究室编：《毛泽东外交文选》，中央文献出版社、世界知识出版社 1994 年版，第 371 页。

② 〔德〕赫尔穆特·施密特：《施密特：大国和它的领导者》，梅兆荣、罗国文、王熙敬译，海南出版社 2014 年版，第 362 页。

③ 殷之光：《新世界：亚非团结的中国实践与渊源》，当代世界出版社 2022 年版。

霸权的一面。但除了古巴这样的长期坚持反抗“门罗主义”的国家，大多数拉丁美洲国家的政局如同钟摆，时左时右，一个强调反抗霸权的政党执政一段时间，往往会由一个顺应霸权的政党来执政。拉丁美洲留下了许多与反抗霸权有关的深刻的思想成果，但反抗霸权的实践努力在现实中往往无果而终。

近代以来中国的现代化探索，已经走出了不同于“原生的压迫者”与“顺应者”的现代化道路。中国并非致力于加入一个已然存在的列强俱乐部，使其实现有限的“扩容”，而是与世界上大多数具有殖民地半殖民地经历的国家与民族一起，致力于全球秩序的进一步民主化与平等化。在今天，中国提出的“一带一路”倡议已经过多年的实践，由此激发的区域国别研究，正在接续20世纪的“第三世界”研究传统。中国领导人强调：中国始终同发展中国家同呼吸、共命运，过去是、现在是、将来也永远是发展中国家的一员；中国不走一些国家通过战争、殖民、掠夺等方式实现现代化的老路[①]；中国属于“全球南方”国家[②]。所有这些表述，从根本上都是对近代中国反殖民主义实践传统的继承，同时也使得今天中国的区域国别研究有能力继承20世纪的历史资源，避免用支配性的“帝国之眼”来审视第三世界国家——不是将被观察者置于凝固的客体位置，而是从共同的历史与现实经历中产生深刻的共情，并从对象国和对象区域，发现那种寻求更为公正的国际秩序的主体性与政治能动性。

二、解剖“巨灵”

意识到“巨灵擘地”在区域国别研究学术传统上打下的深刻烙印，还仅仅是“自主知识体系”构建的预备。下一步的工作是展示这种烙印的具体形态，并思考如何对“巨灵”塑造的知识成果进行自主的“回收利用”。本书收录的

---

① 习近平：《高举中国特色社会主义伟大旗帜 为全面建设社会主义现代化国家而团结奋斗——在中国共产党第二十次全国代表大会上的报告》，人民出版社2022年版，第23页。

② 习近平：《深化团结合作 应对风险挑战 共建更加美好的世界 在2023年金砖国家工商论坛闭幕式上的致辞》，新华网，2023年8月23日，http://www.news.cn/world/2023-08/23/c_1129817742.htm，2023年8月28日最后访问。

一系列论文记录了笔者解剖“巨灵”留下的轨迹，分为上、下两编。

上编“擘地无声”，重在探讨“门罗主义”话语背后的“非正式帝国”形态及其深刻历史影响。“无声”强调的乃是“非正式帝国”相对于“正式帝国”的更为高超的伪装性，梁启超曾在1902年发表的《论民族竞争之大势》中称之为不同于“虎行”的“狐行”[①]。本编延续拙著《此疆尔界：“门罗主义”与近代空间政治》对“门罗主义”解释史与全球传播史的考察，共收入四篇论文：

第一篇论文《“威尔逊主义”的退潮与“门罗主义”的再解释——区域霸权与全球霸权的空间观念之争》以“威尔逊主义”的兴衰为切入点，探讨霸权的不同形态如何塑造了不同的“门罗主义”话语：美国自身从区域霸权向全球霸权的转变，带来了对“门罗主义”解释的巨大变化，“西半球”这一地理空间限制被逐渐放弃；而德、日两国则选取区域霸权阶段的“门罗主义”话语作为模范，以对抗迈向全球霸权的美国压力。不明确这一背景，我们就无法精确把握梁启超、伍廷芳、杨度等近代中国知识精英所致力于认识的“门罗主义”对象，进而通过对比，凸显出他们自身认知的特点所在。同时，通过对历史先例的探讨，掌握区域霸权与全球霸权的空间观念，也有助于我们理解当代世界的许多地缘政治冲突。

第二篇论文《“门罗主义”：从19世纪到21世纪》概括了“门罗主义”从最初的形态发展到21世纪的最新形态的历程。本文区分“国内”(domestic)、“国家间”(inter-state)与“跨国”(transnational)三个霸权支配机制得以发生的层面。19世纪的“门罗主义”曾经服务于美国将“国家间”关系转变为“国内”关系的旧殖民主义扩张，但进入20世纪以来，“门罗主义”克服了“西半球”这一地理空间范围的限制，并越来越服务于“新殖民主义”的需要，在“国家间”与“跨国”两个层面建立美国的霸权。从冷战结束延续到21世纪的美国全球霸权，在“跨国”层面有着更为显著的体现。然而，随着全球多极化进程的推进，美国的“全球门罗主义”也面临着诸多国家和文明寻求自主性的挑战。

---

① 梁启超：《现今世界大势论》，广智书局1941年版，第35页。

第三篇论文《“亚健康”的帝国与负重的“本部”》则将目光转向提出“门罗主义”的美国本身，探讨美国内部围绕着“我是谁”所发生的分裂，而核心的争议是：美国究竟是一个世界帝国，还是一个有着明确边界和领土的民族国家？英国历史学家尼尔·弗格森(Niall Ferguson)希望美国能够学习英帝国建设领土型帝国的经验，但事实上，美国从实施“门罗主义”、经略西半球开始的“非正式帝国”建构，是更为“俭省”的帝国建构道路。但帝国的成本和收益在帝国“本部”分配不均，也带来了帝国“本部”不同政治势力对于是否应当坚持当下帝国形态的争议。理解这种争议，有助于我们思考美国及其塑造的全球秩序的未来。

第四篇论文《“重逢”拉丁美洲：霸权、依附与反抗》聚焦处于“门罗主义”压迫之下的拉丁美洲在探索中建立的主体性。许多拉丁美洲国家在独立后，经济上先依附于英国，后依附于美国；拉丁美洲没有成为“世界工厂”，更谈不上从“世界工厂”进一步升级为“世界实验室”。然而，拉丁美洲已经具备这样一种主体性：其内部包含着西方文明的许多因素，却受到现实的西方尤其是美国霸权的压迫；它不断地进行着反抗，探寻新秩序的可能性；尽管它尚未走出一条很成功的发展道路，但它的探索与反抗本身就是对这个世界秩序的不公正性的揭示，是今天构建人类命运共同体能够运用的重要资源。

以上四篇论文中，第一篇聚焦于两种霸权形态(区域霸权、全球霸权)对于“门罗主义”话语的塑造；第二篇从霸权机制发生的三个层面，探讨“门罗主义”的形态演变；第三篇与第四篇则分别聚焦于作为支配者的美国与作为被支配者的拉丁美洲，既探讨美国的帝国形态与身份认同焦虑，也探讨拉丁美洲的反抗所凸显的主体性。借用梁启超的视角来看，美国的“门罗主义”在历史上当然是兼具“虎行”与“狐行”的特征，然而美国强大的经济力量，使得其对外扩张能够比德日两国采取更多的“狐行”手段，实现“无声”的“擘地”。而这种“无声”的“擘地”给美国本国的公民以及受其支配的区域都带来了极大的认知障碍，使其产生了美国并非“擘地”之“巨灵”的错觉。

下编“重识巨灵”，聚焦于近代中国政治精英与知识精英对于“门罗主义”的考察与认识，共收入五篇论文：

第一篇论文《移樽施教：伍廷芳与20世纪初美国“门罗主义”的再定位》集中探讨伍廷芳对于1898年美西战争之后“门罗主义”再定位的回应。1900年2月，时任中国驻美公使伍廷芳在其宾夕法尼亚大学演讲《论美国与东方交际事宜》中提出，应将美国的“门罗主义”适用范围扩展至菲律宾乃至亚洲。伍廷芳的提议是其“均势外交”思维方式的运用，同时试图通过获取美国的好感，推进美国《排华法》的修改。这可以说是在顺应“巨灵擘地”逻辑的前提下的策略性论述。而美国国内也有学者严肃回应伍廷芳的提议，探讨了将“门罗主义”运用到西半球之外的必要性和实施路径。于是，伍廷芳在无意之中深度介入了美国在赢得美西战争之后关于如何重新定位“门罗主义”的辩论，并打下了自己的烙印。

第二篇论文《作为“门罗主义”研究先驱的梁启超》集中探讨梁启超对于“门罗主义”的研究。如果说伍廷芳是从美国直接获得“门罗主义”的信息来源，并对“门罗主义”有非常正面的评价，梁启超则更多通过日本这一中介来了解“门罗主义”，并将其与“民族帝国主义”关联在一起。梁启超在旅日与访美期间深入了解并积极译介美国“门罗主义”与日本“亚洲门罗主义”话语，勾勒出“门罗主义”从“美洲者美洲人之美洲”到“美洲者美国人之美洲”再到“世界者美国人之世界”的演变轨迹，并很早就揭示了日本的“亚洲门罗主义”中隐藏的侵略意图，将其与美国的“门户开放”主张一起，纳入“灭国新法”覆盖范围。1916年以后，梁启超在段祺瑞政府中短暂的“亲日时刻”，很大程度上是出于党派政治利益的考量而非对于日本“亚洲门罗主义”的认同。一战之后，梁启超在对巴黎和会的评论中进一步揭示了新国际体系与美日两国的“门罗主义”的关系。梁启超有关“门罗主义”相关的著述中体现的“非正式帝国”的视野，即便在今天，仍然具有深刻的意义。

第三篇论文《“无形之瓜分”与边疆的保全：杨度论“门罗主义”》考察杨度对于“门罗主义”的思考。杨度接受了梁启超的诸多论述，对伍廷芳的批评言辞激烈，并进一步以“门罗主义”作为参照系，对中国的边疆危机进行了深入思考。1907年，为回应革命派的建国方案，杨度在其名作《金铁主义说》中想象了一个中国版本的“门罗宣言”，认为革命派的主张将引起边疆民族地区脱离中国并落入列强控制，进而导致内地难以自存，从“内部瓜分”变成“外部瓜分”。杨度断定，革命派没有能力发布“门罗宣言”并加以实行。杨度对于“中国式门罗宣言”的想象，立基于其对于帝国主义列强的瓜分与灭国策略的反复思考；这一想象所包含的中国与美洲的政治空间的比较，体现了近代“巨灵擘地”的“空间革命”所带来的理解中国内部民族与地理空间关系的认识框架的深刻转变。

第四篇论文《作为历史韵脚的“战国策派”》从比较的视角来探讨抗日战争期间在后方出现的“战国策派”。“战国策派”也是思考“门罗主义”的重要知识群体，其将美国在美洲的霸权视为“大力国”(great powers)推进全球统一进程的区域性基础。“战国策派”与一战之前康有为、梁启超、严复、杨度等代表的第一波“国竞”思潮一样，重视春秋战国的历史经验，反对将“大一统”作为适合当下的秩序想象，批评家族制度与家族文化，寻求强化民众的国民身份和国民自觉。然而第一波“国竞”思潮的思想家在一战后对战前的思想倾向进行了相当程度的反思，从而为“觉醒年代”作出了新的贡献；而“战国策派”却在更为逼仄的国际环境压力之下，将“巨灵擘地”视为不可脱逃之命运，将一战之前的“国竞”思潮中的“顺应者”倾向进一步推向极端，未能看到一战以来广大殖民地半殖民地脱离殖民宗主国独立的历史趋势与政治正当性，因而遭到了与第一波“国竞”思潮不同的舆论反应。

第五篇论文《以“乡土中国”为镜鉴：费孝通论“门罗主义”》则探讨费孝通在 20 世纪 40 年代对于“门罗主义”的考察与反思，同时也涉及燕京学派的“社区研究”传统对于区域国别研究的意义。费孝通的这部分论述属于其“三圈”论述的“外圈”部分：“内圈”的核心内容是对中国“乡土社会”的思考，“中间圈”是对中国边疆民族地区的考察，“外圈”则是他的海外民族志论述，“三圈”研究均运用了“社区研究”的方法。费孝通认识到了美国的“巨灵擘地”行为，但将美国越出西半球的扩张视为对“门罗主义”的背离而非发展，他所认识的“门罗主义”始终与“孤立主义”相关联。但更重要的是，费孝通从“社区研究”的方法出发，关注对象人群的文化的特质。他以“乡土社会”为镜鉴，从中国乡土社会的经验出发，通过对中美两国移民的不同特征的比较，推断“门罗主义”源于一种“负气出了门”的心理机制。这一解释在预测美国未来外交政策走向的时候,在一定程度上出现了蹈空。但后人以“乡土社会”为镜鉴,同样可以对费孝通的美国论述“接着讲”,从而深入认识适用范围不断扩张的“门罗主义”中所隐含的美国主体性。

在以上五篇论文中,第一至三篇是对三位主要在第一次世界大战之前的中国政治精英和知识精英的“门罗主义”认识的考察,其中,梁启超与杨度展示了对于“新殖民主义”的理论思考,对伍廷芳局限于“旧殖民主义”的认识实现了超越。最后两篇文章中,“战国策派”与费孝通的著述主要是在二战的背景之下完成。“战国策派”从斯宾格勒的文化形态学出发,将中国的“战国”历史经验普遍化并运用于对二战的分析,而美国的美洲霸权是他们视野中未来全球“大一统”的重要区域秩序基础;而费孝通则以“乡土中国”为镜鉴,揭示“门罗主义”的移民社会心理根源。两种认识都未能准确预测未来的历史走向,因而需要今人探究“蹈空”的具体原因;但两种认识都能启发今人思考如何从中国经验出发探究更具普遍性的理论,从而推进“自主知识体系”建设。

三、21 世纪的“巨灵擘地”与“区域国别学”的朝向

21 世纪已经过去了四分之一,后冷战时期的单极霸权体系正处于深刻的转变之中,然而,我们仍然没有走出“巨灵擘地”的时代。21 世纪与 19 世纪的巨大差异在于,19 世纪的工业化列强在全球空间中相互争夺,在 21 世纪,19 世纪的顶级列强仍然保持列强地位,但它们在很大程度上被纳入了一个美国主导的体系,服从美国的军事、金融、技术与意识形态霸权。不过,在承认美国霸权的前提之下,它们也获得了相当大的在发展中国家活动的空间。二战之后联合国体系的建立,使得以武力直接夺取他国领土的行为在全球范围内显著减少。同时,科技的发展推动国际竞争的焦点发生变化,也使得夺取领土的意义大大下降。对于列强而言,更重要的是如何在不占取别国领土的前提下来获取自己所需要的利益。

于是,“巨灵擘地”中的“地”,在今天就需要一种更为灵活与多样的理解。

全球化带来了“跨国”这一层面的流动性和相互依赖性的增加，由此发展出一种特殊的空间。比如说，在互联网的空间里，世界上大多数区域与国家都处于美国互联网巨头的统治之下，数十亿各国网民每天都在为美国的数据巨头积累数据；在金融的世界中，美国行使着美元霸权，美联储的货币政策塑造着全球的经济周期；在科技领域，如果有其他国家在关键科技上赶超美国，哪怕是美国的盟友，美国也会出手压制。美国通过“域外管辖权”，将自己的国内法适用于全球各国。如果说美国对全球的宰制显而易见的话，像法国这样的欧洲强国，一方面处于美国的单极霸权之下，另一方面又能够对自己的一系列非洲前殖民地行使巨大的权力。在西非与中非的许多国家，哪怕法国殖民统治在形式上已经终结，法国依然控制着这些国家的经济与金融命脉，享受着相当可观的“殖民红利”。

以美国为首的G7集团希望牢牢掌握对于世界的主导权，然而，随着广大发展中国家工业化进程的推进，G7昔日的主导地位已经岌岌可危。比如说，金砖国家的经济总量，已经超过了G7集团。然而，虽然G7经济份额下降，在全球组织产业链和贸易活动的能力衰退，但其在国际体系中对于国际规则的主导权，乃是经过长时间积累的，到目前依然相当坚固。而这就使得经济基础与上层建筑之间，出现了显而易见的矛盾，“德不配位”的问题越来越突出。

在19世纪，殖民帝国宣布只有“文明国家”才是完整的主权国家，能够完整适用国际法，参与国际规则的制定和修改；经历过20世纪的去殖民化进程，昔日的殖民帝国已经不再公开用“文明”与“野蛮”的区分在国际体系中划分等级，但其发明了“文明国家”概念的种种等价物，美国精英热衷于推广的“以规则为基础的国际秩序”(the rules-based international order)[①]概念即是

---

① 芝加哥大学的保罗·波斯特(Paul Poast)指出，“基于规则的秩序”一词正是在小布什未获联合国安理会授权就入侵伊拉克之后才开始流行开来的，用于批评美国政府对于国际法的无视。这一概念被拜登政府回收利用，但拜登政府从不明确他们遵守的是什么规则。see Peter Beinart, “The Vacuous Phrase at the Core of Biden's Foreign Policy,” *New York Times*, June 22, 2021, https://www.nytimes.com/2021/06/22/opinion/biden-foreign-policy.html, last visited on August 28, 2021。

其中之一。中国则主张“以国际法为基础的国际秩序”，以联合国宪章和各国共同承认的国际法为准绳。“以国际法为基础的国际秩序”对于“规则”的内容表述是非常清晰的，而“以规则为基础的国际秩序”的表述则刻意模糊了“规则”的内容。在2023—2025年的加沙冲突中，我们看到了“以规则为基础的国际秩序”的真相：至少280名联合国工作人员死于炮火之中，而炮弹却来自美国的“援助”。“以规则为基础的国际秩序”只是“自由主义国际秩序”的别名而已，它所强调的并不是规则的具体内容，而是确认一批自命为“自由主义国家”的发达国家拥有国际规则的创制权和修改权，而那些不奉行自由主义原则，或者对于自由主义原则不够虔诚的国家，被认为应当遵守“自由主义国家”所制定的规则，如果加以反对，那就是破坏“规则”。

在20世纪的两次世界大战之后，全球大部分殖民地半殖民地逐渐获得了政治与法律上的独立与解放，但在经济上仍然难以脱离新殖民主义“巨灵”的掌控。殖民帝国放弃了政治上的直接统治，换来经济特权和经济优势的延续。比如说，西非和中非至今有14国依然在使用与欧元直接挂钩的西非与中非法郎，而更早的时候，这些非洲货币与法国法郎直接挂钩，法国得以通过货币政策，控制非洲法郎区国家的经济命脉。更不用说，许多非洲国家的大量重要资源和基础设施，仍然掌握在前殖民宗主国跨国公司的手中。当新独立国家的决策者试图通过社会经济变革来推动经济上的独立自主时，就动辄被前宗主国的精英指责为违反国际法。发达国家可以承认第三世界国家的主权国家地位，与后者签订形式平等但实质不平等的条约，并将进入这种不平等的关系论证为自愿行使主权的结果，从而以“信约必须遵守”(Pacta sunt servanda)的原则，要求执行这些条约。

从20世纪70年代末80年代初以来，许多第三世界国家陷入债务危机，向发达国家与世界银行、国际货币基金组织这样的国际组织寻求金融援助乃至债务重组，发达国家及其主导的国际组织则趁机提出了新自由主义导向的经济改革与法律改革要求，而许多改革措施实质上削弱了相关国家的经济主权与法律主权，使其更容易受国际市场波动的影响。[①]这种“债务陷阱”，就是典型的“非正式帝国”的实践。[②]

在全球化加速的时代，许多发达国家的跨国公司为了降低成本，获得超额利润，放弃了许多中低端制造业，将其“外包”给成本优势更显著的发展中国家，但自己牢牢掌控产业链上游，掌握标准的制定权、核心科技与品牌，确保自身在价值链中能够获得最大的利润份额。与之相应的是，美国对发展中国家的产业升级与核心技术突破保持高度敏感，时刻准备出手干预。即便在发达国家俱乐部内部，美国对于其“盟友”的高科技产业的发展，始终保持高度警惕。在20世纪80年代，当日本积极发展芯片产业时，美国出手干预，为其设置了发展的上限。法国在发展自己的芯片产业时，其龙头企业也遭到了美国的精准打击。[③]而对于中国的产业升级和科技进步，美国更是动员乃至强迫自己的盟友一起围追堵截，哪怕这违反其盟友自身的利益，比如限制荷兰阿斯麦尔公司向中国出售高端光刻机，实际上在极大程度上限制了荷兰的经济自主权。

然而在今天，即便面临着发达国家的种种限制，中国仍在不断作出新的突破，从互联网、新能源到高端芯片、电动汽车、人工智能等产业，中国不断占领科技高地，突破发达国家的“卡脖子”技术。这让全球南方国家看到，即便不走殖民帝国的对外掠夺与剥削的老路，通过全体人民的奋斗和与世界各国的平等交往合作，也有可能实现现代化。而在一系列发达国家对中国收紧本国市场的准入资格、施加贸易制裁、限制中国科技发展的时候，中国只有通过团结全球南方国家，才能够让自己的经济体系维持正常的“外循环”。中国处在这样一个具有普遍性意义的位置：只有捍卫广大发展中国家的发展权，才能够捍卫自己的发展权。

---

① 张康乐：《国际法治对国家经济发展的塑造》，载《中外法学》2022年第5期。

② 近年来，许多势力刻意将“一带一路”倡议与“债务陷阱”概念关联起来。但英国“债务正义”（Debt Justice）组织2022年发布的报告显示：49个有数据可查的非洲国家所欠下的6960亿美元外债中，仅有12%来自中国，35%来自西方私营机构，如银行、资产管理公司和石油交易商等；西方贷款平均利率达到了5%，几乎是中国贷款平均利率（2.7%）的2倍。

③ 〔法〕阿里·拉伊迪：《隐秘战争：美国长臂管辖如何成为经济战的新武器》，法意译，中信出版集团2019年版。

正是在中国捍卫自身发展权的紧迫时刻,2022 年,“区域国别学”正式升级为一级学科。而这个时刻也赋予了中国的“区域国别研究”独特的底色。20 世纪中国走的道路,并不是明治维新式的不改变全球体系的底层规则、仅仅谋求本国在既有体系中的地位上升的道路,“中国式现代化”并不是走殖民帝国列强老路的现代化。中国的“区域国别研究”,继承了 20 世纪发展起来的“国际问题研究”传统,与广大殖民地半殖民地国家与民族的独立解放与自主发展,始终有着强烈的共情。今天的中国仍然处于 20 世纪的延长线上,如何从支配体系中寻找“薄弱环节”并加以突破,有力捍卫自身的生存权与发展权,仍然是中国与全球南方国家深刻的现实需要。考虑到这一历史基础,中国的“区域国别研究”,就不应是一个以“帝国之眼”审视潜在的与现实的被支配者的认知体系,而应当是一个致力于重建持久的和平、促进共同发展与诸文明之间交流互鉴的认知体系。

虽然“区域国别学”已经成为一级学科,但其何以超越对地理学、文学、法学、政治学、历史学等传统学科对同一区域或国别研究的简单加总,成为能够与以上学科相并列的“学”,依然不乏学术上的争议。本书不主张将“区域国别学”的“整全性”视为已经给定之物,急于端出一个全面的、覆盖性的理论体系,而是主张通过问题导向的研究,探索“区域国别学”的“整全性”。[①]而殖民主义问题就是这样一个关键的问题:殖民主义塑造了当代世界的区域国别秩序,更塑造了关于这些区域国别的知识传统。探讨中国与殖民主义传统的关系,也就是在探讨我们作为中国的研究者在建设“区域国别学”时应有的主体性。在明确自身的主体性之后,历史上殖民帝国积累的大量“区域国别研究”具体研究成果,经过必要的批判性转化,完全可以用来充实我国的“区域国别学”知识体系。这不是简单的“移植”或“继受”,而是真正的“化蕴”。

如果说“中国式现代化”是对近代以来“巨灵擘地”的深刻回应,中国的

① 在这方面,唐士其教授对于区域国别学的论述发人深省。唐士其:《关于区域国别学学科建设的几个问题》,载《区域国别学刊》2023 年第 6 期。

"区域国别学"，如欲"自成体系，自建光荣"[①]，必然要深刻认识和剖析近代以来支配世界的各种"巨灵"，清理"巨灵擘地"所留下的学术遗产。面对这一使命，本书不仅是一个研究者与"巨灵"进行思想搏斗的记录，同时也如《诗经·小雅·伐木》所言，"嘤其鸣矣，求其友声"，呼唤更多的人成为同行者，踏上这段荆棘丛生的征程。

① 刘海波：《自成体系、自建光荣的自觉自信》，载《国企》2012年第12期。

上　编

擘地无声

“威尔逊主义”的退潮与“门罗主义”的再解释

——区域霸权与全球霸权的空间观念之争*

1919 年 1 月 18 日，美国总统威尔逊(Woodrow Wilson)步入设在凡尔赛宫的巴黎和会会场，无数灼热的目光投向他。然而，这还不是他在欧陆最受欢迎和尊敬的时刻。从 1918 年 12 月中旬到 1919 年 1 月 7 日的三周时间里，他在欧陆展开巡回演讲，在许多城市受到了几近顶礼膜拜式的欢迎。①人们期待他带来的十四点和平原则，作为一个“美国方案”，能够为这片满目疮痍的大陆带来持久的和平。此时的美国，无疑正处于世界舞台的中心，世界正在经历一个“威尔逊时刻”。

从今天美国主流舆论的眼光来看，威尔逊总统在美国的执政记录并非无懈可击：他是美国国内种族隔离政策的积极推行者，也是针对拉丁美洲的铁

---

* 本文的一个较早版本曾发表于《探索与争鸣》2019 年第 3 期。

① 参与过巴黎和会的经济学家凯恩斯指出：“当威尔逊总统离开华盛顿时，他在全世界享有历史上无与伦比的威望和道德影响。他那勇敢而又有分寸的讲话，在欧洲人民听起来，远远超过他们自己政治家的声音。敌对国的人民相信他能够执行同他们签订的协定；协约国的人民则认为他不仅是一个胜利者，而且几乎是一个预言家。除掉这种道德影响之外，他还掌握了实际的权力……”〔英〕约翰·梅纳德·凯恩斯：《和约的经济后果(节选)》，载王绳祖、何春超、吴世民编选：《国际关系史资料选编(17 世纪中叶—1945)》(修订本)，法律出版社 1988 年版，第 541 页。

腕军事干预者，他于1915年下令侵入海地并控制海地内政、1916年对墨西哥发动“潘兴远征”（Pershing's Expedition）、1916年军事占领多米尼加。但这些记录并不影响威尔逊在当时提出具有浓厚理想主义色彩的“美国方案”。他批评欧洲列强多年来习惯的势力均衡（balance of power）、秘密外交、贸易壁垒、军备竞赛等种种实践，主张一系列不同于以往的原则和实践：国际法与国际组织、集体安全、公开外交、自由贸易、海洋自由、裁减军备，以及原奥斯曼帝国、俄罗斯帝国、德意志帝国与奥匈帝国境内一系列民族的独立自主，等等。这些主张中最引人注目的是建设一个国际联盟（League of Nations，简称“国联”）的计划，它是一个全球范围内的国家联盟，更是一个通过和平手段解决国家之间纠纷的集体安全机制。这一设想通过美国公共信息委员会和留美知识精英的传播，在中国引起了知识界的热烈反响[①]，康有为甚至一度感叹自己看到了“大同”的曙光。[②]

然而，威尔逊的这种“高光体验”如同昙花一现。欧洲列强与日本利用威尔逊急于建立国联的心态，诱使其在其他方面作出让步。威尔逊同意了法国对德国的领土要求和惩罚主张，同意承认英国在“海洋自由”问题上的特殊利益，把战败国德国在中国山东的利权转让给日本，而对一战战胜国所压迫的诸多弱小民族的自决主张，威尔逊表现出极大的冷漠。他从一开始就没有采取列宁式的、针对所有殖民帝国的“民族自决”主张。这些做法重挫了威尔逊的高调宣传在世界各地所引发的极高期待，因而，随着巴黎和会的进行，威尔逊的威望也不断下行。威尔逊在形式上实现了其核心主张——1919年6月28日签字的《凡尔赛和约》中包含了国联盟约。但当他将盟约带回美国寻求国会批准的时候，却遭遇了滑铁卢。威尔逊是国际联盟最强有力的倡导者，然而他代表的美国却没有成为国联的成员国，这对于美国的国际威望而言，

---

① 关于威尔逊主义在中国的宣传及其反响，参见马建标：《塑造救世主：“一战”后期“威尔逊主义”在中国的传播》，载《学术月刊》2017年第6期。

② 1919年1月，康有为在给陆徵祥、顾维钧、王正廷、施肇基、魏宸组五人的书信中称：“唯今美国总统威尔逊对国际联盟之议，求世界之和平，令天下国家，无大无小，平等自由，由此真太平之实事，大同之始基矣。”康有为：《致议和委员陆、顾、王、施、魏书》，载姜义华、张华荣编：《康有为全集》（第十一集），中国人民大学出版社2007年版，第99页。

是一个沉重的打击。1919 年,美国在世界舞台的中心大放异彩,但很快又回到阴影地带,转而以各种较为间接的手段,对世界舞台中心的事务施加影响,直至“二战”时期全面回归。

“威尔逊时刻”尽管短暂,却留下了极其深远的历史影响。威尔逊向世人展现了一个 18 世纪晚期远在偏僻的北美的新生共和国逐步成长为区域霸权,进而谋求全球霸权的历史轨迹。然而威尔逊从华盛顿向巴黎的“纵身一跃”,究竟是美国 19 世纪国际战略的内生性发展,还是对美国 19 世纪“门罗主义”实践代表的外交传统的某种偏离,却引起了美国国内外的激烈争论。威尔逊及其政治盟友当然要强调,从“门罗主义”发展到“威尔逊主义”,是历史的进步而非堕落。然而,在 1919 年美国的内部政治斗争中,我们可以看到,威尔逊的政敌们恰恰认为威尔逊的国联计划背离了“门罗主义”传统,有可能导致欧洲列强主导的国联干涉美国以及美洲事务,美国不仅可能徒劳无功,甚至还可能遭受损失。最后,《国联盟约》不仅未能获得参议院批准,威尔逊的“纵身一跃”在美国政坛引发的反弹持续了多年,甚至对后来富兰克林·罗斯福(Franklin Roosevelt)总统参与二战,也产生了极大的掣肘作用。

在欧洲与亚洲,一战之后受到美国挤压的列强也对“威尔逊主义”相当不满。德日两国的一些精英抽取美国 19 世纪“门罗主义”的经验,将其建构为具有普遍性的经验模型,为德日两国扩张和捍卫区域影响力的做法进行正当性论证。而这在话语策略上,意味着用美国的过去反对美国的现在,认为“门罗主义”的原初版本是好的、普遍的,值得为列强所效法,但“威尔逊主义”对“门罗主义”的新发展却是坏的,以美国的全球霸权否定了其他列强正当的势力范围。在德国思考“门罗主义”的公法学家卡尔·施米特对同时代日本的“亚洲门罗主义”论述表现出了浓厚的兴趣,而日本国际法学界在二战期间对于日式门罗主义的理论阐发,又受到了施米特的影响。

因而,无论是在国内还是在国外,“威尔逊时刻”都带来了一个重要后果,那就是将“门罗主义”与“威尔逊主义”之间的关系问题化。美国的当下是否背叛了过去,成为时人讨论的主题,相关理论思考甚至持续到二战之后。对于威尔逊时期的美国外交政策演变,我国学界已有一系列专著讨论。论者通常将威尔逊时期的新旧斗争概括为“孤立主义”(isolationism)与“国际主义”(internationalism)的斗争。[①]但本章试图从对两种“主义”的命名,进一步下沉到对“主义”所借助的核心概念和符号的研究。“Monroe Doctrine”这一概念和符号,无论在认知还是情感上,在美国19世纪外交传统中都占据着重要地位。威尔逊需要重新解释“祖宗成法”,以证成自己倡议的广泛参与世界事务的新导向,而威尔逊的内外政敌更需要通过不同的解释,更有力地阻击威尔逊的创新。本章试图在前人研究的基础上,勾勒出若干基本研究线索,以抛砖引玉,为进一步的理论反思提供素材。

一、从“门罗主义”到“威尔逊主义”:连续还是断裂?

1823年12月2日,在欧洲的神圣同盟蠢蠢欲动,试图干涉拉丁美洲独立运动,以及沙皇俄国宣布将俄国在北美的领海范围南移到北纬51°线的背景下,美国的门罗(James Monroe)总统在国会发表国情咨文,提出三个核心原则:第一原则反对欧洲列强在美洲建立新的殖民地;第二原则反对欧洲列强对已独立的美洲国家的干涉;第三原则声明美国不干涉欧洲国家的事务,经常被称为孤立主义原则。[②]门罗总统拒绝了英国提出的针对神圣同盟发表联合声明的主张,而是选择单独发表声明,实质上是将英国也归为危险的欧洲列强之列。[③] 美国开国总统华盛顿曾在1796年告别演说中提出“外国势力乃

---

① 如韩莉:《新外交·旧世界:伍德罗·威尔逊与国际联盟》,同心出版社2002年版;秦珊:《美国威尔逊政府对华政策研究》,中国社会科学出版社2005年版;王晓德:《梦想与现实:威尔逊“理想主义”外交研究》,中国社会科学出版社1995年版;任李明:《威尔逊主义研究》,中国社会科学出版2013年版;邓蜀生:《伍德罗·威尔逊》,上海人民出版社1982年版;高鸿志:《威尔逊与北洋军阀政府》,人民出版社2015年版。

② 王绳祖、何春超、吴世民编选:《国际关系史资料选编(17世纪中叶—1945)》(修订本),法律出版社1988年版,第91—93页。

③ 美国精英对于英国的疑虑有两个方面:一是与英国发表联合声明,有可能导致后者对美国未来的领土扩张构成掣肘。See Charles Francis Adams ed., *Memoirs of John Quincy Adams, Comprising Portions of His Diary from 1795 to 1848*, Vol. 6, J. B. Lippincott & CO., 1875, pp. 177-178. 二是当时许多美国精英通过古巴进行奴隶走私,而英国海军致力于在大西洋上打击跨大西洋奴隶贸易。See Stephen Chambers, *No God But Gain: The Untold Story of Cuban Slavery, the Monroe Doctrine, and the Making of the United States*, Verso, 2015.

是共和政府最致命的敌人之一”,美国“与它们发展商务关系时,尽量避免涉及政治”等对外国政府(特别是欧洲政府)充满疑惧的主张。[①]托马斯·杰斐逊(Thomas Jefferson)主张划分两个半球,使美国与美洲远离腐败与专制的老欧洲。[②]门罗总统的国情咨文继承了两位建国者对老欧洲的疑惧,但同时也在西半球呈现出一种积极的姿态——美国孤立于欧洲事务,但绝不孤立于美洲事务。[③]

门罗总统的国情咨文,为美国19世纪的国际战略设定了一个基本的框架,这个政策框架从19世纪50年代起被追溯性地命名为“门罗主义”,并从当时美国内部的排外主义运动中继承了“America for the Americans”(美洲是美洲人的美洲)这一标志性口号。[④]“门罗主义”在19世纪被不断重新解释,从一个保护本国乃至本区域免受外部干涉的原则,逐渐演变成一个积极谋求区域霸权的原则。但美国政治精英对于欧洲事务的警惕和疑惧可谓一以贯之,他们眼中的世界并不是普遍同质的,而是需要划分为不同的政治空间,适用不同的行事方式。

---

① George Washington, *Washington's Farewell Address to the People of the United States*, Printed by George Sherman, 1812, pp. 29-33.

② Joyce Appleby & Terence Ball eds., *Jefferson: Political Writings*, Cambridge University Press, 1999, pp. 193, 405.

③ 孤立主义绝不能被理解为与世无争的不扩张政策。罗伯特·卡根(Robert Kagan)指出,从殖民地时代开始,北美殖民者就不是与世无争的逃避者,而是野心勃勃的扩张主义者。北美独立战争的重要原因,恰恰是大英帝国阻碍了北美殖民者的扩张。〔美〕罗伯特·卡根:《危险的国家:美国从起源到20世纪初的世界地位》,袁胜育、郭学堂、葛腾飞译,社会科学文献出版社2011年版。在建国之后的很长一段时间里,美国羽翼未丰,忙于向北美大陆西部扩张以及内部整合。介入欧洲列强之间的纠纷,对其而言并不划算。但随着美国实力增长到一定程度,牢固确立区域霸权的地位,甚至介入欧洲事务,都成为美国国家利益的内在要求。

④ John Bassett Moore, "The Monroe Doctrine," *The Annals of the American Academy of Political and Social Science*, *Vol. 96*, *The Place of the United States in a World Organization for the Maintenance of Peace* (Jul., 1921), pp. 31-33. “America for the Americans”作为一个口号,发源于19世纪40—50年代美国出现的反天主教移民的“一无所知”(know nothing)运动。1854年,这一运动的领导组织改组为“美国人党”(American Party)。该党在1856年的总统大选中,公开喊出了“America for the Americans”(美国是美国人的美国)的口号,以动员本土新教徒反对天主教移民。See Robert North Roberts Scott John Hammond & Valerie A. Sulfaro, *Presidential Campaigns, Slogans, Issues, and Platforms: The Complete Encyclopedia*, Vol. 1, ABC-CLIO, LLC, 2012, p. 17. 由于围绕奴隶制的斗争激化,该党的反移民议程未能在选举中成为主流,该党势力也被美国的两大政党所吸收。但“America for the Americans”这一口号却流传了下来,并被运用于倡导“门罗主义”的场景。

我们不应该将1823年的门罗咨文理解为对欧洲列强的“战略恐吓”，因为当时的美国实际上没有多少实力阻止欧洲列强对美洲的殖民与干涉。正如美国传播学巨擘李普曼(Walter Lippmann)在1943年出版的《美国外交政策：共和国之盾》(*U. S. Foreign Policy*: *Shield of the Republic*)一书中强调的那样，当时英国不希望欧陆列强加强对于美洲的控制，因而运用其海军，发挥了拒止欧陆列强的作用，而美国无意识地享受了这种拒止的成果。[①]事实上，“门罗主义”的提出，正面回应了海上霸权英国引入新大陆力量平衡欧洲大陆列强的诉求，同时也可以拉拢拉丁美洲的新生共和国，为美国自身的发展争取一个良好的国际环境。在当时，美国并没有能力将自己的军事力量作为西半球的“公共物品”。

在19世纪上半叶，美国对门罗主义的使用，侧重于为其向北美大陆西部扩张的事业保驾护航，而印第安部落与墨西哥则是美国的重点打击对象。1845年12月2日，美国总统詹姆斯·波尔克(James Polk)以“昭昭天命”(Manifest Destiny)的名义，宣布“本大陆的人民单独有权决定他们自己的命运。如果他们中的某一部分组成一个独立国家而建议要和我们的联邦合并时，这将是由他们和我们来决定而毋庸任何外国插手的一个问题。我们决不能同意欧洲列强因为这种合并会破坏他们也许想在本大陆维持的‘势力均衡’而进行干涉以阻挠这种合并”。[②]这一解释的现实政策意涵是阻止欧洲列强干预从墨西哥独立出来的得克萨斯加入美国。不久之后，在美墨战争中，波尔克觊觎宣布从墨西哥独立的所谓“尤卡坦共和国”，提出了类似的主张，只是这次美国并没有最终将这一思路付诸实施。

通过持续不断的“西进运动”，美国积累了更为强大的实力，其“门罗主义”的侧重点，也从促进自我扩张逐渐过渡到弱化欧洲列强在美洲大陆的影

---

① 在李普曼看来，这种“不劳而获”给美国人的错觉是，他们不依靠结盟的力量，就能够达到拒斥欧洲列强的效果。于是，“一代又一代的美国人生活在这样的幻想中：我们的立场和我们的承诺是不可侵犯的”。Walter Lippmann, *U. S. Foreign Policy*: *Shield of the Republic*, H. Wolff, 1943, p. 31.

② 王绳祖、何春超、吴世民编选：《国际关系史资料选编(17世纪中叶—1945)》(修订本)，法律出版社1988年版，第95页。

响力。1850 年，英美两国签订《克莱顿—布尔沃条约》(Clayton-Bulwer Treaty)，美国通过非战争的方式，弱化了英国在中美洲的影响力。1866 年，在本国内战尘埃落定后，美国出兵墨西哥，处死法国扶植的“墨西哥皇帝”马西米连诺一世(Maximiliano I)，迫使法国干涉军退出墨西哥，同时也加强了对墨西哥的支配。内战之后，乘着第二次工业革命的东风，美国的工业与军事实力更是不断增强。美国政府对“门罗主义”的解释与运用，也日益凸显区域霸权的色彩。1895 年，美国介入英属圭亚那与委内瑞拉的边界纠纷，美国国务卿奥尔尼(Richard Olney)向英国发出照会，直接宣称：“如今，美国实际上已经统治着这块大陆，它的命令对于它所管辖范围之内的大陆臣民来说就是法律。”[①]奥尔尼要求将边界纠纷提交仲裁，英国一开始表示拒绝，但最终因为英德两国在南非冲突的掣肘，作出了妥协。美国由此成为欧洲列强广泛承认的西半球的主导国家。

1898 年，美国赢得美西战争，不仅控制了波多黎各、古巴，巩固了其在西半球的主导地位，而且获得了对关岛、威克岛、菲律宾等非美洲土地的控制权，并乘机吞并夏威夷群岛。对菲律宾和夏威夷的吞并，还在美国国会中引发了是否违反“门罗主义”精神的争论。[②] 1904 年 12 月 6 日，西奥多·罗斯福(Theodore Roosevelt)总统在致国会的咨文中提出所谓“罗斯福推论”(Roosevelt Corollary)，将“门罗主义”推向新的阶段：“导致文明社会纽带全面松弛的长期为非作歹或懦弱无能，在美洲，如同其他地方一样，会最终需要某一文明国家(civilized nation)进行干涉，而美国在西半球遇到这种为非作歹或懦弱无能的罪恶昭彰的事情，为了恪守门罗主义，也不得不勉强施行国际警察力量。”[③]“罗斯福推论”的内核是 19 世纪流行的“文明等级论”，认为在文明等级秩序中处于高端的美国，有必要对文明程度较低的其他美洲国家进行

---

① United States Department of State, *Foreign Relations of United States*, Government Printing Office, 1895, p. 558.

② Lillie Cornelia Porterfield, *Congress and The Monroe Doctrine: 1895-1905*, Ph. D. Dissertation, The University of Chicago, 1942, pp. 29-50.

③ 王绳祖、何春超、吴世民编选：《国际关系史资料选编(17 世纪中叶—1945)》(修订本)，法律出版社 1988 年版，第 316 页。

指导,以防止它们由于文明程度不足而受到欧洲列强的干预。在这一推论之下,在其他美洲国家未受到欧洲列强干预之时,美国也能够积极主动地对其进行干预,这就将原本主要是防御性的"门罗主义"原则发展为一个真正积极主动的区域霸权原则。在具体实践之中,美国以拉丁美洲国家拖欠欧洲列强债务可能会招致后者军事干涉为由,主动提出替它们偿债,从而将自己变成这些国家的债主,进而对其内政外交建立起控制和影响力。

美国建构与行使区域霸权的一个重要形式,就是推进美国主导的泛美体系的建设。1890 年,在时任美国国务卿詹姆斯·布莱恩(James G. Blaine)的努力下,首届泛美会议(International Conference of American States)在华盛顿举行,包括美国在内,共有 18 国参与。其第二届、第三届与第四届会议分别于 1901 年、1906 年与 1910 年在墨西哥城、里约热内卢与布宜诺斯艾利斯召开。首届泛美会议试图在美洲国家之间建立一种仲裁机制,以解决国家之间可能出现的分歧、争端或争议。而调解(mediation)是美国长期偏好的一种纠纷解决机制,从 1794 年美国与英国签订《杰伊条约》(Jay's Treaty)以来,英美两国多次通过调解解决相互之间的纠纷,为仲裁制度的发展奠定了重要的实践基础,在 1899 年海牙和平会议上,美国也大力倡导以仲裁解决国际争端。

1890 年的首届泛美会议还讨论了阿根廷和巴西关于宣布征服行为违反美洲公法的提议,最后通过了一项将强制仲裁与禁止征服结合起来的方案,规定:在仲裁条约持续期间,在战争威胁或武装部队存在的情况下作出的强制领土割让无效,相关割让行为应当提交仲裁;任何在战争威胁或武装部队存在的情况下放弃仲裁的权利,皆为无效。[①]这一方案最终未能形成有效的国际条约,但可以集中体现美国主导美洲的基本思路:由于与其他美洲国家实力的悬殊,美国有可能通过仲裁机制,来保证自己的主导地位,而根本无须诉诸欧洲列强所习惯的均势(balance of power)原则。在随后的几届泛美会议上,仲裁机制的建设仍然为核心议题。首届泛美会议还促成了美洲共和国

---

① Francis Anthony Boyle, *Foundations of World Order: The Legalist Approach to International Relations (1898-1922)*, Duke University Press, 1999, pp. 104-107.

国际联盟(The International Union of American Republics)及其常设机构美洲共和国商务局(The Commercial Bureau of the American Republics)的建立。商务局优先推进美洲地区的商业与贸易合作。[①]对于拥有强大工业的美国来说,本地区的贸易自由,有利于其通过自身的经济力量,建立起对其他国家经济的影响力乃至支配力,进而巩固其在政治与军事上的霸权。正是在西半球霸权的建构过程中,美国发展出一套不同于欧洲列强的外交主张,我们也许可以说,美洲正是美国走向全球霸权的"根据地"。

19 世纪末、20 世纪初的美国不仅巩固了在美洲的霸权地位,而且已经有实力进行全球扩张。1899 年与 1900 年,美国两次就中国问题对其他列强发出"门户开放"照会,倡导"门户开放,利益均沾",主张"维持中国领土和行政完整",反对其他列强垄断中国的对外商业交往,实际上是为美国资本和商品进入中国提供政治保障。美国试图向中国输出金融资本,获取修筑铁路的权利,这都是其曾经在拉丁美洲多次实践过的"非正式帝国"建构经验;退还庚子赔款、推行亲美教育,则是"非正式帝国"的建设在文化方面的体现,我们可以从卡内基国际和平基金会和美国国际法协会针对拉丁美洲的活动中,看到类似的实践范例。西奥多·罗斯福本人在 1901 年将"门户开放"类比为美国在中国实施其对于南美各国的"门罗主义"。[②] 1905 年,西奥多·罗斯福即打破美国一贯的"不干涉欧洲事务"的传统,在法德两国的摩洛哥危机和日俄战争中充当调解人。只是西奥多·罗斯福并未提出一套完整的哲学,为其介入欧洲事务提供系统论证。其介入欧洲事务也是单方面的与高度选择性的,并不试图为美国招来某种稳定的介入欧洲事务的义务。而威尔逊在承担国际义务这一方面,走得要比西奥多·罗斯福远得多。

1912 年威尔逊上台之初,其政策重心仍然是内政。一战爆发之后,美国保持中立,向交战双方出售武器装备和其他商品,大发其财。但随着一战局

---

① Francis Anthony Boyle, *Foundations of World Order: The Legalist Approach to International Relations (1898-1922)*, Duke University Press, 1999, p. 108.

② Donald J. Davidson ed., *The Wisdom of Theodore Roosevelt*, Citadel Press, 2003, pp. 50-51.

势的发展，威尔逊意识到，美国在不改变中立政策的前提下，完全可以通过呼吁欧洲各国在美国的调停下达成一个和平协议，进而以国联为依托，建立一个集体安全机制。这可以为美国带来更高的国际地位和更大的利益，但必然意味着对欧洲事务的干预，因而，威尔逊需要对华盛顿与门罗总统奠定的"祖宗成法"作出重新解释和回应。威尔逊在 1916 年 10 月 5 日在奥马哈(Omaha)发表的演说中重新解释了乔治·华盛顿的告别演讲："你们知道，我们永远怀念和尊敬伟大的华盛顿的建议，他建议我们要避免卷入外交事务。依据这个建议，我理解他指的是要避免卷入其他国家充满野心和民族主义的目标。"[①]这就对华盛顿的意图进行了限缩解释，使得美国可以卷入欧洲国家那些并不涉及"野心和民族主义"的事务。

1917 年 1 月 22 日，威尔逊在参议院发表了后来被称为"没有胜利的和平"(Peace Without Victory)的演讲，重新解释了"门罗主义"：

> 所有国家应自愿将门罗主义作为世界性的原则；任何国家都不应将其政治体制扩展到其他国家或民族，而且每一民族都有自由决定自己的政治体制，不受阻碍、不受威胁、不必恐惧地决定自己的发展道路的自由，无论是小国还是大国和强国。[②]

在这里，威尔逊实际上将"门罗主义"解释为各民族自己决定政治体制和发展道路的原则。但这种解释与"罗斯福推论"之间实际上存在张力。1904 年，西奥多·罗斯福恰恰是以"文明程度"的名义，论证美国应当对美洲国家行使某种"国际警察"的权力，这对于美洲国家自己选择政治体制和发展道路的权利必然构成限制。而威尔逊在其总统任内也发动了对墨西哥、海地与多米尼加共和国的军事干涉。事实上，在威尔逊的视野中，宣布"各民族自己决定政治体制和发展道路"并不必然意味着美国丧失干涉的空间，因为美国精英事实上假定，如果各民族真正被给予自主选择的权利，那么它们就会选择美国

① Woodrow Wilson, *War and Peace: Presidential Messages, Addresses, and Public Papers (1917-1924)*, Vol. 2, University Press of the Pacific, 2002, pp. 346-347.

② President Woodrow Wilson, "Peace Without Victory" Speech, January 22, 1917. 64th Cong., 23 Sess., Senate Document No. 685: "A League for Peace."

所认可的政治体制和发展道路；如果在现实中没有发生这一结果，那么很可能是因为受到了外部的威胁和压迫，于是美国就可以出手，消除这种外部威胁和压迫。从这种为他人的自主性代言的政治逻辑之中，产生出了巨大的干涉空间。

威尔逊在这一演讲中同时提出了建立普遍的国际合作的设想，这实际上是后来的集体安全机制的雏形。美国曾试图通过泛美会议，在拉丁美洲推行这一主张。但威尔逊强调，它基于自愿，并非一种义务性联盟，这一强调也打着19世纪美国外交传统的深刻烙印——慎于在美洲之外承担国际义务。威尔逊设想的理想状态是：美国基于自己的善意领导一个世界，却无须对这个世界负刚性的义务；它在世界之中，却又仿佛在世界之外。

1917年4月，美国打破中立，对德奥宣战。威尔逊宣布美国是“为民主而战”，同时坚持了“没有胜利的和平”的口号。然而1917年11月俄国十月革命爆发，布尔什维克宣布俄国退出一战，颁布《和平法令》，公布布尔什维克革命爆发之前俄国签署的各项秘密外交文件。为了防止欧洲各国被布尔什维克所吸引，威尔逊被迫将自己的外交主张具体化。1918年1月8日，威尔逊在美国国会演讲中提出十四点和平原则，其主要内容包括：废除秘密外交、公海航行自由、签订贸易平等条约、减少军备、若干前帝国境内民族的独立自主、建立国际联盟，等等。[①]在此，威尔逊将1917年倡导的“门罗主义”解释进一步落实到对德意志帝国、奥匈帝国、俄罗斯帝国、奥斯曼帝国境内一系列民族实现自主的支持。不过，十四点和平原则并没有使用“民族自决”（national self-determination）的表述，也无意采取列宁式的将“民族自决”作为普遍原则的立场。然而，在随后威尔逊政府利用新设的“公共信息委员会”（the Committee on Public Information）展开的全球宣传之中[②]，威尔逊被塑造为“民族自决”原则的强烈主张者，以至于在广大殖民地半殖民地都引发了极高

---

① 王绳祖、何春超、吴世民编选：《国际关系史资料选编（17世纪中叶—1945）》（修订本），法律出版社1988年版，第448—452页。

② 关于该委员会的活动，参见 Richard L. Hughes, “Propaganda: Wilson and the Committee on Public Information,” Ross A. Kennedy ed., *A Companion to Woodrow Wilson*, John Wiley & Sons, Ltd, 2015, pp. 308-322。

的期待。而当威尔逊无法满足这些期待的时候，其声誉也就跌落尘埃。

综上所述，在1823年发表“门罗主义”咨文时，门罗总统承继了华盛顿总统对于欧洲事务的疑惧，其积极主动地以美洲或西半球的名义发声，实际用意仍在于改善美国自身的国际环境。美国打着排斥欧洲列强对美国与美洲事务干涉的名义，推进“西进运动”，扩张自身的领土，进而主导美洲事务，成为西半球的“国际警察”。威尔逊提出的解决世界秩序问题的“美国方案”，其基础正是美国在西半球多年的经营经验。同时，威尔逊重新解释了华盛顿告别演讲和“门罗主义”，论证自己的创新并不违反“祖宗成法”，国联方案意味着“门罗主义”实质精神适用地域范围的扩大。然而，威尔逊提出的“美国方案”，确实弱化了“门罗主义”对于两个半球的空间划分，美国现在要直接面对全世界和全人类，并承担前所未有的国际责任。而这就使得美国国内外许多人怀疑：威尔逊总统的步子是否迈得过大，已经背离了美国的外交政策传统？

二、从威尔逊回到门罗？

在巴黎和会上，威尔逊面临无数棘手的议题，但他对国联满怀期待，不惜以其他方面的让步来换取列强对国联方案的支持，比如，在中国山东问题上，威尔逊就对日本作出了实质性的让步。与此同时，威尔逊自己面临着一个共和党人主导的国会，而共和党人从总体上对美国承担更多的国际义务持拒斥态度。因此，威尔逊的总体路线，是既能使美国获得更大的全球事务影响力，又不承担过多的国际义务。

为了增加国联在美国国会通过的可能性，威尔逊促成了《国联盟约》第21条的出台：“国际协议如仲裁条约或区域协商类似门罗主义者，皆属维持和平，不得视为与本盟约内任何规定有所抵触”。这就将美洲事务排除在国联管辖之外，为美国维持在美洲的“门罗主义”传统，保留了空间。而美国根据《国联盟约》可能承担的最大的义务，当属第10条：“联盟会员国尊重并保持所有联盟各会员国之领土完整及现有之政治上独立，以防御外来之侵犯。如遇此种侵犯或有此种侵犯之任何危险或危险之虞时，行政院应筹拟履行此项义务之方法。”[①]而这两条引发的争议，涉及的是同一个问题：究竟是美国控制国联，还是国联控制美国？

19 世纪“门罗主义”给美国外交政策带来的路径依赖是，美国大部分政治精英都希望能够继续巩固美国在西半球的区域霸权，同时避免承担过多国际义务，避免卷入欧洲政治的泥潭。在威尔逊归国试图说服国会通过《国联盟约》之时，不少共和党人士对《国联盟约》不满，认为其已经是一种存量改革，要求白宫作出修改。1920 年 6 月 23 日，参议院外交委员会主席、共和党参议员洛奇（Henry Cabot Lodge）公布了资深共和党政治家鲁特（Elihu Root）的三个保留：第一，拒绝《国联盟约》第 10 条——鲁特认为本条规定的义务过于含糊与普遍，会给美国带来束缚；第二，反对规定必须提前两年通知的退出条款，美国有权自行决定履行何种义务；第三，将所有“纯美国问题”排除在国联管辖之外，包括“门罗主义”和移民问题，明确欧洲不能干预美洲事务，美国也不参与欧洲事务。鲁特与洛奇可以被归为强硬保留派（strong reservationists），他们并不反对美国加入国联，但要求不能受到过多的国际义务的束缚。

威尔逊在 1916 年大选中的共和党对手、法学家休斯（Charles Evans Hughes）也属于强硬保留派，他提出的保留基本上与鲁特方案一致，将《国联盟约》第 10 条视为麻烦的根源，认为美国无论在法律还是道义上都不应该有捍卫其他国联成员的义务，第 10 条应当删除。[②]至于涉及“门罗主义”的第 21 条，他认为应当作出两条解释：一是外国势力不能通过征服、购买以及其他方式来获得美洲大陆及其相邻岛屿的领土；二是纯粹美洲的问题必须首先由美洲国家自行解决，欧洲国家非经美洲国家请求，不得干预。[③]

---

① 世界知识出版社编：《国际条约集（1917—1923）》，世界知识出版社 1961 年版，第 274 页。

② Lloyd E. Ambrosius, *Woodrow Wilson and the American Diplomatic Tradition: The Treaty Fight in Perspective*, Cambridge University Press, 1987, p. 155.

③ “The Proposed Covenant for a League of Nations,” address of Charles E. Hughes, March 26, 1919, *Charles Evans Hughes Papers*, Box 172, Library of Congress, http://dla.library.upenn.edu/dla/print/detail.html?id=PRINT_9959262683503681, last visited on February 12, 2019.

而共和党中的温和保留派人士并不主张取消第10条，只是要求对其作出限制，如前总统塔夫脱（William Howard Taft）认为可以将第10条的义务限制在10年之内，之后由总统和参议院三分之二多数决定是否延续。

共和党中以波拉（William Borah）为代表的另一派则完全反对加入国联。在1917年1月威尔逊发表“没有胜利者的和平”演讲后，波拉即在国会提出议案，重申华盛顿、杰斐逊与门罗的外交政策。在1919年的争论中，波拉认为《国联盟约》第10条会使得美国陷入欧洲事务中无法自拔，而外国也可以借此来控制美国。他尤其指出，由于加拿大、澳大利亚、新西兰、南非、印度在国联之中都有席位，因而会是英国而非美国主导国联的决策。于是，欧洲列强又可以通过国联这个机构，对美国与美洲事务指手画脚，但这就违反了排斥欧洲干涉的“门罗主义”传统。波拉希望美国能够在外交关系中保留单边决定权，而非被欧洲的外交家所牵制。①

1920年8月19日，威尔逊将参议院外交委员会请到白宫召开听证会，试图说服参议员们接受他的主张。威尔逊对第10条的解释是，国联行政院一致通过的投票结果只是一种建议，美国对其要承担的义务是道义而不是法律上的，美国国会有绝对的自由对要求采取行动的所有情况作出自己的解释。但批评者认为一旦加入国联，第10条必然为美国带来法律上的义务。威尔逊也回避了大英帝国在国联中拥有6票所带来的影响问题。②按照威尔逊的解释，美国可以说是“既在此世，又不在此世”，它向全世界倡导一系列普遍原则，但自己却无须为这些原则承担责任，而且随时可以退回一个自己完全可以控制的避风港。对于反对派而言，这听起来太美好，不像是真实的。这次听证会进一步扩大而非缩小了双方的分歧。在无法说服参议员的情况下，威尔逊决定诉诸舆论，在全国展开了巡回演讲。但威尔逊在旅行过程中中风，最终基本丧失了工作能力。这种身体状况严重影响了接下来白宫与参议院的沟通。

---

① Lloyd E. Ambrosius, *Woodrow Wilson and the American Diplomatic Tradition: The Treaty Fight in Perspective*, Cambridge University Press, 1987, p. 90.

② Ibid., pp. 164-166.

而洛奇仍在继续努力把温和保留派争取到自己一边，其在9月5日向参议院外交委员会提出了新的四项保留提案。第一项是美国可以无条件退出国联；第二项是除非美国国会批准，美国不承担第10条以及相关条款所规定的国际义务；第三项是国联不得干预美国国内事务，而美国有权自行决定何种事务是国内事务；第四项涉及对"门罗主义"的解释："经美国判断，涉及或与其长期确立的政策，如一般所知的门罗主义有关的问题，美国不接受国联大会或是行政院根据该和约提出的质询和仲裁；门罗主义只能由美国解释，而且在该国际联盟的判断权限之外，并完全不受对德和约规定的影响。"①威尔逊在11月3日收到的洛奇即将提交参议院的议案，基本与9月5日版本一致。威尔逊激烈批评第10条的保留挖掉了盟约的核心部分，会使美国在联盟成员国之前颜面尽失，拒绝作出任何让步。

在白宫与参议院围绕《国联盟约》拉锯的时候，新一届的总统竞选也拉开了大幕。威尔逊希望能有第三个任期，但未获提名。民主党候选人考克斯(James M. Cox)忠于威尔逊的国际路线，在竞选中大力捍卫《国联盟约》第10条，认为它包含着"门罗主义"的精神，是将美国在中南美洲所取得的成就扩大到整个世界，并宣布他当选之后会将批准《凡尔赛和约》作为自己的第一要务。②共和党候选人哈定(Warren G. Harding)采取的宣传战略是将考克斯与威尔逊绑定在一起进行攻击。而威尔逊也不断将正在到来的总统大选称为美国人民对于两条国际战略路线的"庄重的全民公投"(solemn referendum)。但事实证明，威尔逊已经是民主党的"票房毒药"——在1920年11月2日的大选中，哈定获得的选民票比例比民主党候选人考克斯多出了26.2个百分点；共和党人在参议院补选中也获得大胜，控制了参议院绝对多数。从1921年开始，共和党连续执政到1933年富兰克林·罗斯福上台。

共和党政府抛弃了威尔逊主张的国际联盟，但美国现在已经是欧洲与亚洲许多国家的债权国，拥有大量海外投资，其全球利益并不允许美国政治精

---

① Lloyd E. Ambrosius, *Woodrow Wilson and the American Diplomatic Tradition: The Treaty Fight in Perspective*, Cambridge University Press, 1987, pp. 173-174.

② Ibid., p. 274.

英放弃对美洲之外国际事务的参与。因而，即便从威尔逊后退，也不可能退回到19世纪。我们可以从美国参议院对美国参加的国际事务的态度来看这一时期美国政治精英们所采取的外交策略。1921年，美国召集召开华盛顿会议，英、日、法、美四国次年签订《关于太平洋区域岛屿属地和领地的条约》(简称《四国条约》)，终结了英日同盟。共和党人主导的美国参议院要求增加一个宣布本条约不包含任何涉及武力使用、结盟和共同防御义务的修正案，在该要求实现之后，才批准了条约。而同一个会议达成的《美英法意日五国关于限制海军军备条约》(简称《五国条约》)以及《九国关于中国事件应适用各原则及政策之条约》(简称《九国公约》)，获得美国参议院批准就相当容易，这很大程度上是因为这两个条约并没有给美国带来刚性的义务约束。在目睹威尔逊的失败之后，哈定政府以非常谨慎的态度参与美洲之外的国际事务，一方面努力实现美国的国家利益，另一方面避免加入国际联盟或任何双边同盟关系。这可以说是在"门罗主义"和"威尔逊主义"之间的一个折中。

1928年美国国务卿凯洛格(Frank B. Kellogg)推动了《凯洛格—白里安公约》(*Kellogg-Briand Pact*，又称《巴黎非战公约》)的签署。该公约第1条规定："缔约各方以它们各自人民的名义郑重声明，它们拒斥用战争来解决国际纠纷，并在它们的相互关系上，废弃战争作为实行国家政策的工具。"①美国参议院几乎全票通过了这一条约。原因也是类似的，这是一项让美国可进可退的条约，平时美国可以发挥对其他国家的影响力，一旦真正发生战争，美国却可以保持中立，无须承担维护世界和平的义务。

美国虽然不是国联的正式成员国，但并没有缺席国联事务。哈定政府和柯立芝政府向国联召集的会议派出"非官方观察员"，这些"观察员"会在与美国利益相关的国联讨论中发挥作用，捍卫美国利益。考虑到不少美洲国家是国联的成员国，美国还可以通过操纵它们来实现自己的国家利益。因此，尽管美国不是国联的成员国，但却并没有缺席国联事务，同时也避免了为国联的任何决定承担责任。同时，美国是许多欧洲国家的债权国，美元的力量使

---

① 王绳祖、何春超、吴世民编选：《国际关系史资料选编(17世纪中叶—1945)》(修订本)，法律出版社1988年版，第630页。

得美国能够影响许多国际事务，但无须承担刚性的政治和军事义务。哈定政府还有意加入与国联密切关联的国际常设法院(Permanent Court of International Justice)。白宫在1923年拟定了若干保留，不接受只有国联会员国才能参与选举法官的规定，不接受国际常设法院的任择条款，即，当美国与其他国家发生争端时，可以不必将争端提交给法院。这实际上已经使国际常设法院对美国没有实质强制力可言。但即便如此，参议员们仍然提出了激烈的反对意见，担心美国通过国际常设法院这个"后门"溜进国联。参议院激烈辩论，形成了进一步的保留意见。但美国要求过分的特权，侵犯了国联的权威，引起了其他列强的不满。国联行政院提议进一步协商，白宫则视之为畏途，表示了拒绝。①

在二战爆发之前，美国对美洲之外国际事务的参与，基本保持着这样一种小心翼翼的姿态，既希望通过参与国际事务进一步扩大美国利益，但又害怕承担刚性的国际义务，陷入其从19世纪以来一直视为泥淖的欧洲事务中。因此，其政策思维的基点，仍然是对两个半球的划分。"门罗主义"塑造的空间思维传统在美国国内是如此强大，以至于富兰克林·罗斯福总统必须等到1941年底日军袭击珍珠港之后，才敢于打破中立状态，带领美国加入世界反法西斯同盟。而这距离标志着威尔逊路线大溃败的1921年政党轮替，已经过去了20年。

三、卡尔·施米特的回应："大空间理论"作为德国的"门罗主义"

尽管美国未能加入国联，但《国联盟约》第21条却包含了对"门罗主义"的让步。而这就开辟了一个先例，即强国可以凭借自己的实力划定势力范围，使之免受国联的管辖。美国开了这个口子，就有其他列强像《阿Q正传》

---

① Thomas N. Guinsberg, *The pursuit of Isolationism: In the United States Senate from Versailles to Pearl Harbor*, Garland Publishing, Inc., 1982.

里的阿Q一样，宣称“和尚动得，我动不得？”[1]德国与日本即是其中最为突出的两个例子。两国的政治与法律精英从自身的利益出发，从美国的“门罗主义”传统中寻找更为普遍的原则，并将其与国联的普遍管辖权对立起来。

我们先从德国开始。1919年的《凡尔赛和约》沉重打击了新生的魏玛共和国，但由于列强之间的分歧，这种打击又没有达到第二次布匿战争结束时罗马对迦太基之惩罚的严厉程度，保留了德国东山再起的潜能。德国主流政治精英对巴黎和会产生了极大的屈辱感乃至复仇心理。而战后国际体系的紊乱，也为德国提供了重新崛起的机会。这是德国公法学家卡尔·施米特在两次大战之间的理论活动的基本历史背景。他首先致力于批判美国的普世帝国主义以及威尔逊提倡的国际联盟，继而提出以“大空间”(Großraum，日本国际法学家将其翻译为“广域”)为基础的新国际法设想。[2]

施米特对美国与国联的批判，在很大程度上以19世纪的欧洲国际体系与国际公法作为参照。在19世纪，尽管有美国的“门罗主义”制约欧洲列强，毫无疑问的是，就全球范围而言，欧洲处于最为强势的地位，而一战后的欧洲失去了这种地位。但更重要的是，19世纪的欧洲国际公法现实地致力于限制战争，而非消灭战争，尤其是，它并不将敌人视为道德上低下的罪人，凡是遵循战争程序的交战方，都被视为正当的敌人。一战结束后，协约国将德皇威廉二世列为战犯并要求审判(尽管审判最终没有发生)，本身就已经背离了19世纪经典国际法。威尔逊试图以集体安全机制消灭战争而非限制战争，进一步强化了将敌人视为“罪人”的观念和实践。而这给德国精英带来了一种沉重的压迫感。

早在1926年——德国获准加入国联的一年，施米特即撰文《日内瓦国际联盟的两张面孔》提醒德国舆论界，国联在某个西方大国(在此应该指美国)之前是谦卑的，小心翼翼的，但在弱势的、被解除武装的国家(在此指向德国)

---

① 鲁迅：《鲁迅选集·小说》，广东花城出版社2022年版，第114页。

② 德国学界对于施米特“大空间”理论与“门罗主义”解释的批判，可参见 Lothar Gruchmann, Nationalsozialistische Großraumordnung. Die Konstruktion einer "Deutschen Monroe-Doktrin", Deutsche Verlags-Anstalt, 1962.

之前则摆出一副严格执法的庄严面孔。国联在没有明确的原则和既定的规范的情况下以法律的名义裁决最可怕的冲突，带来的巨大风险是，它可能会激发巨大的国际政治对立。[①] 1928 年，施米特在《国际联盟与欧洲》中批评国联既不是一个真正的欧洲组织，也不是真正的普世性联盟。[②] 1936 年，施米特又撰文《国际联盟的第七次变化》，批判一个国联成员国（意大利）吞并另一个成员国（埃塞俄比亚）的乱象。两篇评论指出国联的根本问题在于，它徒具普世表象，但其成员却缺乏最基本的同质性，尤其是列强对于彼此之间的政治空间边界，缺乏基本的认同。没有清晰的政治空间划分方案，即便有各种纸面上的国际法规则，也不可能解决那些涉及列强的政治冲突。

美国并没有加入国联，但这不影响施米特从国联的运作中看到美国巨大的影响力。在施米特看来，美国在国联体制中，一直在战胜国与战败国之间扮演着一个仲裁者的角色。[③]美国何以确立这种地位？1919 年威尔逊在巴黎和会上争取到的美国加入国联的前提条件，是国联将对“门罗主义”的承认写入其章程第 21 条，而这意味着国联对美洲国家之间的关系，或者一个非美洲国家与美洲国家之间的关系放弃了实质的管辖权。西半球仍然是美国专属的势力范围。同时，一系列美洲国家是国联的成员国，并非国联成员国的美国，却可以从实质上对这些国家的外交政策进行操纵。由此，美国与国联的关系，成为一种神奇的“缺席”与“出席”的混合。在国联时代的一系列条约的签订中，都有美国公民的参与，但他们往往不是美国政府的官方代表。[④]美国人所习惯的在政治与经济之间的分离，也起了很大的作用，他们可以通过自身的经济力量影响国联的诸多事务，但又不需要在政治上承担责任。[⑤]

---

① 〔德〕卡尔·施米特：《日内瓦国际联盟的两张面孔》，载《论断与概念：在与魏玛、日内瓦、凡尔赛的斗争中(1923—1939)》，朱雁冰译，上海人民出版社 2006 年版，第 34—36 页。

② 〔德〕卡尔·施米特：《国际联盟与欧洲》，载《论断与概念：在与魏玛、日内瓦、凡尔赛的斗争中(1923—1939)》，朱雁冰译，上海人民出版社 2006 年版，第 84—91 页。

③ 同上，第 89—90 页。

④ 同上，第 88 页。

⑤ 施米特引用了黑格尔关于美国只是一个市民社会而非国家的评论，以及马克思对于美国的相似批评，来加强自己的论证。参见〔德〕卡尔·施米特：《大地的法》，刘毅、张陈果译，上海人民出版社 2017 年版，第 275—276 页。

美国力推的国际法改革，核心是建立某种集体安全机制消灭战争，而非限制战争。如前所述，1928—1929年美国推动了《巴黎非战公约》的签署，要求各国放弃将战争作为解决纠纷的手段。在作于1932年的《现代帝国主义的国际法形式》中，施米特指出，《巴黎非战公约》的要害就在于美国这个非国联成员国在其中的主导作用，公约无法被并入国联的章程，而美国可以利用公约的模糊性（尤其是在“战争”定义上的模糊性），来决定何谓“战争”。美国善于利用一般的、尚无定义的概念发挥自身的主导作用，这就是“帝国主义”的表现。①毫无疑问，在施米特看来，魏玛共和国是美式“帝国主义”的受害者。

但如何革新一战后被“帝国主义”浸染的国际法呢？1939年5月，正在德国致力于吞并捷克斯洛伐克之时，施米特在《德国法学研究院院刊》上发表《以大空间对抗普世主义》一文，批判美国背离了其19世纪的“门罗主义”，转向普世帝国主义。在此文中，施米特将“门罗主义”与其“大空间”理论关联起来，认为“只要一个具体限定的、不容许外来势力干涉的大空间的思想得到坚持，门罗主义便始终是真实的、未掺假的”。“门罗主义”的对立面，就是“包括全球和人类的普世主义的世界原则，后者从本质上便会造成一切人对一切事务的干涉”。②施米特举出的例子是，1931年德国人非常期待的德国—奥地利关税同盟，就是被常设国际法院中的一个古巴法官搅黄的——实际上，正是关税同盟的失败，给魏玛德国带来了一场政治危机，从而促成了纳粹党的上台。但更重要的是，普世主义为域外大国的干涉提供了借口和机会。在此，施米特再次将批判的矛头指向了美国。

美国从“真正意义上的门罗主义”转向普世帝国主义的重要转折点，在施米特看来，就是西奥多·罗斯福。他滥用“门罗主义”，推行自由资本主义的美元外交，但原初的“门罗主义”与自由资本主义的原则和方法毫无关系。在

---

① 〔德〕卡尔·施米特：《现代帝国主义的国际法形式》，载《论断与概念：在与魏玛、日内瓦、凡尔赛的斗争中（1923—1939）》，朱雁冰译，上海人民出版社2006年版，第176—177页。

② 〔德〕卡尔·施米特：《以大空间对抗普世主义》，载《论断与概念：在与魏玛、日内瓦、凡尔赛的斗争中（1923—1939）》，朱雁冰译，上海人民出版社2006年版，第305—306页。

批判罗斯福的基础之上，施米特进而严厉批判威尔逊："当威尔逊总统在1917年1月22日庄严宣布门罗主义必将成为世界主义的时候，作伪之工已达到登峰造极。他对世界主义的理解，并不是将真正的门罗主义所包含的不干涉主义的地区思想转用于其他地区，而是相反，将自由民主的原则无地区差别和无界线限制地推延到整个地球和全人类。"由此，美国就可以大规模干涉与它无关的区域事务。真正的门罗主义拥有空间边界意识，但"威尔逊主义"没有。二者之间的对立，是"一种明确的、建立在外空间国家不干涉原则之上的空间秩序和一种将整个地球变成进行干涉的战场、阻碍有活力的民族每一种自然增长的普世主义意识形态的对立"。[①]

在此文中，施米特还同时剖析了美国对日本推行自身版本的"门罗主义"的反应。他指出，1905年美国总统西奥多·罗斯福鼓励日本外交代表金子坚太郎将"门罗主义"转用于亚洲，其出发点在于"从经济上为美国资本开放东亚"，这种"亚洲门罗主义"的用意，在于将中国变成英国与美国的殖民地。[②]而当日本试图模仿美国在美洲的"门罗主义"实践的时候，各路理论家就披挂上阵，要么论证当初的"门罗主义"实践已经过时，要么论证日本没有资格按照美国当初的"门罗主义"先例来行事——日本"和尚动得，我动不得？"的心态，迎来的是美国的一巴掌："你也配姓赵？"而施米特则对美国的反应持批判态度。这就表明，在1939年，他将日本的"亚洲门罗主义"视为一种值得同情和支持的主张。

在同一时期发表的《国际法中的帝国概念》中，施米特进一步将德国式的"门罗主义"与其"大空间"理论关联起来。此文标题中的"帝国"，对应的是德文"Reich"这一概念，但中译本将其翻译成"帝国"，很容易与施米特自己想要努力拉开距离的具有普世主义色彩的"Imperium"概念相混淆——在施米特看来，英美现在就是这种普世的、无空间的支配方式的代表。在这篇论文中，施米特指出，Reich是"领导性的和承载性的大国，后者之政治理念辐射着一

① 〔德〕卡尔·施米特：《以大空间对抗普世主义》，载《论断与概念：在与魏玛、日内瓦、凡尔赛的斗争中(1923—1939)》，朱雁冰译，上海人民出版社2006年版，第313页。

② 同上，第309页。

个确定的大空间，并为了此一大空间而从根本上排除空间外大国的干涉”[①]。“大空间”内可能存在另外一些民族和国家，它们并不是 Reich 的一部分，正如美国并没有宣布阿根廷或巴西是自己的一部分。Reich 也不仅仅是一个面积更大的威斯特伐利亚会议以来的领土性国家，不是一架建立于特定地域之上的机械的统治机器，而是“本质上有民族的规定性”[②]，具有有机体的特征。在 1939 年的语境中，施米特所说的 Reich 当然指向一个比当时的德国更大的“大德意志”。至于这个 Reich 在其主导的“大空间”中应当主张何种具体的政治理念，施米特存而不论，而这也在后来招致了纳粹党的经济顾问维纳・戴兹（Werner Daitz）的批评。[③]但施米特明确强调的是，Reich 将按照“门罗主义”的先例，排除域外势力的干预，从而保证“大空间”在全球秩序中的独立性。

如果说近代经典的国际法以国家为基本空间单位，施米特展望的新国际法，则是以“大空间”作为更重要的空间单位。空间单位的扩大跟技术的发展密切相关，飞机、无线电等技术的发展，使得国家的空间界定方法已经跟不上时代，需要更大的空间单位，才能够发展有意义的合作。以“大空间”为支点的国际法越出了经典的以国家为基本单位的国际法，但也拒绝了超国家的普世主义的国际法——后者在施米特看来本质上是帝国主义。以 Reich 为支点的国际法使得民族有机体能够真正地以自己的理念和原则，掌握国家机器。既然地球是如此之大，存在诸多有活力的民族，在施米特的视野中，一个理想的地球秩序，就应该是划分为若干不同的“大空间”，每个“大空间”里都有一个由主导性民族创建的 Reich，并奉行该主导性民族的世界观理念和原则。

在 20 世纪 30 年代的背景下，施米特这一理论服务的是德国的重新崛

① 〔德〕卡尔・施米特：《国际法中的帝国概念》，载《论断与概念：在与魏玛、日内瓦、凡尔赛的斗争中（1923—1939）》，朱雁冰译，上海人民出版社 2006 年版，第 314 页。

② 同上，第 315 页。

③ Werner Daitz, “Echte und unechte Großräume” (1941), in *Lebensraum und gerechte Weltordung. Grundlagen einer Anti-Atlantikcharta. Ausgewählte Aufsätze von Werner Daitz*, De Amsterdamsche Keurkamer, 1943, p. 43.

起。由于历史的原因，德意志人散居在德国、捷克斯洛伐克、奥地利、波兰等不同国家，无论是“Reich”还是“大空间”，指向的都是一个将中欧不同国家整合起来并确立德国领导权的架构。因此，在一战之后德国重新崛起并对外扩张的过程之中，施米特既不是旁观者，也不是反对者。他甚至将1939年苏德两国瓜分波兰的《苏德边界和友好条约》视为互不干涉的“大空间”理论的例证。[①] 然而，希特勒并没有对施米特想象的“大空间”边界表示尊重，德国吞并波兰之后发动“巴巴罗萨行动”，进攻苏联，实际上越出了施米特所划定的“大空间”范围。

值得一提的是，在20世纪30年代，施米特只是众多诉诸“门罗主义”的德国政治—文化精英之一。德国外交部长约阿希姆·冯·里宾特洛甫（Joachim von Ribbentrop）在1939年3月讨论瓜分波兰时，就引用了“门罗主义”的先例。而希特勒也在1939年4月28日的国会演讲中诉诸“门罗主义”，论证德国在欧洲的行动方式与美国在中南美做的事情是相似的，以回应美国总统富兰克林·罗斯福的质疑。[②]一战之后，在德国领导之下建设一个更大的欧洲区域政治单位的思路也并非始于施米特，早在1925年，德国学者瓦尔特·福格尔（Walther Vogel）就论证，德国恢复自身声望的方式就是超越原有的民族国家，领导建立一个具有联邦性质的新欧洲政治单位。[③]但施米特对于“门罗主义”与“大空间”的思考十分系统和深入。他的理论对德国当时的决策者的影响有限，但可以确定的是，其理论诞生后不久，就在日本理论界产生了重大影响。

四、日本：从“亚洲门罗主义”到“大东亚共荣圈”

在甲午战争之前，日本既有“脱亚论”，也有“兴亚论”：福泽谕吉于1885

---

① Carl Schmitt, *Staat, Grossraum, Nomos: Arbeiten aus den Jahren 1916-1969*, Günter Maschke ed., Duncker & Humblot, 1995, p. 295.

② William Hooker, *Carl Schmitt's International Thought Order and Orientation*, Cambridge University Press, 2009, p. 134.

③ Walther Vogel, *Das Neue Europa, und seine historisch-geographischen Grundlagen*, Schroeder, 1925, pp. 416-422.

年曾作蔑视中国、朝鲜等亚洲邻邦的《脱亚论》;1893 年樽井藤吉出版《大东合邦论》,以“黄种人”为号召,鼓吹中国、朝鲜与日本三国“合邦”,可谓“兴亚论”的力作。日本也早已经接触和了解美国的“门罗主义”。1872 年,日本外务省聘请曾任美国驻厦门领事的法裔美国人李仙得(Charles Le Gendre)为顾问,后者向日本执政精英传授了美国的“门罗主义”外交政策经验,鼓励日本以教化蛮邦的名义,在亚洲确立自己的势力范围。然而日本著述者对“门罗主义”与“兴亚论”的直接类比,应该出现于甲午战争之后。“兴亚论”代表人物之一头山满曾指出:“提出东洋是东洋人的东洋这一口号的人,霞山公是第一人。亚洲民族应团结一致抵制西洋诸国的暴慢并驱逐其侵略野心,首倡大亚洲主义的也是霞山公。头山满认为,“霞山公”以美国的“门罗主义”为例提出实行亚洲门罗主义关键在于倡导“日中提携”。①

所谓“霞山公”,即日本贵族院议长近卫笃麿公爵,抗日战争时期的日本首相近卫文麿的父亲。1898 年近卫笃麿任东亚同文会首任会长。1898 年,近卫笃麿在《太阳》杂志第 4 卷第 1 号上发表了著名文章《同种人同盟——附研究中国问题之必要》,该文如同樽井藤吉一样,将黄白人种之间的冲突置于显著地位:“以我来看,东洋的前途难免成为人种竞争的舞台。即使通过外交政策可以解决一时事态,但那只是权宜之计,最后的命运仍是黄白两大人种的竞争,在此竞争中,中国人和日本人共同处于以白种人为仇敌的位置。”近卫主张中国人民的存亡,与其他国家休戚相关,也关乎日本的命运,这就是所谓的“中国保全论”。同年 11 月,在接见来访的中国流亡维新派领袖康有为时,近卫笃麿又阐述:“今天的东洋问题已不单纯是东洋问题,它已经成为世界问题。欧洲列强都是为了自己的利益而在东洋竞争。东洋是东洋人的东洋。东洋人必须有独立解决东洋问题的权力。美洲的门罗主义也是这个意思。实际上,在东洋实现亚洲的门罗主义的义务(亜細亜のモンロー主義)就落在了贵我两邦的肩上。”②

---

① 吉田鞆明編『巨人頭山満翁は語る』(感山荘,1939 年)115 頁。

② 近衛篤麿「与康有为的对话笔记」近衛篤麿日記刊行会編『近衛篤麿日記』第 2 巻(鹿島研究所出版会,1968 年)195 頁。

不过，虽然近卫笃麿位高权重，当时，日本政府的官方政策却不能说是真正的“保全论”。日本在甲午战争后从中国获益甚多，引发欧洲列强不满，俄、德、法“三国干涉还辽”的情景仍然历历在目，清政府又极其虚弱，日本推行自己的“门罗主义”，难免有底气不足的问题。浮田和民 1901 年发表的《帝国主义与教育》就表达了这种情绪：“虽欲提倡亚洲乃亚洲人之亚洲的日本式门罗主义，但为其落后时代而颇感无奈。日本今日唯一以倡导之帝国主义，只能是基于国际法，向欧美诸国充分伸张本国人民权利，同时扶植亚洲各国独立，为此而诱导促其改革而已。”①

然而，1904 年日俄战争爆发，形势为之一变。1904 年 10 月 23 日，曾在 1898 年担任首相的大隈重信在早稻田大学清韩协会发表题为《论东亚之和平》的演讲，称“东亚细亚者东亚细亚人之东亚细亚也……我日本与中国同种同文，实不可磨灭之事实”②。大隈同时认为在正在进行的日俄战争中，日本代表世界文明潮流，必将打败对抗世界文明潮流的俄国。大隈这一宣言从种族和文明的角度解释日俄战争，被东京各大报章视为“大隈主义”之表达。1905 年，日本打败俄国，被西方列强承认为全球列强俱乐部“国际大家庭”（the family of nations）的一员。中国国内报章也纷纷将日俄战争解释为“黄种人战胜了白种人”，而日本在中国东北南部建立势力范围，也被日本的“门罗主义”论者解释为对中国的“保全”——帮助同属“黄种”的中国，防止满蒙沦丧于属于“白种”的俄国人之手。

日俄战争后，美国试图在日、俄两国之间协调，主持召开朴茨茅斯会议。日本外交代表金子坚太郎称，1905 年 7 月 8 日，美国总统西奥多·罗斯福在与他探讨即将召开的朴茨茅斯会议的过程之中，提出日本可以推行“亚洲门罗主义”（Asiatic Monroe Doctrine），在从苏伊士运河到俄罗斯堪察加的广大地域（排除俄国领土和英法葡殖民地）中担任盟主角色，排除欧洲列强的干涉

---

① 浮田和民『帝国主義と教育』（民友社，1901 年）35—36 頁。

② 大隈重信「東亜の平和を論ず」『大隈伯演説集』（早稲田大学出版部，1907 年）118—119 頁。

与侵略，如同美国在美洲所做的那样。[①]在日俄战争之后的语境下，罗斯福提出"亚洲门罗主义"，意在通过承认日本在朝鲜和中国东北的特权，换取日本在其新势力范围内对美国实行"门户开放"政策的同意，并且同意美国限制日本对美移民。西奥多·罗斯福这一谈话不仅进一步激励了日本政府对于朝鲜和中国的侵略，同时也为各方反过来限制美国的干预提供了一个口实。比如说，在1932年，日本公法学家松原一雄就曾引用这一谈话来反对美国对日本侵华的干预[②]，在1939年，德国公法学家卡尔·施米特又引用这一谈话，对日本的"门罗主义"表示支持。[③]日本政府在区域霸权主义的道路上，越走越远。

一战爆发后，日本打出"维护东亚和平"的旗号对德宣战。随后，利用欧洲列强无暇东顾的时机，大隈重信内阁向袁世凯政府提出了"二十一条"，试图将中国全境变为其势力范围。日本在华的势力扩张引起了美国的不满。1917年，美日展开谈判。日本特命全权大使石井菊次郎在与美国国务卿蓝辛(Robert Lansing)会谈期间，发表公开演讲称："类似于'门罗主义'的观念，不仅在西半球，在东洋也存在。"[④]在日美双方谈判过程中，石井诉诸美国宣称在墨西哥拥有"卓越利益"(paramount interest)的先例，认为日本也可以在中国拥有同样的利益，而蓝辛对此提出反对。1917年11月2日双方签订的《蓝辛—石井协定》(Lansing-Ishii Agreement)称："合众国及日本国政府均承认凡领土相接近之国家间有特殊之关系(territorial propinquity creates special relations)，故合众国承认日本国于中国有特殊之利益(special interests)，而于日本所属接壤地方，尤为其然。"[⑤]相应地，日本承认美国提出的"门户开

---

① 金子堅太郎『東洋の平和はアジアモンロー主義にあり』(皇輝会，1937年)16—19頁。

② 松原一雄「リットン報告と日本モンロー主義」東亜5巻11号(1932年)7頁。

③ 〔德〕卡尔·施米特：《以大空间对抗普世主义》，载《论断与概念：在与魏玛、凡尔赛、日内瓦的斗争中(1923—1939)》，朱雁冰译，上海人民出版社2006年版，第309页。

④ 池田十吾「石井—ランシング協定をめぐる日米関係（一）中国に関する日米両国交換公文の成立過程から廃棄に至るまで」國士舘大學政經論叢66期(1988年)。

⑤ 王绳祖、何春超、吴世民编选：《国际关系史资料选编(17世纪中叶—1945)》(修订本)，法律出版社1988年版，第447页；Ross A. Kennedy ed.，*A Companion to Woodrow Wilson*，John Wiley & Sons，Ltd，2015，p. 234.

放”原则，承认美国在华享有“机会均等”的权利。该秘密协定还包含有将德国在我国山东省的特权转交给日本的条款。

在1919年巴黎和会上，日本代表成功地迫使威尔逊作出让步，将德国在山东的利权转交日本。而对“门罗主义”作出让步的《国联盟约》第21条，也被日本代表团视为对日本特殊的区域利益的承认。①在1920年初国联成立之后，日本也获得了常任理事国的席位。但《凡尔赛和约》在美国国会表决遇到障碍。在1919年11月美国参议院就山东问题的处置提出异议的时候，《读卖新闻》发表了言辞激烈的评论，指责美国不尊重其他国家的自由，一方面坚持自家的“门罗主义”，另一方面，在山东问题上，不尊重日本的“门罗主义”。②然而1922年华盛顿会议签订的《九国关于中国事件应适用各原则及政策之条约》对山东问题进行了重新处理，日本被迫吐出多项军事与政治利益，美国也成功地将“门户开放”写入这一条约。列强对中国加强共同支配，抑制了日本对中国的“特殊利益”追求。与此同时，《九国关于中国事件应适用各原则及政策之条约》中“不得因中国状况乘机营谋特别权利而减少友邦人民之权利”的条款，也被日方理解为各国对其在华特殊权利，尤其是在满蒙地区的特殊权利的承认。

按照美国建构华盛顿体系的原初设想，美国应当与列强在对华政策上协商。美国驻华大使马慕瑞(John MacMurray)坚持这一“大国协调”的原则。然而，美国国务院面对中国的国民革命运动，采取了更为实用和灵活的态度，并没有与其他列强联合干预，而是与国民革命军进行了接触，先于其他列强解决北伐军攻克南京后爆发的外交纠纷。美国也成为第一个正式承认南京国民政府的西方国家。如果说华盛顿体系的初衷在于建立起美国领导的对华“大国协调”，美国接下来的对华政策，恰恰没有与其他列强保持同步，尤其

---

① Thomas W. Burkman, *Japan and the League of Nations: Empire and World Order, 1914-1938*, University of Hawai'i Press, 2008, p. 79.

② Ibid., p. 101.

没有和日本进行协调，这在一定程度上给日本带来了不安全感。[①] 在1929—1933年的世界经济危机中，列强纷纷采取贸易保护主义，并加强与自身殖民地的经济整合。缺乏战略纵深和海外殖民地的日本受到经济危机的沉重打击，日本精英对于殖民地的渴求也与日俱增。石井菊次郎于1930年发表《外交余录》，重新大肆宣传“亚洲门罗主义”，称日本在中国的特殊利益是永久的现实，无须其他国家承认。如果中国内部发生重大变乱，欧洲人和美国人可以随时打包走人，但是日本与中国相邻，必然会受到影响，因此日本需要采取措施，平息中国内部的变乱。[②]正是在此背景下，日本在中国东北发动“九一八”事变，随后建立“伪满洲国”。

在日军1932年1月3日占领锦州之后，美国国务卿史汀生（Henry Lewis Stimson）于1月7日照会中日两国政府，称凡违反条约（指1922年华盛顿会议签署的《关于中国事件应适用各原则及政策之条约》与1928年签订的《巴黎非战公约》）而订立之条约与协定，及由此而造成之事实上之局面，损害美国条约上之权利，包括中国之主权独立或领土与行政完整以及开放门户政策者，美国政府皆不能承认。这就是所谓史汀生“不承认主义”。1932年1月21日，国联行政院在中国的要求之下，成立了以英国人李顿侯爵（Rufus Daniel Isaacs, 1st Marquess of Reading）为团长的调查团，并于9月4日完成调查报告书，10月2日公开发表。报告书认为中国对东北享有主权（sovereignty），“九一八”事变是日本侵华行为，“伪满洲国”没有正当性，但同时承认日本在中国东北有“特殊利益”。而针对国联派出的李顿调查团和美国的史汀生“不承认主义”，日方都以“维持亚洲的和平”为名，强调有权排除他国的支配。[③]

1933年3月27日，日本悍然退出国联，李顿调查团报告书成为一纸空

---

① John Van Antwerp MacMurray, *How the Peace was Lost: The 1935 Memorandum Developments Affecting American Policy in the Far East*, Hoover Institution Press, 1992, p. 125. 国内研究，参见马建标、刘畅：《“公约主义者”的悲剧：马慕瑞与华盛顿体系的兴衰》，载《近代史研究》2021年第5期。

② 石井菊次郎『外交余録』（岩波書店，1930年）132—163頁。

③ 徐公肃：《所谓亚洲门罗主义》，载《外交评论》1932年第2期。

文。针对国联对中国的援助，1934 年，日本外务省情报部长天羽英二发表声明，称日本须“全力履行在东亚的特殊责任”，坚决反对“外国以技术或金融援助共管中国或瓜分中国的政治意图”。[①]这些修辞在多方面模仿了美国的“门罗主义”表述，将中国视为日本的专属势力范围。英美等国指责日本违反国际法，破坏了“门户开放”原则。遭到孤立的日本致力于单方面设计区域秩序。1938 年前后，日本陆军省军务局军事科中佐岩畔豪雄与参谋本部第二部第二科少佐堀场一雄共同起草的“国防国策案”中提出了“东亚共荣圈”的概念。1940 年 8 月 1 日，近卫文麿内阁发布“基本国策纲要”，提出建设“大东亚新秩序”，外相松冈洋右进一步提出“大东亚共荣圈”的表述。日本政府鼓吹弘扬所谓“皇道”精神，宣传要将亚洲从西方殖民者的控制中“解放”出来，建立一个日本主导下的区域秩序。

从“亚洲门罗主义”到“大东亚共荣圈”，日本政治精英们不断完善以美国“门罗主义”为原型的政治话语，同时也试图改造既有的国际法规则，打造一套为“大东亚共荣圈”提供正当性的“大东亚国际法”。而卡尔·施米特的“大空间秩序理论”（日译为“广域秩序论”）为日本国际法学家的话语建构提供了灵感。考虑到施米特在 1939 年的国际法论述中表现出来的以日本的“亚洲门罗主义”为盟友的姿态，其理论对于日本国际法学家的吸引力可想而知。安井郁（东京大学教授）、松下正寿（立教大学教授）、田畑茂二郎（京都大学副教授）等日本学者细致考察了美国的“门罗主义”和施米特的“大空间理论”[②]，进而将其与日本自身的亚细亚主义结合起来。施米特对于普遍主义国际法学的犀利批评，以及对于介于全球秩序与民族国家之间的区域性的

---

① 张篷舟主编：《中日关系五十年大事记：1932—1982》（第一卷），文化艺术出版社 2006 年版，第 245—249 页。

② 日本国际法学界在二战期间曾有发行十二卷《大东亚国际法丛书》的计划，最终发行了四卷，其中的两卷是松下正寿所著《美洲广域国际法的基础理念》[松下正壽『米洲廣域國際法の基礎理念』（有斐阁，1942 年）]，以及安井郁所著《欧洲广域国际法的基础理念》[安井郁『歐洲廣域國際法の基礎理念』（有斐阁，1942 年）]。明石欽司「「大東亜国際法」理論：日本における近代国際法受容の帰結」法學研究：法律・政治・社会 82 巻 1 号（2009 年）264—265 頁参照。

“大空间”概念的开掘，恰恰可以满足日本建构“大东亚共荣圈”的实践需要。①同时，施米特着重强调“大空间”对于外部干涉的排斥以及“大空间”内部主导民族的作用，但对于“大空间”内部的制度构成讨论较少，为日本国际法学者提供了理论发展的空间。

由于篇幅所限，本文无法展开对二战期间日本国际法学者著述的系统梳理。但值得强调的是，日本学者对施米特的推进主要是在“大空间”的内部关系上。如松下正寿写道：“共荣圈的内部构成原则并非以往国际法中平等国家的形式集合，而是不平等国家的有机结合，因此，法律上应当有各个不同的阶层。其中位于最上层、担负维持共荣圈一切责任的国家，就是主导国。所以，我将主导国定义为：不仅要完全自主行使国际法上的权利、履行义务，同时当共荣圈内的国家无法完全行使国际法上的权利、履行义务时，要替其做出法律行为”②。这种内部秩序是不平等的，日本作为主导国具有支配地位，而其他国家按照所谓“有机体”的原则，依附于日本。

这也许可以让我们回想起美国国务卿奥尔尼在1895年给英国的外交照会所散发的傲气：“如今，美国实际上已经统治着这块大陆，它的命令对于它所管辖范围之内的大陆臣民来说就是法律。”③当然，美国对拉丁美洲的支配方式，尽管也涉及对领土的征服（如波多黎各）和对交通枢纽的军事控制（如巴拿马运河），但与德、日侧重获取领土乃至直接殖民的支配方式还是存在差异。对于绝大多数拉丁美洲国家，美国从形式上承认其作为主权国家的资格，但通过更为抽象的方式进行支配：输出资本与商品，控制海关，影响金融与财政，等等。这使得美国的支配方式比德、日更接近于“非正式帝国”（informal empire）的做法。但对于德日两国的“大空间”理论家而言，一旦将“门罗主义”理解为一个规定各“大空间”互不干涉的原则，每个“大空间”内部的支配关系就是其自主决定的事务。美国可以在美洲继续其偏好的支配方式，

① 田畑茂二郎「ナチス国際法学の転回とその問題的意義」外交時報107巻1号（1943年）。

② 松下正壽『大東亞國際法の諸問題』（日本法理研究會，1942年）44頁。

③ United States Department of State, *Foreign Relations of United States*, Government Printing Office, 1895, p. 558.

但德、日两国也可以在自己的区域中自行其是，相互之间井水不犯河水。

1919 年的威尔逊对日本而言还并不构成一种抑制的力量。为了获得日本对国联计划的支持，威尔逊同意将德国在山东的利权转让给日本，在他倡导建立的国联之中，日本也最终取得了常任理事国的席位。但随着形势的发展，威尔逊推动建立的战后国际秩序，明显抑制了日本的继续扩张。日本最终与威尔逊式的秩序彻底决裂，以美国“门罗主义”为范本，并参考德国学者的相关论述，主张建立一个由自身主导、不受其他区域力量干涉的区域秩序。与德国类似，日本以反对全球霸权的名义，奔向了区域霸权主义。

由于篇幅所限，本章无法展开论述美国对德日两国的“门罗主义”解释的回应，但可以探讨其中的一个插曲。在美国尚保持中立的 1940 年 7 月 6 日，罗斯福的新闻秘书斯提芬・厄尔利(Stephen Early)表态称美国政府认为每个大陆都可以适用自己的“门罗主义”。这一姿态让德日扩张主义者倍感鼓舞。7 月 8 日，美国国务卿赫尔(Cordell Hull)出来灭火，不点名批评称，世界上有些地方歪解“门罗主义”，但“门罗主义”只是一项集体防卫政策，并不意味着美国霸权，与这些地方实施的军事占领和完全的经济和政治控制更是两回事。[①]这一解释与西奥多・罗斯福总统在 20 世纪初的解释有很大的差异，可以让我们感受到白宫因为美国的历史解释问题而承受的巨大压力。

五、余论

1919 年，威尔逊参与巴黎和会谈判，将美国的国际威望推向高峰。但这一“威尔逊时刻”也开启了一个重要的问题：“门罗主义”与“威尔逊主义”之间究竟存在何种关系？这一问题貌似可以导向国内威尔逊研究中常见的对于威尔逊执政时期美国的“孤立主义”与“国际主义”两种外交思想紧张关系的探讨。然而本文探讨“门罗主义”和“威尔逊主义”，并不仅仅着眼于

---

① Francis O. Wilcox, “The Monroe Doctrine and World War Ⅱ,” *The American Political Science Review*, Vol. 36, No. 3 (Jun., 1942), p. 452.

美国外交政策，而是将二者视为在全球范围内流通的概念和符号，不同的政治主体出于不同的考虑，会对其进行新的理解和解释。不仅威尔逊及其国内政敌会辩论这一问题，美国在全球不同区域遭遇的挑战者也会回应这一问题，从而使其成为一个关系到全球政治空间不同划分思路的重要问题。

针对这一问题，威尔逊本人当然强调他自己的主义与“门罗主义”之间的连续性。他将“门罗主义”美化为一种尊重各个国家政治体制和发展道路的主义，将国际联盟的方案，论证为扩大“门罗主义”适用范围的努力。而通过对历史过程的梳理，我们还可以看到，威尔逊的全球解决方案并非空穴来风，而是在美国一百多年来经营美洲的经验基础上提出的，美洲在美国国际战略的演变中，发挥了“试验田”和“根据地”的作用。在“门罗主义”的实践过程中，美国排斥旧大陆的一系列政治原则，坚持自己的政治原则；美国试图在美洲建立某种集体安全机制，并在其中保持一种仲裁者的地位。而威尔逊试图将美国经营美洲的经验推广到全球，在全球建立起某种集体安全机制，使美国处于仲裁者的超然地位，既享受霸权地位，推行美国所奉行的理念，也不会陷入旧大陆传统权力斗争的泥淖。

然而，威尔逊的国内批评者并不将“门罗主义”与“威尔逊主义”之间的关系视为一种连续的过渡，而是强调二者之间的对立。尽管威尔逊倡导的《国联盟约》为美国继续主导西半球留出了空间，其政敌仍然担心，威尔逊倡导的国联带来的不是美国控制国联，而是欧洲列强先控制国联，再通过国联控制美国，这就违反了将近百年的“门罗主义”精神。威尔逊的政敌们从根本上仍将欧洲视为一个令人恐惧的泥淖，美国的利益需要扩张，但美国不能承担过于沉重的国际责任。而威尔逊无法清晰和令人信服地向他的国内政敌描述，美国究竟要承担多重的国际责任，这种责任与美国的所得究竟是否成正比。他对政敌毫不妥协的态度，最终使得国联方案在参议院折戟沉沙。

与此同时，《国联盟约》为“门罗主义”留下的口子，在战后具有更为深远的影响。一战之后，德日两国受到美国的压制，不约而同地诉诸一种话语策略：将“门罗主义”的历史经验普遍化，用以对抗威尔逊式的普世主义。这意味着，美国在国联体系下所享有的"门罗主义"特权，其他强国也可以正当地享有。20 世纪 30 年代，卡尔・施米特在德国发展了其"大空间"理论，服务于德国在中东欧的经营。日本很早就接触和学习了美国的"门罗主义"，将之与其国内的"亚细亚主义"思潮结合起来，以证成自身在东亚的扩张。而在二战期间，日本的国际法学家更是从施米特的"大空间"理论获得启发，致力于为"大东亚共荣圈"建构一种国际法理论。一旦"门罗主义"不再是美国的特权，而是列强均可采用的区域秩序组织原则，美国致力于建构的普遍主义国际法必将消亡，国际法将分解为两个层面：第一层是诸多"大空间"内部的国际法，第二层是这些"大空间"之间的交往法则。随着德日两国在二战中战败，这一转变没有出现。

而这不仅仅是一段用以满足好古兴趣的陈年往事。"威尔逊时刻"带来的种种围绕"门罗主义"展开的争论，可以帮助我们更深刻地理解区域霸权和全球霸权之间的张力。全球霸权总是倾向于强调全球空间的同质性，强调自身代表了某些普遍适用于人类的原则和理念。而区域霸权面对全球霸权建立普遍同质秩序的压力，会更倾向于强调世界的多元空间性（pluralistic spatiality），将全球霸权的主张者视为来自另一个空间的越界者，将其普遍性诉求视为特殊利益的话语包装。"威尔逊时刻"的重要意义在于，它为我们提供了一个区域霸权尝试建立全球霸权的生动案例——威尔逊提出了针对全球的普遍主义主张，然而他的国内政敌并没有走出将世界划分为两个半球的空间思维，慎于在美国能够掌握的舒适区域之外承担刚性的国际义务。而其他区域霸权也可以通过强调美国所经历的多元空间性思维与普遍同质性思维之间的对立，让美国自己反对自己，从而消解威尔逊主义诉求的普遍性，捍卫自身在本区域的特权。

自巴黎和会以来，世界已经历了一个百年，但国际秩序中不同思维模式与话语模式的起伏，在很多方面仍然像是旧日故事的重演。门罗和威尔逊并没有远去，他们仍然生活在当代世界的冲突与斗争之中。

“门罗主义”：从19世纪到21世纪*

近两个世纪之前诞生的“门罗主义”，依旧深刻影响着当代世界的空间政治想象。2022年2月乌克兰危机爆发前后，在西方世界围绕着俄罗斯意图和军事行动的争论中，出现了一种容易被人忽视、但非常具有历史感的声音，将俄罗斯对近邻地区的执着与美国“门罗主义”相类比。

诉诸这一类比的美国精英非比寻常，不可等闲视之。美国左翼参议员桑德斯（Bernie Sanders）在英国《卫报》撰文反对白宫在乌克兰事务上“拱火”。桑德斯指出，“门罗主义”原则实际上就是美国将西半球视为势力范围的原则，在这个原则之下，美国在西半球对数十个政权进行颠覆或破坏。在1962年的古巴导弹危机中，苏联在距离美国海岸不远的古巴布置导弹，马上被当时的肯尼迪政府视为对美国国家安全的严重威胁。桑德斯还提到，2018年以来特朗普政府的外交官员蒂勒森（Rex Tillerson）和博尔顿（John Robert Bolton）都曾论述“门罗主义”在今天仍是行之有效的原则。桑德斯认为，美

* 本文部分内容曾以“两个世纪‘门罗主义’的阴影”为题，发表于《世界知识》2023年第24期。

国坚持不承认“势力范围”原则，这是虚伪的。①而另一位引用“门罗主义”范例的重要美国精英是国际关系学界“进攻现实主义”理论代表米尔斯海默(John Mearsheimer)。他指出，俄罗斯在其周边主张势力范围，与美国在西半球主张势力范围并无根本差异，尤其在乌克兰问题上，俄罗斯的做法，与美国无法容忍区域外的列强将军事力量投放到本地区并没有实质区别。②

两位美国精英反对白宫在乌克兰事务上“拱火”，各有自己的关切。桑德斯希望拜登政府更关注内政的改善，而非在国际上制造更多事端；而米尔斯海默则希望美国能够改善与俄罗斯的关系，以便一起围堵其眼中更大的威胁——中国。他们对“门罗主义”的讨论，触及美国是否承认其他大国的“势力范围”这一问题。而这根本上涉及美国对自身的定位：它是要奋力捍卫自身的全球单极霸权，还是承认全球秩序走向多极化的趋势？

事实上，在过去近两百年美国崛起为全球霸权并遭遇多个挑战者的历程中，“门罗主义”从未缺位。而当代世界所遭遇的“失序”危机，又有着比过去的地缘政治冲突更为复杂的维度，从而让“门罗主义”的政治空间思维有了新的适用场景，以至于我们可以尝试勾勒出一种“二十一世纪门罗主义”的基本形态。

一、“门罗主义”：从诞生到全球霸权原则

1823年，詹姆斯·门罗总统发表国情咨文，反对欧洲列强在美洲建立新的殖民地，反对欧洲列强干涉已独立的美洲国家，同时声明美国不干涉欧洲事务。这些主张后来被追溯性地命名为“门罗主义”，并与“美洲是美洲人的

---

① Bernie Sanders, “We must do everything possible to avoid an enormously destructive war in Ukraine,” February 8, 2022, https://www.theguardian.com/commentisfree/2022/feb/08/we-must-do-everything-possible-avoid-enormously-destructive-war-ukraine, last visited on December 3, 2023.

② Jason Chau & Andrew Wang, “I've been attacked…not with facts and logic, but personally”: John Mearsheimer on the War in Ukraine, January 12, 2023, https://oxfordpoliticalreview.com/2023/01/12/ive-been-attacked-not-with-facts-and-logic-but-personally-john-mearsheimer-on-the-war-in-ukraine/, last visited on December 3, 2023.

美洲”(America for the Americans)这一言简意赅的口号关联在一起。这一主张的关键在于划出“美洲”或“西半球”这一空间,认定这一空间中正在上升的新政治原则优于旧大陆的旧政治原则,并将包括英国在内的旧大陆列强视为异质力量。就此而言,它处理的是“国家间”(inter-state)层面的冲突;但在美国崛起之后,“门罗主义”又成为一个为美国资本的扩张“保驾护航”的原则,因而进入到“跨国”(transnational)层面。

1823年的美国还算不上区域霸权,并没有强大的海军力量来拒斥欧洲列强对美洲的殖民与干涉。美国执政精英首先在得克萨斯独立与美墨战争的过程中诉诸“门罗主义”,主张美洲大陆上如果有人民愿意加入美国,欧洲列强不得干涉。这是以“门罗主义”的名义,为美国的领土扩张大开方便之门。从今天的美国版图看来,美国利用“门罗主义”,处理的是一个“国内”(domestic)秩序建构的问题。如果我们在考察美国的“西进运动”之时,考虑印第安人与美国白人殖民者之间的对抗关系,那么这个“西进”的过程,也完全可以被视为派遣移居者(settler)占取土地的“旧殖民主义”的具体体现。

威慑墨西哥是美国建构区域霸权的第一步。美国内战之后,美国出兵墨西哥,推翻法国扶植的墨西哥皇帝,恢复共和制度,可以说在一定程度上兑现了“门罗主义”的主张,但与此同时更彻底地将墨西哥变成了自身的附庸。经历过内战之后的快速工业化,美国不断向拉丁美洲国家输出商品与资本,建构美洲霸权的自觉逐渐呈现,如1890年召集泛美会议,在1895年英国与委内瑞拉的领土争端中对英国施加压力,最终迫使忙于应对德国挑战的英国接受仲裁解决方案,在事实上承认美国在美洲的霸权。而西奥多·罗斯福总统在1903年提出“门罗主义”的“罗斯福推论”,借口拉丁美洲国家因为文明程度不够,容易招致欧洲列强干预,从而以拒斥欧洲列强的名义,主张美国可以在西半球行使国际警察权力。至此,“门罗主义”彻底变成了一个区域霸权的原则。

但在西奥多·罗斯福提出“罗斯福推论”的时候,美国早已经赢得美西战争,在亚洲占据菲律宾,进而在中国提出“门户开放”政策,为美国资本在中国的扩张保驾护航。美国在美洲之外的领土扩张究竟是否违反“门罗主义”,成为美国政治精英争讼不已的话题。西奥多·罗斯福本人在1901年将“门户开放”类比为美国在中国实施其对于南美各国的“门罗主义”。[1]而威尔逊总统在1917年的一个演讲中，重新解释了“门罗主义”，将其解释为“任何国家都不应将其政治体制扩展到其他国家或民族，而且每一民族都有决定自己的政治体制，不受阻碍、不受威胁、不必恐惧地决定自己的发展道路的自由，无论是小国还是大国和强国”[2]。这一演讲在事实上取消了“门罗主义”传统上的“西半球”空间限制，使得美国可以干涉“旧大陆”事务。当时有中国的评论者称威尔逊提出了“天下之门罗主义”。[3]

然而，美国真的是将“美洲是美洲人的美洲”推广为“天下是天下人的天下”吗？早在1903年，梁启超就预感到未来的“门罗主义”发展方向是“世界者美国人之世界”[4]。只是美国偏重资本扩张而非领土扩张的帝国建构路径，使其扩张具有比较强的隐蔽性。一战之后，威尔逊深度介入欧亚事务，推动战败国境内一系列民族的独立建国或复国，并推动了国际联盟的建立。这些都体现了美国超越区域霸权、走向全球霸权的雄心。但是，威尔逊的努力遭到了那些恐惧美国会被旧大陆列强反向控制的共和党精英的反对。1920年民主党总统选举失利，后续的共和党政府朝着19世纪的孤立主义立场后退了半步，直至富兰克林·罗斯福政府上台。通过参与第二次世界大战，罗斯福在美国国内巩固了建构全球霸权的精英共识，美国全面介入欧亚大陆事务，在欧洲建构了北约体系，在东亚借助日韩建构了一个安全同盟体系，并通过“马歇尔计划”以及对日韩的工业扶持，建构起美元的霸权地位。

通过两次世界大战走向全球霸权的美国抛弃了“门罗主义”吗？并非如此。威尔逊式的“门罗主义”恰恰认为，通过美国的努力，原本在美洲或西半

---

① Donald J. Davidson ed, *The Wisdom of Theodore Roosevelt*, Citadel Press, 2003, pp. 50-51.

② President Woodrow Wilson, “Peace without Victory” Speech, January 22, 1917. 64th Cong., 23 Sess., Senate Document No. 685: “A League for Peace.”

③ 《战后之门罗主义(美国公法学教习威尔逊氏演说文)续》，载《新闻报》1918年3月9日。

④ 梁启超：《新大陆游记节录》，载张品兴主编：《梁启超全集》，北京出版社1999年版，第1155页。

球空间中得以保存的共和民主政治原则被推广到了全球，现在全世界都应该是美洲的样子。美洲是美国“大出于天下”之前经营的根据地，美国试图在欧亚大陆推行的限制战争、推广仲裁与集体安全机制的主张，都是它在美洲空间尝试推广或部分实施的主张。既然全世界都应该是美洲的样子，那么美国也就能够在旧大陆实施它在美洲的干涉主义。

这种干涉主义在修辞上一般不直接主张美国的利益，而是打着这样的旗号：相关国家及其民众的自主性受到了外部势力或作为外部势力代理人的某些内部势力的威胁，需要美国帮助，来恢复其自主性。西奥多·罗斯福认定拉美国家文明程度不够因而引来外部干涉的说辞，因为伤害拉美精英的自尊而遭到淡化，但这不等于美国精英的思维模式也发生了实质性变化。在实际操作中，美国通过强大的国际传播力量，渲染出美国“吊民伐罪”、相关国家民众翘首“以迎王师”的气氛，不断为其干涉主义进行道义上的正当性论证。

二、“国家间”层面的“门罗主义”话语冲突

自从一战以来，美国在欧亚大陆上的行动，让欧亚两洲区域霸权的竞逐者产生了受挤压感。诉诸美国的“门罗主义”，则成为它们常见的行动策略，由此形成了“国家间”层面的“门罗主义”话语冲突。

一战后协约国对德国的领土处置，引发了德国精英极大的不满。随着中东欧一系列新的民族国家的诞生，大量原来的德国人变成其他国家的少数民族，并在这些国家的民族建构（nation building）过程中受到挤压，这进一步引发了德国精英的焦虑，“中欧”（Mitteleuropa）这一地缘政治概念的地位不断上升。纳粹党上台之后致力于在民族的旗号下进行地缘政治扩张。1939 年 3 月 4 日，外交部长约阿希姆·冯·里宾特洛甫引用了“门罗主义”的先例，称苏德瓜分波兰纯属德国与苏联自行决定的事务，美国无权干涉。希特勒在 1939 年 4 月 28 日的国会演讲中引用了美国的“门罗主义”，称德国人为了欧

洲利益，特别是大德意志帝国的领土和利益，有权奉行类似的主义。[①]德国公法学家卡尔·施米特基于美国在美洲的“门罗主义”实践，提出“大空间”理论，论证国际法应当从以主权国家为本位，走向以“大空间”为本位，“大空间”中的主导国(Reich)将以其政治原则辐射整个大空间。[②]

至于日本，早在19世纪末就已经将其“亚洲主义”与“门罗主义”相结合，提出“亚洲门罗主义”。西奥多·罗斯福为了借助日本来牵制欧洲列强，在1905年也曾在日俄战争后的对日会谈中提出支持日本的“亚洲门罗主义”。日本的“亚洲门罗主义者”主张日本应当在中国享有美国在周边地区(如墨西哥与加勒比海地区)所享有的特殊权益，但这与美国在华的“门户开放”政策日益冲突。1931年“九一八事变”之后，日本不断运用“门罗主义”来主张自己在中国东北应当享有特殊权益，但美国与国联均加以拒斥。最后，日本退出国联，全面否弃与英美的协调主义，进而将“亚洲门罗主义”发展为“大东亚共荣圈”这样一种全面的区域霸权理论。二战期间日本的国际法学家也借鉴施米特的“大空间”理论，大力构造为日本扩张辩护的“广域国际法”。

苏联在二战之中为对抗法西斯主义做出了巨大的牺牲与贡献，在话语上以“解放全人类”为自己的诉求，不屑于引用美国在西半球的“门罗主义”作为一种正面的先例。美苏之间的话语冲突，是两种普世主义话语的冲突，与德日—美国之间的话语冲突具有不同的构造。随着苏联1991年解体，两千多万俄罗斯族与俄罗斯分离开来，成为境外少数民族，许多俄罗斯精英对于俄罗斯之外的沙皇俄国与苏联国土仍然保留着特殊的感情，称其为“近邻”(ближнее зарубежье)。“近邻”不仅在文化上与俄罗斯接近，在军事安全上对于俄罗斯也有特殊的价值。因此，俄罗斯精英努力在“近邻”地带维持俄罗斯的特殊存在，排斥以美国为首的北约势力的侵入。于是，在俄罗斯与北约集团的冲突中，“门罗主义”话语的地位进一步上升。

---

① William Hooker, *Carl Schmitt's International Thought: Order and Orientation*, Cambridge University Press, 2009, p. 134.

② 章永乐:《此疆尔界:“门罗主义”与近代空间政治》,生活·读书·新知三联书店2021年版,第106—159页。

值得一提的是，早在叶利钦时代，一些俄罗斯精英就曾诉诸美国的“门罗主义”，主张俄罗斯在近邻地带有特殊的权益，并促使西方认可俄罗斯的诉求。1992年6月，时任俄罗斯议会国际事务和对外经济关系联合委员会主席叶夫根尼·安巴尔楚莫夫（Евгений Амбарцумов）编写的一份文件批评俄罗斯外交部对“近邻”没有“完整的外交政策概念”，认为“俄罗斯联邦应将其外交政策建立在宣布前联盟的整个地缘政治空间为其重要利益领域的学说之上（如美国在拉丁美洲的‘门罗主义’），并应努力实现国际社会对其在这一领域的特殊利益的理解和认可”。安巴尔楚莫夫更具体地主张“在随后的独联体协定和双边协定中，有必要……（制定）……特别规定俄罗斯有权在周边国家捍卫俄罗斯人的生命和尊严。并且必须对俄罗斯军队在独联体国家的地位作出特殊规定”①。俄罗斯科学院国际经济与政治研究所独联体中心主任安德兰尼克·米格拉尼扬（Андраник Мигранян）在1992年也提出类似的诉求，主张援引“门罗主义”，以西方可以理解的术语向西方说明拟议政策的合理性，而他主张的政策是重新整合那些被从俄罗斯割离开来但寻求俄罗斯保护的地区（如奥塞梯、卡拉巴赫、克里米亚和德涅斯特地区），俄罗斯不应该容忍其他苏联继承国相互之间或与第三国之间对俄罗斯不友好的同盟，不应容忍对于俄罗斯的地缘政治空间的西方或者国际的干涉。②

在一系列类似主张的推动下，叶利钦公开强调俄罗斯对防止原苏联领土上的冲突负有特殊责任，推动独联体集体安全条约的签署。在叶利钦时代，俄罗斯即以“维和”的名义主张自身对于“近邻”的特殊权益和责任担当。然而，叶利钦时代精英寻求西方对此认可的诉求，屡屡遭到挫败，北约的不断东扩激发了俄罗斯精英深刻的不安全感。一系列对抗性的理论主张也由此形成。俄国地缘政治学者亚历山大·杜金（Александр Дугин）继承了施米特的“大空间”理论，并进一步发展了施米特“陆地 vs. 海洋”的理论框架，主张俄

① Cited by Konstantin Eggert, “Russia in the Role of ‘Eurasian Gendarme’?”, “Izvestia”, August 7, 1992, p. 6, translated in the “Current Digest of the Post-Soviet Press” XLIV, No. 32, 1992, pp. 4-5.

② Real and Illusory Guidelines in Foreign Policy, “Rossiiskaya Gazeta”, August 4, 1992, p. 7, translated in ibid., pp. 1-4 in 1994.

罗斯代表着与北大西洋(西方)文明截然不同的欧亚(Eurasia)文明,负有在欧亚区域排斥北大西洋(西方)文明侵蚀的责任。2001 年,普京在第一次俄罗斯同胞大会发表讲话,提及"俄罗斯世界"概念。这一概念原本旨在整合俄罗斯之外的俄罗斯人,为俄罗斯的发展做贡献。2014 年克里米亚事件后,"俄罗斯世界"越来越被界定为一个整合了俄罗斯人、俄罗斯国家、俄罗斯土地、俄罗斯文化和俄罗斯价值的概念,带上了浓厚的地缘政治对抗的色彩。

从桑德斯和米尔斯海默的反应来看,俄罗斯精英用美国的"门罗主义"来表述自己的地缘政治诉求,得到了相当一部分美国精英的认可。然而主流的西方精英并不认可这样的类比,这是否意味着他们搞"双重标准"呢?主流的西方精英会否认这样的指控。加拿大渥太华卡尔顿大学教授特蕾莎·拉科斯卡-哈姆斯通(Teresa Rakowska-Harmstone)在 1994 年的一篇讨论俄罗斯地缘政治诉求的论文中即批评俄罗斯利用在周边地区维和来扩张自身利益,而非贯彻中立性原则。[①]拉科斯卡-哈姆斯通假设西方的"维和"是"中立"的,当然是一种偏颇的论述,但它可以反映出这样一种自我理解:"门罗主义"并不仅仅是一种"势力范围"思想,而且是一种有价值观诉求的空间政治思想。正像威尔逊 1917 年的演讲所表明的,美国并没有放弃"门罗主义",而是把"门罗主义"所捍卫的价值观原则适用到更广大的空间。主流的西方精英倾向于认为,俄罗斯没有资格诉诸"门罗主义",因为它所诉诸的并非美式"门罗主义"倡导的那些价值观原则。

但是,美国的愿望就能顺利实现么?尽管制裁俄罗斯的政治动员强化了美国对于西方盟友的掌控,同时也使得西方与非西方的差异变得更为清晰。大部分非西方发展中国家都拒绝加入制裁的阵营,印度甚至还从俄罗斯购入更多油气。这让我们看到,全球的多极化进程并未中断。土耳其、印度、伊朗等国家事实上都是有自己的"势力范围"诉求的区域大国。如果美国无视这些国家的利益诉求,这些国家的精英同样存在强大的动力,援引美国区域霸权阶段的"门罗主义",来批判美国的全球霸权。

---

① Teresa Rakowska-Harmstone,"Russia's Monroe Doctrine: Peacekeeping, Peacemaking or Imperial Outreach?"*Securitologia*, No. 1, 2014.

三、新空间政治与“二十一世纪门罗主义”

当代世界正在进行的空间政治冲突，绝不仅仅体现在传统的地缘政治层面。我们当然可以看到物理性的领土空间之间的冲突，但有更多惊心动魄的冲突并非发生于“国家间”(inter-state)层面，而是发生在相互嵌入的“跨国”(transnational)——一个被用于描述商品、资本、信息、人员乃至病毒跨境流动的层面。而这也为“门罗主义”思维与话语的运用，提供了新的场景。在此基础上，也许我们可以说，存在一种“二十一世纪门罗主义”。

在国际金融领域，围绕着美元霸权正在发生一系列激烈的斗争。美国主导的 SWIFT(环球同业银行金融电讯协会)与 CHIPS(纽约清算所银行同业支付系统)控制着最为重要的金融通信网络系统，早就已经是美国对他国金融与贸易活动建立“长臂管辖”的常用工具。2019 年初，德国、法国、英国发起 INSTEX(支持贸易往来工具)结算机制，以绕开美国对伊朗制裁法令的“长臂管辖”；2015 年 10 月，中国也启动了人民币跨境支付系统(CIPS)，以保持人民币跨境支付结算的独立性。在 2022 年的俄乌冲突中，美国及其盟友将俄罗斯的大量银行踢出了 SWIFT 系统，一些俄罗斯银行转向中国的 CIPS 系统，采用人民币进行国际贸易结算。而美国的一系列高官密集发声，以经济和金融制裁来威胁中国，要求中国配合美国的对俄制裁，甚至放弃自己的统一国家的目标。在这一场景中，我们同样可以看到“安全”话语与“价值观”话语的同时出场。

在互联网空间中，美国也正在以“安全”话语和“价值观”话语来捍卫自身的霸权。少数美国跨国公司主导了全球网络空间，从各个国家不断收割其国民的数据，其中有许多数据是相关国家的政府根本没有能力掌握的。随着网络战成为一种重要的战争形式，数据本身成为暴力的载体，其他国家政府在本国领土范围内对于合法暴力的垄断正在受到严重的削弱，跨国公司制造的

"数字封建主义"(digital feudalism)[①],将是世界上大多数政府难以克服的统治障碍。由于具有"平台优势",美国一直易于通过互联网宣传自己的主张,打压相反的声音。在这次俄乌冲突中,我们可以看到大规模的黑客攻击,以及互联网平台上的舆论战和认知战。中国长期以来以"网络主权"话语来对抗美国的全球网络信息霸权,修筑"防火墙",并要求数据的本地化存储,但由于在国际上不具有美国的"平台优势",尚难改变全球舆论的走向。以华为为代表的中国高科技企业积极在全球参加互联网基础设施建设,也遭到了美国的系统性打压和排斥。美国以排斥外部威胁的名义,对"盟友"的互联网基础设施建设施加影响,这可以说是一种"数字门罗主义"。

在产业分工和供应链层面,特朗普政府发动的"贸易战"和"科技战"以及新冠疫情已经极大地影响了世界各国对于全球供应链的信赖。拜登政府虽然缓和了对华"贸易战",却进一步升级了对华"科技战"。2022 年 2 月,美国众议院通过《2022 年美国竞争法案》,试图在半导体等关键科技领域加强自给自足,并组建联盟围堵中国。同年 4 月,日本众议院也通过《经济安全保障推进法》草案,强化日本国内供应链构筑、确保基础设施安全、推进尖端技术的官民合作研究以及规定特定专利的不公开。此举是对美国对华"科技战"的某种响应。而欧盟虽然在大力推进"技术主权",但在许多关键基础设施上又很难避免依赖美国的跨国巨头,其最终的效果是在一些关键领域减少中国产品与技术的进口。同时,许多西方政客和 NGO 组织还以捏造的所谓"侵犯人权"情节为借口,对中国企业设置贸易壁垒,同时也给一系列西方企业施加压力,迫使它们与中国市场"脱钩"。在这些场景中,我们同样可以看到"安全"话语和"价值观"话语的出场。

全球秩序"跨国"层面的蓬勃发展,是数个世纪积累的结果,但只有在后冷战时期,全球化才如此深入到非西方世界,甚至让西方精英产生了"权势转

---

① Sascha D. Meinrath, James W. Losey & Victor W. Pickard, "Digital feudalism: Enclosures and erasures from digital rights management to the digital divide," *Advances in Computers*, Vol. 81 (Jan, 2011), pp. 237-287. 另参见王绍光:《新技术革命与国家理论》,载《中央社会主义学院学报》2019 年第 5 期。

移”的警觉。“二十一世纪门罗主义”借助“安全”话语和“价值观”话语，从美国核心利益出发，将全球秩序的“跨国”层面界定为一个同质性“空间”，将各种削弱美国霸权的力量视为对于这一“空间”的威胁。当然，这个“空间”已经具有了很强的“虚拟”的性质。但对于美国来说，捍卫自身在这一层面的主导权是极其重要的，一旦对这一层面失去掌控，美国的金融霸权与科技霸权都将岌岌可危，而这会带来军事霸权的减弱，美国的“价值观”话语也会随之失去全球吸引力。

在话语层面，“二十一世纪门罗主义”是用“国际社会”而非美国自身的名义来发声。如拜登数次发声，号召所谓“国际社会”共同努力，将俄罗斯总统变成“国际舞台上的贱民”(a pariah on the international stage)。在“国家间”层面，这样的言辞无损于一个联合国安理会常任理事国的地位。但是在“跨国”层面，它可以召集众多私人主体来参与这一驱逐行动，从而削弱被驱逐者的经济和金融地位。我们可以借助“私掠船”的历史来理解拜登所发出的号召。美国联邦宪法第 1 条第 8 款规定联邦国会有权“对民用船舶颁发捕押敌船及采取报复行动的特许证，制定在陆地和海面虏获战利品的规则”。这一条规定正是英国的“私掠”传统所打下的深刻印记。1243 年，英王亨利三世颁发了世界上第一张“私掠许可证”，允许配备武装的民船合法地掠夺敌对国家官民船舶上的财富。在 16 世纪，为了与西班牙争霸，英国伊丽莎白女王给海盗船长们大规模颁发“私掠许可证”，在大西洋上攻击西班牙商船，俘获所得与王室分成。

私掠船代表着这样一种权力形态——它不是金字塔式的，而是网状的。一艘艘可以随时变换旗帜的私掠船正是权力网络上的点，可以同时在“国家间”与“跨国”两个层面发挥自身的作用：它们以民间力量的面貌出现，因而不会像正式的海军那样，引起其他力量的警觉；但国家的统治者可以利用私掠者的欲望和恐惧来实现自己的战略目的，扩展自身支配的空间。在 2022 年，许多原来宣称“商业无国界”“科学无国界”“艺术无国界”的跨国公司和非政府组织纷纷撕下伪装，加入一场史诗级的经济制裁，这足以提醒我们，“私掠船”的传统仍然健在，只是转变成了更为精致的形式，而这正是“二十一世纪门罗主义”从空间中界定并排斥异质性因素所依靠的重要力量。

四、余论

两百年来，美国的“门罗主义”经历了无数次重新阐释，但其基本思维模式中仍有一个比较稳定的内核，那就是划出一个同质性的空间，将认定为异质性的因素作为对空间的威胁加以排斥。这个空间最初是“美洲”或“西半球”，但此后扩展到亚太地区乃至全球。人们往往倾向于在“国家间”层面设想政治空间，然而随着全球化的推进，“跨国”层面日益凸显，资本、商品、信息、人员乃至病毒的跨境流动，不断改变着不同国家的力量对比，而这也是令美国乃至西方产生“失控”之感的层面。为了重新获得掌控感，美国以“国际社会”的名义，在“跨国”层面界定异质性力量，并召唤一张全球性的权力网络来共同进行排斥；它所用的手段不是“热战”，而是看似和平的制裁，并将那些不配合制裁的力量置于被排斥的风险之中。

这就是“二十一世纪门罗主义”，它利用对利润的渴望与对制裁的恐惧来驱动一张全球性的权力网络，只是它能够释放可供共享的红利已经日益稀薄。当帝国的财政体系无法支撑这张权力网络的运作成本，当帝国的“本部”有许多政治力量认为全球化掏空了“本部”的经济与社会基础，并将遍布海外的帝国权力网络的许多部分视为负担而非资本，“二十一世纪门罗主义”必将陷入深刻的危机。但局部的“战略收缩”，并不导致“二十一世纪门罗主义”的消亡，只是霸权的中心已经难以阻止权力网络上的一些节点摆脱其控制，形成新的组合。在 2025 年，变化的迹象已经显现，但奇迹不会发生，未来的结果并无定数，依赖于人们果断而有耐心的行动。

“亚健康”的帝国与负重的“本部”*

2003年，在美军已经占领伊拉克与阿富汗的背景下，任教于美国哈佛大学的英国学者尼尔·弗格森出版新著《帝国》，重述大英帝国的历史功绩。在后殖民史学对殖民主义鞭挞数十年的背景下，弗格森反其道而行之，公开赞扬大英帝国在促进商品、资本和劳动力的自由流动方面的贡献首屈一指，向全世界推广了西方的法律、秩序和统治模式，并具有其他帝国极少具有的道德反思力。在全书的最后部分，弗格森将美国与大英帝国作对比：“如今统治世界的帝国有过人之处，也有不足之处，它有更强大的经济，更多的人口，更大的武器库。但是这个帝国缺乏向落后地区输出资金、人口与文化的动力，尽管这些地区迫切地需要这些，而且，一旦它们的需求被忽视，它们将成为危及该帝国安全的最大威胁。总之，这是一个不敢称自己为帝国的国家，这是一个抗拒的帝国。”①

二战后的美国更习惯的是建构“势力范围”(sphere of influence)而非“领土型帝国”的实践。我们熟悉一种“美国例外主义”论调：美国与旧大陆的帝国截然不同，它提出“门罗主义”，排斥旧大陆殖民帝国对于美洲的干涉，支持

---

* 本文的一个较早版本曾发表于《文化纵横》2021年第2期。

① 〔英〕尼尔·弗格森：《帝国》，雨珂译，中信出版社2012年版，第322页。

自由的事业，而非像旧大陆帝国那样，谋求建立“领土型帝国”（territorial empire）。尼尔·弗格森在另一部著作中指出：“关于什么构成势力范围或利益范围的公认观点正是支配美国在美洲主导地位的门罗主义：强力阻止该地区以外的列强干涉该地区的内政，但允许美国进行偶尔和临时的武装干涉，这些国家在很大程度上能够根据自己的优先事项进行自我管理。”①在《帝国》中，弗格森认为美国建设“势力范围”的经验远远难以满足现实需要。在伊拉克战争和阿富汗战争的背景之下，弗格森实际上是在主张，美国只有向英帝国学习“领土型帝国”的建设经验，主动向伊拉克、阿富汗输出资金、人口与文化，平定动荡不安的“边疆”，才能够赢得真正的安全与和平。

从 2003 年到 2024 年，美利坚帝国的内外状态，发生了深刻的变化。无论是尼尔·弗格森对于美帝国的批评，还是上述美国例外主义论调对美国“自由”形象的粉饰，都日益暴露出其论据之单薄。美国并非像一些美国例外主义者宣称的那样自外于领土扩张与征服的帝国逻辑，但将作为“领土型帝国”的英帝国树立为美帝国的榜样，多少有些时代错置。对美国而言，在 21 世纪重建“领土型帝国”，成本过于高昂；更重要的是，美国本身已经遵循了一种更为“俭省”的帝国逻辑，并获得了比英帝国更广泛和深入的全球影响力。

不过，美利坚帝国本身的成本和收益在帝国的“本部”（即 50 个州＋哥伦比亚特区）并不是平均分配的，虽然一部分美国人口从全球性帝国的建设中获益，但也有很大一部分人口认为自身利益受损，由此形成的对立和冲突，必然会反映到美国的选举和日常政治中去，而特朗普的崛起与持续影响力，正是这一结构性矛盾的体现。如果说特朗普政府对全球帝国与其“本部”之间的关系作出了激进的调整，以重新分配全球性帝国的维持成本，那么特朗普之后的美国决策者又有着什么样的选择空间呢？

---

① Niall Ferguson, *Virtual History: Alternatives and Counterfactuals*, Basic Books, p. 362.

一、美国是“领土型帝国”吗？

“帝国”(empire)是一种通过扩张形成，在内部保留了政治与法律身份的多样性乃至等级性的政治体。一个政治体是否为“帝国”，与其主体部分实行何种政体没有必然关系。“领土型帝国”以对领土的直接支配为特征，其对立面是以间接支配为特征的霸权型帝国(hegemonic empire)。与19世纪的大英帝国相比，今日的美国具有更强的“霸权型帝国”的特征，但是它其实并不缺少“领土型帝国”的历史经验。

正如美国新保守主义理论家罗伯特·卡根在《危险的国家》(*Dangerous Nation*)中指出的，从北美殖民地时代开始，殖民者就致力于对外扩张，甚至北美独立战争本身就是一场殖民者反对英国王室对殖民地的扩张限制的战争。[①]美国独立建国之后，以联邦制的方式向西部扩张。由于一种统一的美国公民权的存在，人们往往不会将美国的联邦体系视为一个帝国体系。但如果考虑到印第安人法律地位的不断变动，“西进运动”无疑具有强烈的帝国扩张色彩。1898年美西战争之后，美国更是控制了波多黎各、关岛、夏威夷、菲律宾等地，事实上已经建立了一个“领土型帝国”。

第二次世界大战中，美国军事力量的投放，带来了一个更大的临时的“领土型帝国”。到了1945年，美国军队控制下的人口，已经超过了美国本土的人口。美国的精英们还认真讨论过将日本的主要岛屿变成美国的第五十一个州。但是，美国并没有继续扩张领土，而是允许菲律宾独立，美军从大部分占领的地方撤出，只在全球各地保留了一些军事基地。这成为“美国例外主义”津津乐道的故事。但如果仅以美国的价值理想来作解释，就会掩盖更深层的历史动力。

战后美利坚帝国之所以发生这一转向，主要有两方面的原因。首先，一战后全球反帝反殖斗争的高涨，已经大大提高了殖民统治的成本。美国的威

① 〔美〕罗伯特·卡根：《危险的国家：美国从起源到20世纪初的世界地位》(上)，袁胜育、郭学堂、葛腾飞译，社会科学文献出版社2011年版，第27—36页。

尔逊总统在一战后也曾经支持了原德意志帝国、奥匈帝国、俄罗斯帝国与奥斯曼帝国境内一系列民族的独立或复国。而苏联更是支持了欧洲之外一系列殖民地半殖民地社会(包括中国)的反帝反殖斗争。欧洲的殖民宗主国在内外压力之下,对殖民地民族主义运动的诉求作出有限度的让步。美国自身也从英法殖民帝国的收缩中获益良多。在全球反帝反殖气氛高涨的前提下,扩大"领土型帝国"多少显得不合时宜。

其次,新的技术和统治方式的出现,使得原有的"领土型帝国"的做法,或者没有必要,或者成本过于高昂。比如说,19 世纪殖民帝国进行海外领土扩张的重要动力,就是获取原材料,如石油和橡胶。在 20 世纪 30 年代,德国与日本都面临着资源上的沉重压力,这成为它们对外扩张的重要动力。但是在二战期间,美国政府进行大规模投资,建立了一系列全资国有企业,成功地实现了合成橡胶的大规模生产。这就使得东南亚、拉丁美洲和非洲的橡胶种植园对其意义下降。而美国自己又有丰富的石油储备,就不需要像德国、日本一样去直接征服别国的领土,进而承担沉重的治理成本。此外,美国在二战中大规模运用飞机和无线电,这使得其在无须控制大片领土的情况之下,也能够迅速实现人员和货物的流动,进行远距离通信。[①]如果在地图上占据一些点,控制力就可以辐射到整个面,就大大降低了直接控制领土的必要性。

最后但也更重要的是,美国已经有丰富的"非正式帝国"的经验。在 19 世纪,美国一边推进"西进运动",一边与欧洲列强,尤其是英国,在拉丁美洲展开博弈。而英国很早就支持西班牙与葡萄牙的一系列殖民地独立,对它们采取了"非正式帝国"的策略。这种"非正式帝国"本质上是"霸权型帝国"的一种类型,甚至可以不采取一般"霸权型帝国"的法律和政治形式,形式上尊重中南美洲新生国家的主权,但通过贸易、金融等手段,建立起实际的支配。在与英国博弈的过程之中,美国也学习到了英国的"非正式帝国"统治手段,以军事力量为后盾,以资本和商品为前哨,对其他国家进行低成本的控制。到了西奥多·罗斯福总统提出"门罗主义"的"罗斯福推论"的阶段,美国在拉

---

① Daniel Immerwahr, *How to Hide An Empire: A History of the Greater United States*, Farrar, Straus & Giroux, 2019.

丁美洲已经建立起了“国际警察”的地位，并利用“金元外交”（dollar diplomacy）来对其内政进行控制。这种统治方式使得美国既可以不断从这些国家汲取利润，同时又不必承担沉重的直接统治成本。只要我们对美国联合果品公司（United Fruit Company）的历史稍加研究，就可以对美国在拉丁美洲的“非正式帝国”建构，获得直观的感受。

美国的“非正式帝国”经验在19世纪末就被运用到东亚。美国政府对华提出“门户开放”政策，反对列强瓜分中国，实际上是为美国资本和商品进入中国提供政治保障。美国试图向中国输出金融资本，获取修筑铁路的权利，这都是其曾经在拉丁美洲多次实践过的“非正式帝国”建构经验。退还庚子赔款，推行亲美教育，则是“非正式帝国”的建设在文化方面的体现，我们可以从卡耐基国际和平基金会和美国国际法协会针对拉丁美洲的活动中，看到类似的实践范例。

二、美利坚帝国与全球化时代的主权形态

二战之后，美国的“非正式帝国”统治策略更趋成熟。美国通过一系列形式上平等的条约，在欧洲和东亚建立自己主导的军事联盟体系，在全球拥有数百个海外军事基地。原来大英帝国控制的海上交通枢纽，基本上都落到美国的手中。布鲁斯·卡明斯（Bruce Cumings）在《两洋之间的统治：太平洋崛起与美国力量》（*Dominion from Sea to Sea: Pacific Ascendancy and American Power*）之中，将这些海外军事基地称为“帝国的群岛”（archipelago of empire），可谓极其形象的表述。[①]军事力量的强大，使得美国可以不必像大英帝国那样高度依赖于“离岸平衡”的方式来处理大国之间的关系，更能够通过直接施压的方式，让其他国家以看似“自愿”的方式，接受不平等的利益分配方案。

以强大的军事力量为后盾，美国建构了比“英镑霸权”更强的“美元霸

① Bruce Cumings, *Dominion from Sea to Sea: Pacific Ascendancy and American Power*, Yale University Press, 2009, pp. 388-423.

权”。尤其在1971年布雷顿森林体系崩溃之后，美国放弃金汇兑本位，建立石油—美元体系，对于全球的财富收割能力进一步增强：当美联储进入降息周期时，美国本土的美元通过购买全球的商品或者对外投资，向全球流动，推动全球资产价格集体上涨，美国资本也因此获得大量的增值回报；当美联储进入加息周期时，大量海外资本带着已经获得的增值回报回流到美国本土，而美元流出地通常会出现货币贬值，偿还美元债务的成本大大增加，资产价格下跌；而等到美联储重新进入降息周期时，美国投资者又可以拿着美元低息贷款，轻松收购其他国家跌到“白菜价”的优质资产。这实际上就是对其他国家的财富进行一轮又一轮的轻松收割。冷战的终结，大大扩大了美元霸权进行财富收割的空间范围。历史上金本位的英镑从来没有形成如此收放自如的财富收割机制。

进口国外商品或服务是美国向世界各国供给美元的重要途径，美元霸权支持美国长期保持为全球最大的消费国。但这个消费国同时也凭借自己的科技霸权，主导全球产业链。它可以将本土的制造业外包，可以将一些重要技术转移给信任的盟友，但总是以极大的警惕，提防其怀疑的任何国家染指核心技术和产业标准，力保美国公司占据产业链的顶端，获得超额利润。对产业链的牢牢掌控为美国资本的对外投资提供了稳定的利润保证，也使得美元霸权的周期性财富收割屡试不爽。

美国诱导乃至要求其他国家按照美国主张的标准建立金融体系，并推进金融自由化，这样美国金融资本就可以长驱直入。这样形成的是一种非常高效的财富转移机制：按照美国主张的标准建立金融体系有助于社会财富的集中，金融自由化则有助于美国对集中起来的财富进行周期性的收割。而这些国家的政府负责维护社会稳定，在必要的时候，为美国资本的财富收割造成的社会影响“背锅”。在保持外国政权的“驯服”方面，美国的大量基金会、NGO和媒体发挥了巨大的作用，它们能够进行舆论造势，组织社会运动——明明是美国资本收割走了财富，造成本地经济与社会的不稳定，却可以动员当地民众将矛头指向他们自己的政府。这已经形成了非常成熟的运作流程，而且往往屡试不爽。

这种“非正式帝国”运作的前提，就是表面上尊重各国的国际法律主权(international legal sovereignty)，运用形式上平等的条约，将实质上高度不平等的利益分配合法化。但是，相关国家的中央政府究竟能否有效号令地方势力，能否对外排斥国外政治势力的干预，能否有效控制资本、货物、人员和信息的跨境流动，那完全是另外一回事。为此，美国经常动员地方势力、反对党或所谓“公民社会”对抗相关国家的中央政府，用美国主导的国际组织来限制相关国家中央政府的决策，用保护贸易与金融自由化以及美国国家安全的理由，削弱相关国家中央政府对资本、货物、人员和信息的跨境流动的控制。如果相关国家进行反制，美国用国内法建立“长臂管辖”的丰富历史经验，马上便蓄势待发。

因此，英帝国的史学家弗格森就伊拉克和阿富汗问题对美国提出的“帝国建设”路径，对美国而言，多少有点时代错置。美国的帝国模式能够稳定地获取巨额利润的关键，就在于将形式上的国家主权和实质上的对内控制力、对外自主能力分开，借助形式上“独立”的主权，来完成对高度失衡的利益分配安排的“同意”。这种安排使得美国不必站在第一线直接面对相关国家民众的不满，而是可以一边收割财富，一边让相关国家的政府来“背锅”。

这是一种非常“俭省”的帝国治理策略。弗格森想用英国经验来“教导”美国，殊不知美国早就已经实现了更为高级和隐蔽的帝国形态。弗格森引用的英国殖民诗人吉卜林(Joseph Rudyard Kipling)的诗歌《白人的负担》妄称对外殖民是白人教化世界的事业，殖民者为了被殖民者的利益干了许多脏活累活，还不被理解。而对于美国来说，甚至连直接统治的脏活累活都不用干，就可以收割巨大的“帝国红利”。当然，这种“俭省”路径也使得美国不太可能在伊拉克和阿富汗做深入的群众工作，彻底消除帝国的安全隐患。但对于帝国的精算师们来说，美国仅仅为了占领这两个地方投入的资源可能就已经过多，这使得美国无法及时腾出手来应对其他地方出现的更为长远的威胁，进一步追加资源，本来就是不明智的。

三、帝国的成本及其承担者

正如历史上的大部分帝国一样,美利坚帝国本身的成本和收益在其"本部"的分配是高度不平等的。与全球化资本密切关联的产业、区域和人群获得较多的利益,而在与全球化资本关联较弱的产业、区域和人群中,近年来反而产生了较强的相对剥夺感。如果美国实行的是19世纪议会改革之前的英国那样的贵族—寡头政制,精英集团可以在很大程度上忽略大众的相对剥夺感,它只需要精英集团内部的协调,就可以继续遵循既有的帝国建设路径。然而当代美国拥有极其发达的大众选举政治,无法彻底无视大众的相对剥夺感,而特朗普正是通过强调这种相对剥夺感得以崛起,入主白宫。

美利坚帝国给它的"本部"带来的是什么样的成本呢?虽然美国可以通过印刷美元,廉价地获得其他国家的商品和服务,稀释对外债务,但各国对美元的旺盛需求使得美元汇率长期保持高位,推高美国商品出口成本,抑制海外市场对美国商品的需求;在周期性的美元回流之中,美国国内的资产价格也会不断上升,拉大美国国内贫富差距,同时也导致制造业的成本居高不下。克林顿时期对金融业的"去监管化",进一步导致美国金融业畸形发展,大量资金在金融体系内部周转,而不愿进入制造业赚取微薄的利润。

有两个办法可以降低成本:一是在全球范围内进行"垂直分工",将制造环节外包,直接让别国的工人在他们的国家完成产品的制造。冷战的终结,使得美国资本可以在全球驰骋,许多跨国公司将制造环节转移到了发展中国家。二是引进更为吃苦耐劳的移民,这比使用本土的劳工要更为节省成本,而这就需要在移民政策上保持开放,接纳大量有色人种移民进入美国,最终成为美国公民。

这两个降低经济成本的做法,都有显著的政治社会后果:制造环节外包带走了许多工作机会,移民流入改变族群文化的构成。在20世纪五六十年代的"新政自由主义"之下,有一份普通的制造业工作就能够过上体面的生活,这使得"美国梦"保持着自身的吸引力。但在后冷战时期,美国资本在全球范围内重新进行产业布局的结果是，许多制造业的工作在帝国“本部”加速消失，一大批中产阶级的社会地位正在下坠。而另外一些群体在经济上未必受损，但其传统的“美国”身份认同，受到了全球化时代的冲击。亨廷顿在《我们是谁？——美国国家特性面临的挑战》中区分定居者（settler）与移民（immigrant），认为美国虽然在历史上接收了大量移民，但是长期保持了定居者所带来的盎格鲁—新教文化的主流地位，其他移民或者融入这一主流文化，或者接受其主流地位。[①]新教信仰与工作伦理、个人主义、有活力的社区生活和基层自治，都是传统美国身份认同的重要构成部分。然而，试图保守这一传统的人士，现在面临着一个在种族、宗教和文化上都更加多元、更为碎片化的美国。

全球化的跨国资本本身就是种族、宗教和文化上的多元化的推动者。最近数十年来，美国高校在种族、宗教和文化上的“去欧洲中心”主张蔚然成风，这表面上看是一种左翼理论的胜利，实际上则在极大程度上破除了全球化资本降低经济成本所遇到的身份认同障碍：如果一个印度或墨西哥移民比本土白人成本更低，为什么一定要雇佣本土白人呢？然而传统主体族群中的许多人感觉到，他们熟悉的那个“美国”正在受到全球化的挤压。即便他们中的许多人经济上得益于全球化，也仍然产生了很强的相对剥夺感，希望维护原有的、他们所熟悉的传统美国身份认同。

特朗普的政纲同时包含了对经济诉求和身份政治诉求的回应。对于经济诉求，特朗普提出“雇美国人，买美国货”，削减美国贸易逆差，促进制造业回流。为此他发动了对中国，甚至许多美国自身的盟友的贸易战。这一回应手段恰恰与美元霸权是相互矛盾的，因为长期以来，贸易逆差恰恰是美国对外输出美元的重要方式。寻求增加贸易顺差会堵塞美元的输出渠道，从而削弱美元霸权，这一做法在原理上与既有的美利坚帝国运行逻辑是矛盾的。

对于身份政治层面的诉求，特朗普收紧移民政策，在美墨边境修墙，在内政和外交中加强对白人基督教福音派诉求的回应。不少民意调查显示，白人

---

① 〔美〕塞缪尔·亨廷顿：《我们是谁？——美国国家特性面临的挑战》，程克雄译，新华出版社 2005 年版，第 33—41 页。

基督教福音派的反移民倾向，远高于全国平均水平或共和党人的平均水平。在2016年的大选中，80%以上的白人基督教福音派选民投了特朗普的票，在2020年，出口民调显示仍有75%的白人基督教福音派选民支持特朗普。特朗普本人根本谈不上有什么虔诚的宗教信仰，但出于政治需要，其在内阁中不仅主要任用“老白男”，而且大量任用福音派人士，其中包括副总统彭斯和国务卿蓬佩奥。白人福音派推动了特朗普政府对以色列和伊朗政策的大幅度调整：退出与伊朗的核问题协议，承认耶路撒冷为以色列首都，把美国使馆迁往耶路撒冷，承认以色列对戈兰高地拥有主权。这些政策甚至比美国犹太人主流所要求的政策走得更远。长期以来，多数美国犹太人投票给民主党而非共和党，在2016年的总统大选中，共有71%的美国犹太人投票支持希拉里·克林顿。对于特朗普政府对以色列和伊朗的政策，许多美国犹太人恰恰是不满的。

白人福音派人士能比美国犹太人更亲以色列，有教义层面的根源——许多人根据字面意思解释《圣经》，认为耶稣基督将在耶路撒冷重临并进行末日审判，而犹太人回归耶路撒冷并重建神庙，正是耶稣重临前将要发生的事情。相比之下，犹太教的极端正统派“哈瑞迪”(Haredi)中有相当大的一部分甚至反对犹太复国主义。但对犹太人“回归”耶路撒冷的想象，也表明了白人基督教福音派与美国犹太人在身份认同上的微妙分野。特朗普在2019年5月会见呼吁支持美以关系的美国犹太组织——共和党犹太联盟成员期间，曾放言“我已经跟你们的总理内塔尼亚胡谈过了”。此言颇能透露出白人福音派对犹太人的微妙态度。美国白人基督教福音派可以比美国犹太人更关心以色列和耶路撒冷，对于以色列的敌人更加冷酷无情。但是，在身份认同上，许多人显然将犹太人视为另一个不同的群体，一个在党派认同上更接近民主党的群体(特朗普2019年8月20日向采访他的记者表示，“任何投票支持民主党的犹太人，要么完全缺乏知识，要么极度不忠”)。考虑到两个群体与华尔街、硅谷和好莱坞所代表的全球化资本的亲疏远近，这种分野不难理解。

特朗普同时大大加强了“主权”(sovereignty)话语。“主权”概念源于列国并立秩序，是近代欧洲的领土型国家用来整合内部、排斥神圣罗马帝国与教皇的普世秩序诉求的工具。如果全球化能够在一个坚固的单极霸权前提下持续推进，我们最终将会看到一个宣称自己至大无外的帝国，“主权”的概念将会逐渐消亡。可如今，特朗普却高举“美国优先”大旗，重新祭起“主权”话语。这表明美帝国的“本部”对于其承担的沉重的帝国统治成本，日益产生疑虑。

特朗普在2017年联合国大会演讲中指出，民族国家仍然是提升人类境况的最佳工具，美国仍然是世界的朋友，但并不会加入那些美国无法受益的片面的交易。2018年他在联合国大会的演讲则更深入地阐发了美国面对的那些“不公平”的交易：他攻击中国破坏世界贸易组织（WTO）的贸易秩序，攻击联合国人权理事会被“人权的践踏者”绑架，攻击国际刑事法院是“不经选举的，不受问责的国际官僚机构”，要求石油输出国组织（OPEC）及其成员国降低石油价格并为美国的军事保护做贡献，宣布不会加入《移民问题全球契约》，等等。在2020年美国新冠疫情不断恶化的背景下，特朗普甚至宣布退出世界卫生组织。

凡此种种，都让我们看到，特朗普政府将美国原本用来对其他国家施加支配的国际组织和多边机制，视为限制美国自主性的外部负担，并认为美国需要通过诉诸“主权”，重建自己的自主性。然而，这种自主性的标准并不具有普遍化的可能。特朗普并没有掩盖这个实质标准：“美国优先”，这是他的“主权”观念的实质意涵。美国没有放弃海外军事基地，没有放弃金融霸权，没有对其他国家的“数据主权”主张作出让步，更没有放弃对其他国家进行立法和司法上的“长臂管辖”。美国所主张的“主权”根本不具有“主权平等”的意涵。其本质在于，特朗普政府想要保留帝国的一切好处，又不愿意承担它给帝国“本部”带来的许多成本。

对于“帝国”本部的关注，使得特朗普看起来像是在奉行一种“小美国主义”。然而，实现这种“小美国主义”的手段，必然是放弃全球帝国的许多利益，而这又是特朗普无法承受的。因而，特朗普“主权”论述背后的如意算盘，看上去很美，但并不现实。事实上，正是他的单边主义，在欧洲唤醒了欧盟政治家的“战略自主”和“欧盟主权”意识，在中国唤醒了“技术主权”的意识，促使中国决策层下决心解决技术上的“卡脖子”问题，并在芯片等产业领域获得了有效突破。而一旦其他国际行为体加强对“自主性”的强调，美国的行动空间必然会受到更大的外部限制。这与特朗普振兴帝国“本部”的目标可谓背道而驰。

四、余论：“亚健康”的帝国及其智囊

在2020年大选中，民主党夺回了政权。特朗普的“老白男”和“福音派”内阁，被一个更为多元化的拜登内阁所取代。后者包含了六名非裔、四名拉丁裔、三名亚裔与一位原住民后裔，近半数是女性；从信仰上看，至少有九名天主教徒，还有六名犹太裔，白人福音派则完全缺席。拜登内阁的构成，宣示的是与特朗普相反的身份政治方向。但民主党的胜利是一次非常脆弱的胜利。特朗普尽管败选，仍得到了7400多万张选民票，高居美国历史上第二的位置；许多共和党选民至今仍坚持认为民主党在选举中作弊；共和党出于未来的选举考虑，也并不愿意与特朗普“割席”。

那么，拜登政权又能做什么来重振美利坚帝国呢？特朗普第一任期内的大规模贸易战，已经被证明成效不彰。2020年，美国对华贸易逆差再创新高。甚至有专家在《外交事务》(*Foreign Affairs*)杂志上撰文主张，如果要实现贸易顺差，不如干脆放弃美元霸权。[①]这听起来与其说是严肃的提议，还不如说是对美国执政者的“讽喻”——追求贸易顺差及制造业回流与美元霸权之间存在着巨大的张力。拜登不可能再去走这条既违反帝国的政治经济学原理，又缺乏实际效果的道路。当然，特朗普对中国和美国的若干盟友施加的关税和制裁，仍然可以被拜登内阁用来作为讨价还价的筹码。

然而除了压抑国际上的“挑战者”之外，拜登很难真正改变过去数十年内形成的美帝国的“路径依赖”和国内利益分配格局。支持他当选的美国全球

① Simon Tilford & Hans Kundnani, “It Is Time to Abandon Dollar Hegemony,” *Foreign Affairs*, July 28, 2020, https://www.foreignaffairs.com/articles/americas/2020-07-28/it-time-abandon-dollar-hegemony, last visited on December 3, 2023.

化资本力量不会允许他大幅调整原有的利益分配格局;在身份政治上,通过进一步改变美国选民的种族结构,弱化特朗普支持者的力量,尽管近期内有一定政治风险,但从长远来看仍然是有可能取胜的战略。作出一些支持美国制造业的姿态,包括倡导"买美国货",对老化的基础设施进行更新,对于安抚特朗普的基本盘的情绪是有帮助的,然而一旦要真正解决资金在金融体系中空转、无法落到国内实业上的问题,则不可能不触动美国的全球金融霸权,这样难啃的骨头是轻易啃不得的。美国高度分权、充满"否决点"的政治体制,在凝聚改革共识方面更是困难重重。我们不能忘记的是,美国19世纪的废奴是通过一场大规模内战来完成的,20世纪的罗斯福新政是在严重的经济危机后,在苏联社会主义道路的外部压力之下,经由第二次世界大战才得以推进。

拜登内阁实际采取的选项,就是做好既有霸权模式实质上的"看守者"(偶尔摆一下改革的姿势),关注并抑制潜在和现实的外部竞争对手。如果特朗普的单边主义路径被证明效果不佳的话,那就对"多边主义"做工具性的运用,联合意识形态上比较接近、军事和情报方面绑定程度较高的"盟友",重新设定国际规则,压缩潜在和现实的外部挑战者的利益空间。然而,深度参与全球化的中国与欧美各国在经济利益上有大量交集,美国能够补偿其"盟友"因为与中国"脱钩"而遭受的经济损失吗?特朗普的基本盘选民能够允许这种具有"全球主义"色彩的补偿吗?在意识到单边主义的特朗普是美国政治体系和政治周期的合理产物之后,美国的"盟友"们能够无视美国选举政治"翻烧饼"的风险,献上自己无条件的信任吗?一些美国的发达国家"盟友"恐惧中国未来产业升级带来的挑战,或许有足够的动机去加入美国的"科技战",压缩中国科技创新和产业升级的空间,然而扩大"贸易战"对于各国当下的利益冲击极大,不能不三思而行。

从2003年到2021年,美帝国从强势扩张态势变成了"亚健康"的守成状态。本文开头谈到的帝国智囊尼尔·弗格森,也不断"转进"。他在2008年出版的《货币的崛起》(*The Ascent of Money*)大讲"中美国"(Chimerica),在2011年出版的《文明》(*Civilization*)中探讨西方文明的六大法宝(竞争、科学、财产权、医药、消费社会、工作伦理），以及中国学习这六大法宝之后对西方构成的挑战，但仍然主张增强西方文明自信来强身健体[①]；2016 年，弗格森支持特朗普当权，倡导美、俄、英、法、中“五强共治”，主张美国尊重俄罗斯在欧亚地区的势力范围，支持勒庞的“国民阵线”在法国当权，五强相互协调，维护美国的帝国利益；2019 年，弗格森又响应特朗普的步调，祭出“新冷战”话语，到了 2020 年，弗格森的“新冷战”思维，进一步发展到了“草木皆兵”的地步：攻击中国要为全球新冠疫情“负责”，认为 TikTok 是中国向美国输出的精神鸦片，将刘慈欣科幻小说《三体》中的“黑暗森林”解读为中国的国际思维模式……

弗格森这一在美国顶尖高校拥有教席的帝国智囊陷入如此“捕风捉影”的精神“亚健康”状态，或许可以表明，他所服务的帝国事业，本身就处在一种迷雾重重的“亚健康”状态下。后冷战时期的全球帝国模式和特朗普的激进修正，已经设定了政治光谱的两端，霸权秩序的维护者们将不得不在两个极点中间作出选择，或者假装作出选择。

---

① “今天威胁西方文明的不是其他文明，而是我们自身的怯懦，是滋生着这种怯懦的对历史的无知。”〔英〕尼尔·弗格森：《文明》，曾贤明、唐颖华译，中信出版社 2012 年版，第 304 页。

“重逢”拉丁美洲：霸权、依附与反抗*

如果不是因为写作了一部“门罗主义”全球史著作《此疆尔界》①，我也许很难真正从心灵上“重逢”拉丁美洲。② 20年前，我曾经在洛杉矶的“小哈瓦那”回声公园（Echo Park）居住过一年，每天穿过讲西班牙语的人群，来往于公交站。我知道那些古巴移民可以与美国的“历史终结论”者发生什么样的共鸣。但对于“门罗主义”话语和实践的思考，让我意识到，拉丁美洲的谚语“离天堂太远，离美国太近”背后有着多么痛切的历史体验。

世界历史上从来没有过比美国在拉丁美洲的霸权更稳固的覆盖“半球”范围的区域霸权，即便是一度叱咤欧亚大陆的蒙古帝国也难以与之相比。自从19世纪末以来，一个多世纪过去了，美国的西半球霸权从来没有被动摇过。东半球的许多区域霸权力量都以美国在西半球的霸权作为模仿的榜样，从20世纪上半叶的德国、日本到后冷战时期的俄罗斯，都曾将美国的“门罗

---

* 本文的一个较早版本曾以“依附、霸权与反抗——拉丁美洲的主体性”为题，发表于《探索与争鸣》2022年第8期。

① 章永乐：《此疆尔界：“门罗主义”与近代空间政治》，生活·读书·新知三联书店2021年版。

② 本文所用的“拉丁美洲”，更准确地说，是“拉丁美洲和加勒比地区”，其中不仅有西班牙和葡萄牙的前殖民地，还有英国、法国、荷兰等国的前殖民地。当然，它的主体讲的是罗曼语，它的主要的信仰是天主教，而且天主教徒的数量超过欧洲。

主义”作为自己区域势力范围主张的楷模。美国的军事霸权、金融霸权、技术霸权牢牢钳制着西半球。不仅如此,用一位拉美国家高级外交官的话说:“美国更像是梵蒂冈,你很难被其接纳,你必须遵守很多规则,而且还要去忏悔,但你仍有可能会受到诅咒,而不是去往天堂。”[①]这显然是一个充满天主教色彩的类比,在其中,美国绝不仅仅是个世俗权威,它经常祭出自己的正当性原则,不断质问拉美国家,并要求后者忏悔。在2022年,美国还试图从美洲国家首脑会议中排除古巴、委内瑞拉和尼加拉瓜的参与,引发了墨西哥、玻利维亚等国的强烈不满。相比之下,全球天主教的首都梵蒂冈其实已经变得和蔼可亲多了,它由一位来自阿根廷的教皇方济各领导了12年,而众所周知,这位教皇受解放神学的影响很深,经常批判唯利是图的资本主义。

要理解拉丁美洲的处境,我们不妨将其与东南亚作一个对比。这两个区域长期被西方殖民者称为“西印度”和“东印度”,西班牙人和葡萄牙人在16世纪就在这两个地方建立起稳固的殖民统治,后来又有荷兰人、英国人、法国人的加入。在两个区域的不少地方,还发展出了类似的社会经济特征,比如大庄园、大地主和天主教的强大影响力。拉丁美洲的民族独立运动,比东南亚要早一个世纪。在独立后不久,东南亚许多国家就迎来了发展的机会。由于处在冷战的前沿,不少东南亚国家能够得到美国的扶持,同时在本地区也有日本与韩国制造业的带动。在中国经济进入高速增长期后,许多东南亚国家加强与中国的贸易和产业合作,经济发展进一步加速。在地缘政治上,很多东南亚国家左右逢源:经济上与中国合作,在军事安全方面寻求美国支持,不选边站,但也可以利用中美之间的矛盾来获得自己需要的资源。

相比之下,拉丁美洲就没有这样的好运,许多拉丁美洲国家在独立后,经济上先依附于英国,后依附于美国。巴西在20世纪60—80年代一度推行“进口替代”战略,实行贸易保护,吸引外资在国内建立工厂,然后补贴中产购买国产工业制成品,以期建立起相对完整的工业体系,实现经济的内循环。

---

① “US summit struggle in latin America are a boon to China”, *Financial Times*, https://www.ft.com/content/0ed19f1d-243f-4d93-af69-e424fcf690f7, last visited on May 31, 2022.

20 世纪 70 年代，由于石油危机的影响，美国开始实施宽松的货币政策，在国际借贷利率低下的情况下，巴西大幅举债，扩大公共开支。然而美联储从 1979 年开始加息，国际资本大量流出巴西，巴西债务危机爆发。20 世纪 90 年代，巴西走上新自由主义道路，许多还处于保护期的本国工业企业在进口商品的冲击下纷纷垮掉，大量国有工业企业被私有化，公共服务大量削减，贫富差距急剧拉大。21 世纪重新上台的左翼政权走上了依靠出口农产品和矿产资源等大宗商品、补贴穷人以拉动消费市场（同时也保证选票）的道路，但这样就没有多少资源投入基础设施的建设与制造业的投资，尝到社会福利甜头的劳动者也很难再接受枯燥的劳动密集型制造业岗位。然而左翼政权无法避免国际大宗商品市场的波动与美联储货币政策的巨大影响，一旦大宗商品价格下跌，外资撤离，财政收入暴跌，政治动荡也就接踵而至。而政党轮替通常意味着经济政策的大幅震荡。最近，拉美的政治钟摆再一次摆动，但只要经济基础没有改变，恐怕很难摆脱这种充满动荡的政治周期。

拉丁美洲没有成为“世界工厂”，更谈不上从“世界工厂”进一步升级为“世界实验室”。与东南亚相比，它的制造业要更薄弱一些，在互联网等新兴领域，拉丁美洲更是美国跨国企业的天下。即便一些拉美国家开始进行一些在大国之间搞平衡的操作，也没有东南亚这样的地缘政治条件。美国在拉美的霸权是相当稳固的，它没有多少动力去扶植拉美国家的经济。它更关注的是本国的跨国资本能否在这些地方赚到钱，以及如何减少来自拉美国家的偷渡人口。哪个国家要动美国跨国资本的“奶酪”，其结果要么是政党轮替，经济政策转向，要么就是像古巴和委内瑞拉那样被长期制裁，经济外向发展空间受到严重限制。

然而，拉丁美洲可以在很大程度上帮助我们认识这个世界秩序的本来面目，进而更好地认识中国的“处世之道”。

以西方殖民者为中介，中国在明代就与拉丁美洲发生了经济上的关联——大量美洲白银的流入对于中国内部经济的运行产生了深刻的影响，美洲农作物的传入更是清代中国人口突破四亿的基础性原因之一。但直到 19 世纪，中国与拉美的交往才变得直接起来。在废除奴隶制之后，一些拉美国家从中国运送华工填补劳动力缺口。巴西还曾专门遣使来中国商谈华工事项，因为甲午战争的走向，最后与日本签订相关协定。华工在拉美种植园的生活与工作条件其实是相当恶劣的，然而像康有为这样的精英人士，却产生了大规模移民巴西，在巴西再造一个中国的想法。在美国发生“排华”风潮之后，很多在美国的华工也转往拉美。而那些种植园却大多掌握在西方资本家的手里。正因如此，在反抗殖民主义的运动中，我们可以看到，华工往往和本地民众并肩作战，共同争取政治经济独立和自主。

接下来，中国人对拉美的认识进入到政治制度的层面。20 世纪初，康有为曾经在墨西哥的托雷翁设立华墨银行，炒地皮，并一度想前往巴西考察。1911 年，墨西哥先于中国发生革命，反对派领袖弗朗西斯科・马德罗（Francisco Ignacio Madero González）的弟弟埃米利奥・马德罗（Emilio Madero）率领的反政府武装攻入托雷翁，洗劫了康有为旗下的华墨银行，并杀死他的族侄康同惠。而这为康有为对于共和制的负面意见，增添了新的证据。在民初，康有为不断撰文论证共和制会造成种种不稳定和动荡。[①] 为此，他不得不将美国处理为一个例外，即，它能行共和制而保持稳定，只是因为它有一些特殊的条件。在第一次世界大战之后，随着共和制在欧亚大陆上的传播，康有为的这些批评意见，就很少有人追随了。但可以说，由于康有为的介入，在美国与拉美政治制度的比较研究方面，中国的起步一点也不晚，尽管后面很少有人继续跟进。

在一战之后，随着“觉醒年代”的到来，中国的进步人士在反对帝国主义、殖民主义的框架里，认识到拉美被帝国主义、殖民主义压迫的历史，并产生深刻的共情。在 1949 年之后，中国更是支持全球的反帝反殖革命以及“第三世界”国家独立自主的经济发展。1960 年 4 月 6 日，周恩来总理接见智利文化教育界人士，在评论美国的对台政策之后提出：“美国有门罗主义，而你们拉

---

① “吾畴昔未知共和政体之害也，大募华侨入墨，且自开百万之银行，今已一扫无余，而吾侄同惠惨死于是，则悔之晚矣。盖民主之国难托命如是，诚不能引美为例也。”康有为：《救亡论》，载姜义华、张荣华编：《康有为全集》（第九集），中国人民大学出版社 2007 年版，第 234 页。康有为：《共和平议》，载姜义华、张荣华编：《康有为全集》（第十一集），中国人民大学出版社 2007 年版，第 33 页。

丁美洲应该有个新的拉丁美洲门罗主义，不让人家干涉，自己团结起来，完全组成一个强大的经济力量。”周恩来总理建议的“拉丁美洲门罗主义”，其重点就在于拉美国家建立一个共同的经济体系，自主与其他国家展开经济交往，摆脱美国的控制。[①]周恩来也曾对切·格瓦拉的革命方式提出批评，说所谓格瓦拉的“游击中心”，就是跑到那里放一把火就走。就像我们的盲动主义似的，脱离群众，没有党的领导。[②]但这仅仅是策略上的分歧。20世纪70年代，中美关系缓和，80年代以来，经贸关系日益紧密。但古巴在美国“后院”，长期遭受制裁，却始终没有屈服，这对于中国而言一直是一种激励，有中国领导人2001年赠古巴领导人卡斯特罗诗句为证：“隔岸风声狂带雨，青松傲骨定如山”[③]。

这些经历可以帮助我们思考当代中国的主体性的构成。中国有着非常完整和系统的、从未中断的古代文明，在近代是少数未完全沦为殖民地的非西方国家之一。中国通过深刻的社会革命，奋起抗击并取得成功，走出了自己的复兴道路。而拉美的前西方文明，已经基本上被毁灭了，现存的拉美文明，主要是殖民之后的发展。在拉美许多国家，欧洲移民、美洲原住民和非洲人的混血程度较高。正如本尼迪克特·安德森（Benedict Richard O'Gorman Anderson）强调的那样，在殖民地时期，欧洲移民的后代克里奥尔已经发展出与母国不同的民族认同。但西方性一直存在于拉美的血脉里，它的语言与主导性的宗教都来自西方。无须期待拉美摆脱这种“西方性”，因为人无法选择自己的祖先。真正重要的是在政治经济上摆脱西方尤其是美国的支配和压迫，为自身多元因素混合而成的传统争得自由舒展和生长的空间。

拉美在思想上所贡献的最为深刻与普遍的成果，大多与对霸权的反抗有关。它首先是在认识层面进行反抗，对西方的各种“辉格派史观”进行批判——这种“辉格派史观”认为西方的繁荣源于其内在制度的优越性，而这种

① 中共中央文献研究室编：《周恩来年谱（1949—1976）》（中），中央文献出版社2007年版，第302页。

② 竺可桢在1971年6月10日的日记中记录了上级传达的周总理在外事工作会议上的讲话。《竺可桢全集》（第20卷），上海科技教育出版社2011年版，第403页，第559—560页。

③ 王成家：《解读卡斯特罗神话：五大使与菲德尔的不解之缘》，世界知识出版社2005年版，第112页。

制度的优越性又可以追溯到其遥远的文明源头。这样的史观自 20 世纪 80 年代以来，对中国的思想界与学术界影响非常深。但拉美学者集中审视内外关系，论述殖民宗主国的富裕，并非首先因为它的制度和道路有什么内在的优越性，而是因为它凭借强大的暴力，在外部进行了剥削和压迫，汲取了额外的财富，从而改变了自身发展的环境和条件。殖民地依附于宗主国的局面一旦形成，即便殖民地照搬宗主国那些所谓“优越”的制度，也无法摆脱依附和不发达的状态。著名的“依附理论”就源于拉美思想家的探索，普雷维什(Raúl Prebisch)、弗兰克(Gunder Frank)、卡尔多索(F. H. Cardoso)、多斯桑托斯(Dos Santos)等学者做出了深刻的贡献，后来又有阿明(Samir Amin)这样的非拉美的“第三世界”思想家的加入。而美国社会学家沃勒斯坦(Immanuel Wallerstein)则通过综合依附理论与现代化理论，创立了世界体系理论。阿根廷经济学家普雷维什的结构主义发展观虽然并没有促成拉丁美洲国家摆脱不发达状态，但在第三世界产生了很大的影响，以林毅夫为代表的中国经济学家正是在普雷维什的结构主义发展观的基础上，推进了“新结构经济学”的建设。

在政治上，墨西哥学者海因茨·迪特里希(Heinz Dieterich)提出“21 世纪社会主义”，这个口号被委内瑞拉总统查韦斯(Hugo Chávez)接过去，作出新的阐释，对拉美的新自由主义一度产生很大的冲击。在“21 世纪社会主义”口号之下，查韦斯也发起了美洲玻利瓦尔替代计划，抵制美国倡导建立的美洲自由贸易区，后改名为美洲玻利瓦尔联盟。拉丁美洲也是反对新自由主义全球化的“世界社会论坛”(World Social Forum)的基座所在，许多共产主义者、社会民主主义者、无政府主义者与民粹主义者参与了这个论坛的讨论。拉美丰富的民粹民主义运动也产生了重要的理论总结。新世纪国际金融危机以来，随着欧洲与美国民粹主义的兴起，阿根廷思想家拉克劳(Ernesto Laclau)对于民粹主义的解析[①]，获得了全球性的关注。

更不用说哥伦比亚作家加西亚·马尔克斯(García Márquez)《百年孤独》

---

① Ernesto Laclau, *On Populist Reason*, Verso, 2002.

给 20 世纪 80 年代的中国作家带来的冲击。获得诺贝尔文学奖的莫言坦言自己和加西亚·马尔克斯"搏斗"了多年。[①]当然,莫言只是借用马尔克斯魔幻现实主义的风格与技法,去写他自己感兴趣的主题。殖民主义、霸权和反抗,是深嵌在《百年孤独》中的主题,但对 20 世纪 80 年代迫切想要"走向世界"的许多中国作家来说,《百年孤独》激发的是他们对于中国文明的绝望感,甚至 20 世纪的中国革命也被他们纳入了对于历史轮回的想象之中。而到了 21 世纪,全球政治与经济版图的变迁,让我们越来越能够看清,这并不是一场轮回——没有 20 世纪的中国革命,就不会有独立自主的中国工业化道路,也不会有今天美国统治精英对于全球霸权失落的深深的恐惧。

在今天,20 世纪 80 年代的"走向世界"的问题意识,有必要被"走向一个什么样的世界"的问题意识所取代。中国需要与广大发展中国家一起努力,打破既有国际秩序的霸权结构对于发展权的种种不公正的限制,而这意味着中国自身主体性的某种重塑。日本思想者竹内好曾倡言"以亚洲为方法",就是从这种主体性塑造的角度去说的。在他的视野中,"亚洲"代表着一种反抗的主体性,而不是一个地理性的实体——古巴也可以属于亚洲,而以色列则不属于亚洲。[②]类似地,我们可以说,拉丁美洲代表着这样一种主体性,其内部包含着西方文明的许多因素,却受到现实的西方尤其是美国霸权的压迫;它不断地进行着反抗,探寻新秩序的可能性。尽管它尚未走出一条很成功的发展道路,但它的探索与反抗本身就是对这个世界秩序的不公正性的揭示;拉丁美洲思想者对另一个可能的世界的思考,很多是相当深刻的,恰恰可以和中国的思想者形成"接力"关系。

当然,在日本,我们还可以看到这样一种回应:强调对霸权的反抗,也可能带来受制于霸权所设置的议程的结果,从而从霸权的一元化秩序,走向一种相反的一元化秩序想象。这正是沟口雄三对竹内好进路的担忧——竹内好对中国近代以来道路的肯定,让沟口感觉难以从中找到日本的恰当位置。

---

① 吴小攀:《十年谈:当代文学名家专访》,花城出版社 2014 年版,第 249—250 页。

② 竹内好「方法としてのアジア」『竹内好評論集(日本とアジア)』第 3 巻(筑摩書房,1966 年)419—420 頁。

而沟口自己的"以中国为方法"，则试图用中国前殖民时代的历史经验和原理，来理解和解释中国近代以来的一系列变化，以通过一个特殊的中国，将西方特殊化，从而展示出世界的多元图景，在这样一个世界中，日本也能获得自己的位置。

我们无须过多卷入日本思想界对于"以××为方法"的争议。竹内好的视角将古巴与"亚洲"关联在一起，这正好提示我们，中国一度大力倡导的"亚非拉"认同，具有多么强的思想力度。中国与拉美在反抗世界的霸权结构方面，有着相通的历史记忆和共同利益。拉美对自身发展道路的思考和实践，是中国独立自主的发展道路探索的重要参照。在原住民文明被殖民主义摧毁的拉美，像沟口雄三研究中国那样，挖掘前殖民时期的历史经验和原理看起来极其困难。但我们可以看到所谓"地理大发现"以来，历史的层层累积，一些殖民主义的资源，在后来被转化为反抗的资源，比如说，来自伊比利亚半岛的传教士曾经在殖民过程中发挥了重要作用，但到了今天，神学都可以转化为批判霸权的资源。经历过拉丁美洲"解放神学"熏陶的方济各，是天主教首位非欧洲出身的教皇，他在俄乌冲突中的表态，明显和西方主流有很大的差异。如果我们分享沟口雄三对于多元世界的思考，这就是值得我们考虑的多元性的因素：即便在一个再也没有美国霸权要求拉丁美洲国家忏悔的世界里，仍然会有天主教的教皇，对拉丁美洲实施着巨大的精神影响力。

通过美国与拉美认识世界和自我都是可能的。前者可以让一个认识者感受到支配的快感，或者认同既有的支配结构，或者生长出"彼可取而代之"的雄心。然而一厢情愿地认同既有的支配结构并不会带来霸权力量的接纳，寻求对霸权力量的简单替代，不仅会遭遇霸权力量的反击，更无法得到既有支配结构下被支配者的认同。相比之下，取道拉美而认识世界和自我，也许能够更接近事情的真相，而这同时也是20世纪历史说明的一个道理：中国属于发展中国家，属于"全球南方"；只有当我们与全世界大多数人站在一起的时候，才有可能凝聚起足够力量，突破支配体系的"薄弱环节"。正如马克·吐温所言，历史并不会重复自身，但会押韵。那就让我们在这个时代刚刚落下的韵脚，与拉丁美洲重逢！

下　编

重识巨灵

移樽施教：伍廷芳与20世纪初美国“门罗主义”的再定位*

1898 年，美国赢得美西战争，占据了前西班牙殖民地菲律宾，随后平定菲律宾人的反抗，在亚洲获得了一个重要的立足点。新殖民地的开拓，迫使美国精英思考其传统的以“美洲”或“西半球”为限的“门罗主义”外交政策能否与新的帝国现状相匹配。然而即便在美国国会内部，也有大量议员认为吞并菲律宾从根本上违反了“门罗主义”的精神。究竟是更新“门罗主义”的解释，以与美国的帝国雄心相适应，还是放弃“门罗主义”，诉诸其他论述来支持美国的帝国扩张，成为一个非常紧迫的理论问题。

在这一关键的历史时刻，有敏感的中国政治精英作出了回应。1900 年 2 月 22 日，清廷驻美公使伍廷芳应邀在宾夕法尼亚大学发表演讲《论美国与东方交际事宜》，主张美国应当行华盛顿之遗教，乘着平定菲律宾之势，将“门罗主义”的适用范围扩展到菲律宾乃至亚洲。这一姿势根本不像是“移樽就教”，而简直可以说是“移樽施教”，引发了美国舆论界的广泛关注，仅在 1900 年一年就有《纽约时报》《纽约论坛报》《华盛顿邮报》《芝加哥每日论坛报》《洛杉矶

---

* 本文的一个早期版本，以“移樽施教：伍廷芳与 20 世纪初美国‘门罗主义’的再定位”为题，发表于《探索与争鸣》2022 年第 1 期。

时报》等数十家主流媒体对伍廷芳的演讲进行报道。[①]伍廷芳的演讲涉及很多内容,如纪念华盛顿精神、菲律宾的统治方式、宾夕法尼亚大学的发展方向,等等,但大众媒体的报道基本上将重点放在其扩张适用"门罗主义"的主张之上,美国舆论界的敏感点,由此可见一斑。美国的国际法学界、历史学界也有重量级学者对伍廷芳的论述作出回应,借其论述,对"门罗主义"进行再定位。[②]

伍廷芳的《论美国与东方交际事宜》值得令人重视,不仅因为它在美国国内引发了显著的舆论反响。一方面,在中美两国当时的条约关系之下,作为一个受到东西方列强共同压迫的"半殖民地"弱国的外交代表,伍廷芳"移樽施教",对美国统治殖民地以及扩张势力范围的方式提出"建设性建议",即便在今天看来,也是一个非常令人惊异的现象。人们对于弱国外交代表的一般

---

① 美国报刊仅在1900年一年就出现了数十种对于伍廷芳演讲的报道,以下为部分报道:"Monroe Doctrine In Pacific: Wu Ting-Fang Advises Extension of Our Atlantic Policy to the Far East," *The Washington Post*, February 23, 1900, p. 3. "Monroe Doctrine For Asia," *The Sun*, February 23, 1900, p. 7. "Natal Day: Anniversary Of Washington Celebrated In America And Abroad Minister Wu Ting Fang Speaks At Philadelphia," *Courier Journal*, February 23, 1900, p. 2. "America And The Orient: Talk By Minister Wu Ting Fang At Philadelphia," *Los Angeles Times*, February 23, 1900, p. 15. "Advice by Chinese Minister," *Chicago Daily Tribune*, February 23, 1900, p. 3. "Monroe Doctrine In Pacific: Wu Ting-Fang Advises Extension of Our Atlantic Policy to the Far East," *The Washington Post*, February 23, 1900, p. 3. "Minister Wu's Suggestions," *Chicago Daily Tribune*, February 24, 1900, p. 12. "Monroe Doctrine For Asia: Suggested By Minister Wu At University Of Pennsylvania Day Wu Ting Fang's Address Relations Of United States And China Training For Diplomacy Policy In New Possessions Monroe Doctrine For Asia," *New York Tribune*, February 23, 1900, p. 2. "Views of Wu Ting Fang: Public Addresses on China's Relations with the World as to the Philippines, China, and America," *New York Tribune*, July 10, 1900, p. 4. "United States and China: Chinese Minister Suggests Extension of Monroe Doctrine. His Tribute to Washington Indicates Measures This Country Should Adopt with Regard to The Philippines And The Orient," *New York Times*, February 23, 1900, p. 9. *The American Lawyer*, Vol. 8, No. 4 (Apr., 1900), p. 147. "Factor in the Far East: United States Regarded as a Power. Chinese Minister on Our Policy in the Orient. How the Philippine Islands Should Be Governed. No in Existing Laws and Customs. Power Should be Impartial, Fair and Just," *Detroit Free Press*, February 23, 1900, p. 2. "United States and China: Chinese Minister Suggests Extension of Monroe Doctrine. His Tribute to Washington Indicates Measures This Country Should Adopt with Regard to the Philippines And The Orient," *New York Times*, February 23, 1900, p. 9. "No Secret Alliance with Great Britain," *Zion's Herald*, Vol. 78, No. 9 (Feb., 1900), p. 259.

② Albert Bushnell Hart, "Pacific and Asiatic Doctrines Akin to the Monroe Doctrine," *The American Journal of International Law*, Vol. 9, No. 4 (Oct., 1915), pp. 802-817. Albert Bushnell Hart, "The Monroe Doctrine and the Doctrine of Permanent Interest," *The American Historical Review*, Vol. 7, No. 1 (Oct., 1901), pp. 77-91.

期待，是在直接涉及本国与对象国关系的事项上发言，而伍廷芳似乎在此范围之外"多管闲事"，就对象国的立国理念和治理方式公开发表评论，某些表述甚至还不乏居高临下的指导意味，这在外交上无疑是有风险的。伍廷芳自幼接受西学教育，深知中国与西方列强国力之悬殊，并在当时一再经历美国主流社会对于华人的种族歧视，为何采取这样一种言说姿势？他所管的究竟是"闲事"呢，还是对于当时中国的安危至关重要之事？

另一方面，就美国"门罗主义"的演变与传播而言，伍廷芳的《论美国与东方交际事宜》更是一个值得关注的文本。在19世纪20世纪之交，在绝大多数中国士大夫对于"门罗主义"仍然一无所知的背景下，一位中国公使直接介入美国国内关于"门罗主义"再定位的关键辩论并产生实质影响，可见美国"门罗主义"在东亚绝非只是单向传播，像伍廷芳这样的中国精英的反馈，也为其在美国国内的继续演变提供了动力。从既有的史料来看，我们也许很难说伍廷芳的《论美国与东方交际事宜》直接带来了美国"门罗主义"的理论创新，但至少可以证明这一文本产生了一种鼓励作用，引导部分美国精英思考"门罗主义"与"门户开放"政策的亲缘关系以及将"门罗主义"运用于西半球之外的话语方式，在"门罗主义"的发展史上留下了一个不可忽略的印记。

在国际法史与外交史的研究中，"门罗主义"与美洲区域国际法是一个方兴未艾的主题①，但对于"门罗主义"与近代中国之关系，目前仅有少数研究涉及。②国内与国际学界对于伍廷芳出使美洲期间的活动和著述，尽管已有

---

① Francis Anthony Boyle, *Foundations of World Order: The Legalist Approach to International Relations (1898-1922)*, Duke University Press, 1999; Juan Pablo Scarfi, *The Hidden History of International law in the Americas: Empire and Legal Networks*, Oxford University Press, 2017; Christopher Rossi, *Whiggish International Law: Elihu Root, the Monroe Doctrine, and International Law in the Americas*, Brill Nijhoff, 2019; Juan Pablo Scarfi, "Denaturalizing the Monroe Doctrine: The rise of Latin American legal anti-imperialism in the face of the modern US and hemispheric redefinition of the Monroe Doctrine," *Leiden Journal of International Law*, Vol. 33(Sept., 2020), pp. 541-555. 这里还值得一提的是 Arnulf Becker Lorca, *Mestizo International Law: A Global Intellectual History 1842-1933*, Cambridge University press, 2014. 该书部分内容涉及"门罗主义"与国际法之间的纠缠。法斯本德与彼得斯合编的《牛津国际法史手册》对于拉丁美洲区域国际法的讨论，简略地提到了"门罗主义"的影响。〔德〕巴多·法斯本德、安妮·彼得斯主编：《牛津国际法史手册》，李明倩、刘俊、王伟臣译，上海三联书店2020年版。

② 章永乐：《此疆尔界："门罗主义"与近代空间政治》，生活·读书·新知三联书店2021年版；刘小枫：《"门罗主义"与全球化纪元》，载《学术前沿》2020年第3期。

不少研究[①]，但对其“门罗主义”的论述（尤其是《论美国与东方交际事宜》一文）仍缺乏聚焦，至于伍廷芳的“门罗主义”论述在美国引发的反响，至今仍是研究的空白。拙著《此疆尔界：“门罗主义”与近代空间政治》关注到了伍廷芳1914年出版的英文著作《一个东方外交官眼中的美国》（*America, Through the Spectacles of an Oriental Diplomat*）一书中的“门罗主义”论述，但也没有对伍廷芳1900年的演讲展开讨论。[②]本文尝试填补这一研究空白，在历史的语境中解读伍廷芳的“门罗主义”论述及其引发的各方反响。同时，这一研究也涉及“门罗主义”全球传播史与接受史中的一个重要环节：拙著《此疆尔界》将“门罗主义”传入中国的核心中介群体，界定为世纪之交的旅日精英，但尚未探讨伍廷芳这样的旅美精英究竟如何回应“门罗主义”。本文将就此进行补充研究。

本文将分为如下部分：第一部分探讨伍廷芳论述的双重历史语境；第二部分对伍廷芳的演讲文本展开分析，并将其论述与同时代的其他中国精英论述作对比，以阐明其立场在当时的中国舆论界中所占据的位置；第三部分集中探讨美国舆论界与学界对伍廷芳论述的回应，以阐明伍廷芳的论述给美国20世纪初“门罗主义”发展带来的影响。本文将伍廷芳的演讲文本视为针对特定历史情境和特定听众的修辞，而我们只有在细致探讨这些修辞成分的前提之下，才能接近伍廷芳的意图，并发现其知识体系的力量与局限性。

一、伍廷芳演讲的双重历史语境

作为一个半殖民地国家的驻美使节，伍廷芳一开始对于华盛顿决策者的

---

① 如张礼恒：《伍廷芳的外交生涯》，团结出版社2008年版；张礼恒：《“三世”外交家伍廷芳》，福建教育出版社2015年版；张礼恒：《从西方到东方——伍廷芳与中国近代社会的演进》，商务印书馆2002年版；张云樵：《伍廷芳与清末政治改革》，联经出版事业公司1987年版；丁贤俊、喻作凤：《伍廷芳评传》，人民出版社2005年版；梁碧莹：《艰难的外交：晚清中国驻美公使研究》，天津古籍出版社2004年版；刘晓姝：《伍廷芳与中美侨务问题交涉研究（1897—1902）》，东北师范大学硕士论文，2009年。Linda Pomerantz Shin, *China in Transition: The Role of Wu T'ing-fang (1842-1922)*, Ph. D. Dissertation, University of California, Los Angeles, 1970, p. 260. Chung-Tung Chang, *China's Response to the Open Door, 1898-1906*, Ph. D. Dissertation, Michigan State University, 1973, pp. 20-21.

② 章永乐：《此疆尔界：“门罗主义”与近代空间政治》，三联书店2021年版，第74页，注1。

影响相当有限。在此情况下,他经常采用“自下而上”的策略,积极在美国民间发表演讲,并在美国报刊上发表他的演讲文本,影响公共舆论。他的演讲为他积累起相当大的声誉,以至于在1900年八国联军入京之后,美国战争部助理部长乔治·米克尔约翰(George Meiklejohn)公开主张美国应当推翻光绪皇帝,立伍廷芳为中国的新皇帝。①

伍廷芳于1900年2月在宾夕法尼亚大学发表的演讲《论美国与东方交际事宜》是其在美国发表的公开演讲之一,具有双重的历史语境:一是随着美国势力范围越出西半球,“门罗主义”的解释面临着重大转型;二是海外华人华侨正在进行着反对美国“排华法案”的斗争,而伍廷芳比之前的清廷驻美外交官都更为积极地捍卫华人华侨的利益。

我们先来看第一重历史语境。“门罗主义”源自1823年美国总统詹姆斯·门罗针对欧洲“神圣同盟”干涉美洲革命图谋而发表的国情咨文,其最初的版本包含了三个核心原则:第一原则反对欧洲列强在美洲建立新的殖民地;第二原则反对欧洲列强对已独立的美洲国家的干涉;第三原则声明美国不干涉欧洲国家的事务,经常被称为孤立主义原则。② 美国19世纪的“门罗主义”使用的标志性口号是“America for the Americans”(美洲是美洲人的美洲),一个原本起源于19世纪50年代本土排外主义运动的口号。在整个19世纪,“门罗主义”的话语一直基于对东西两个半球的空间划分,将“西半球”视为一个体现共和制原则的政治空间,与专制腐败的旧大陆相对立。

然而,1898年,美国赢得美西战争,不仅控制了波多黎各,通过“普拉特修正案”(The Platt Amendment)将刚独立不久的古巴变成自身的保护国,巩固了其在西半球的主导地位,而且获得了对关岛、威克岛、菲律宾等非美洲土地的控制权,其势力越出了西半球,在太平洋西岸确立了一定的影响力。而这就带来一个问题:“门罗主义”是否应当局限于原来的西半球?伍廷芳所介入讨论的,就是这样一个问题。

---

① “Meiklejohn, Rampant,” *Virginian-Pilot*, Vol. 6, No. 10, (Jul., 1900), p. 4. “Topics of the Times,” *New York Times*, July 10, 1900, p. 6.《纽约时报》的报道嘲讽了这一想法,但米克尔约翰的奇思妙想本身可以证明伍廷芳的影响力,以及其给美国精英留下的“亲美”印象。

② 王绳祖、何春超、吴世民编选:《国际关系史资料选编(17世纪中叶—1945)》(修订本),法律出版社1988年版,第91—93页。

在伍廷芳1900年发表演讲提出将“门罗主义”运用于菲律宾乃至亚洲之前，他已经先于美国政府提出中国应当进行“门户开放”。在1898年2月的《奏请变通成法折》中，伍廷芳从“均势”的原理出发，认为要防止中国被列强瓜分，就要让列强相互牵制，而这就需要中国进一步开放通商口岸。伍廷芳指出，欧洲像瑞士、比利时这样的小国都能在大国的夹缝中生存，关键在于“彼全国通商，重门洞开，示人以无可欲”，而“中国深藏固闭，转有以启其觊觎之心故也”。[①]伍廷芳主张先在沿海省份试行与列强全面通商，等到时机成熟，开放全国与列强通商。伍廷芳举例称，甲午战争中天津、上海作为通商口岸均免于战火，可见“通商之区，各国视为公地，平时均沾利益而莫之能专，有事互相箝制而莫敢先发”。[②]伍廷芳甚至期待一旦实施全国通商，原本为通商而特设的租界即可以收回。

这一主张在原理上当然非伍廷芳所创。在冷战时期“均势”战略的理论家和操盘手亨利·基辛格(Henry Alfred Kissinger)看来，魏源早就提出了符合欧洲“均势”原理的主张：“与其使英夷德之以广其党羽，曷若自我德之以收其指臂。”[③]魏源认为，与其让英国“德色”，即通过散发从中国获得的利益，获得列强感激，从而增强其党羽力量，还不如由我方来“德色”，主动将利益分配给列强，从而使其相互牵制。伍廷芳的上级李鸿章就长期采取这一方针，作为李鸿章的助手，伍廷芳受到其外交思路影响颇深。在总理各国事务衙门多年推行“以夷制夷”战略的前提之下，伍廷芳提出“全国通商，重门洞开”的主张，丝毫不显得突兀。[④] 1898年清廷电谕各封疆大吏：“现当海禁洞开，强邻环

---

① 丁贤俊、喻作凤编：《伍廷芳集》(上)，中华书局1993年版，第48页。

② 同上，第49页。

③ 魏源：《筹海篇三：议战》，载《魏源全集》(第四卷)，岳麓书社2011年版，第35页。另参见〔美〕亨利·基辛格：《论中国》，胡利平、林华、杨韵琴译，中信出版社2012年版，第56页。

④ “以夷制夷”与“均势”具有不同的历史起源。“以夷制夷”是中原王朝长期以来利用周边政权之间的矛盾，使其相互牵制，以维持中原王朝优越地位的策略，在观念上预设了“夷/夏”之辨以及中原王朝的雄厚国力和优越地位，而这两点在鸦片战争之后都受到了严峻的挑战。起源于欧洲的“均势”没有这样的预设，“均势”战略在欧洲的运用主体通常也是具有列强(great powers)地位的国家。基辛格指出：“从均势的角度看，考虑到力量的客观构造，中国几乎没有可能作为一个统一的大陆国家存活下来。”他认为中国依靠外交官的分析能力与人民的坚韧不拔和文化自信度过最艰难的危机。〔美〕亨利·基辛格：《论中国》，胡利平、林华、杨韵琴译，中信出版社2012年版，第52—53页。而所谓外交官的分析能力，重点就在于将“均势”的眼光与“以夷制夷”的传统战略结合起来，让列强在华相互牵制。在基辛格看来，近代中国不具备列强地位，其“均势”战略却能收得一定的成效，这是极具中国特色的历史经历。

伺，欲图商务流通，隐杜觊觎，惟有广开口岸之一法。”①在美国国务卿海约翰（John Hay，直译约翰·海伊）向其他列强发出“门户开放”照会之前，伍廷芳即在美国多次演讲，宣传中国的“门户开放”主张。

1899 年与 1900 年，美国两次就中国问题对其他列强发出“门户开放”照会，倡导“门户开放，利益均沾”，主张“维持中国领土和行政完整”，反对其他列强垄断对华利益。在 1899 年发出第一次“门户开放”照会之前，美国官员根本没有征询伍廷芳的意见，伍廷芳只是从报纸上获得相关消息，而美国国务卿海约翰对其质询的回应也非常傲慢。②美国精英当然不会将“门户开放”政策的起源归结为中国官员的建议。美国传教士、外交官卫三畏（Samuel Wells Williams）的儿子卫斐列（Frederick Wells Williams）甚至称原美国驻华公使蒲安臣（Anson Burlingame）为“门户开放原则之父”，后者在 19 世纪 60 年代代表中国出访欧洲，曾经提出过在某些方面类似于“门户开放”的“合作政策”（Cooperative Policy）主张。③伍廷芳只能被动地接受美国版本的“门户开放”政策，进而通过解释的方法，试图将其引导到自己期待的方向上来。

然而，“门户开放”政策和“门罗主义”之间究竟是什么关系，在当时的美国，亦是一个在理论上缺乏回应的问题。1899 年 3 月的《北美评论》（*North American Review*）上发表的《中华帝国的解体》（“The Dissolution of the Chinese Empire”）一文即指出美国面临的迫切理论需要：“为了回应菲律宾引起的较小的地方问题而引入的门罗主义修正，将需要被放大或扩展至能够包含巨大、复杂和丰富的中国问题。”④而伍廷芳在其 1900 年演讲中，试图主动回应这一问题。

美国的影响力越出“西半球”，这是伍廷芳发表演讲的第一重历史语境。

---

① 朱寿朋编：《光绪朝东华录》，中华书局 1984 年版，第 4158 页。

② David L. Anderson, *Imperialism and Idealism: American Diplomats in China, 1861-1898*, Indiana University Press, 1985, p. 179.

③ Frederick Wells Williams, *Anson Burlingame and the First Chinese Mission to Foreign Powers*, Charles Scribener's Sons, 1912, p. viii.

④ George Smyth et al., *The Crisis in China*, Harper & Brothers Publishers, 1900, p. 218.

第二重历史语境则是美国的“排外”风潮以及伍廷芳与美国政府关于“排华法案”的交涉。1868年，中美两国签订了《中美续增条约》，其第5条规定“大清国与大美国切念民人前往各国，或愿常住入籍，或随时来往，总听其自便，不得禁阻。为是现在两国人民互相来往，或游历，或贸易，或久居，得以自由，方有利益”。[①]该条约为中国人移居美国提供了法律依据。然而，随着美国西部淘金热的降温和中央铁路的完工，美国社会能够提供的就业机会减少，社会矛盾激化，加利福尼亚州最早掀起排华风潮，并向美国其他地方蔓延。1880年，美国总统海斯（Rutherford Birchard Hayes）派遣使团前往中国，与清政府达成了《中美续修条约》，将美国当时已出现的一些对于华人移民的限制正当化。[②]1882年，美国国会两院通过更为激进的《关于执行有关华人条约诸规定的法案》（《排华法》），并由总统切斯特·艾伦·阿瑟（Chester A. Arthur）签署生效。美国的一些精英甚至用“门罗主义”话语来论证排斥华人乃至亚洲移民的正当性，比如美国“海权论”代表理论家马汉（Alfred Thayer Mahan）认定：“亚洲人的移民是违背门罗主义的，因为他们不能被同化，他们是在开拓殖民地，这实质上是吞并行为。”[③]

伍廷芳于1897年美国“排华”高潮时出任驻美公使。他在上任之初就面临着一个他的前任所未曾遇到过的保护华人的新问题。赢得美西战争之后，1898年7月7日，美国国会通过决议，将《排华法》扩展到夏威夷群岛，禁止华人移民到夏威夷群岛，同时也禁止华人从夏威夷群岛进入美国。美国的“排华”风潮也延伸到了菲律宾。1898年美国占领菲律宾后，受命组织政府的奥迪斯将军（Elwell Stephen Otis）于8月26日发布命令，禁止中国人进入菲律宾，这一命令并没有议会立法作为基础。伍廷芳上奏清廷，并多次照会美国国务卿海约翰，但根本无法制止美国政府的相关决定。1902年，美国国会再次讨论《排华法》，进一步扩大限禁华人的范围，升级限禁措施。伍廷芳于4

---

① 梁为楫、郑则民主编：《中国近代不平等条约选编与介绍》，中国广播电视出版社1993年版，第171页。

② 陈翰笙主编：《华工出国史料汇编（第一辑 中国官文书选辑）》（第四册），中华书局1980年版，第1326页。

③ 〔美〕罗伯特·西格：《马汉》，刘学成等编译，解放军出版社1989年版，第461页。

月 29 日照会海约翰,希望美国总统否决该项法案,但罗斯福总统在收到伍廷芳的照会前已经签署法案,伍廷芳交涉无果。

伍廷芳一方面从“均势”原理出发,对美国寄予厚望,希望美国能够牵制其他列强对于中国的瓜分;另一方面,美国政府和美国社会对于华人不断升级的种族歧视,又让他感受到了深深的恶意。那么,他究竟是如何平衡自己的希望和失望的呢?他在演讲中主动触及美国“门罗主义”的适用范围这一议题,究竟出于什么意图,又产生了什么效果呢?

二、伍廷芳的言说姿势

伍廷芳 1900 年 2 月 22 日在宾夕法尼亚大学的英文演讲“The Proper Relations of the United States to the Orient”在光绪年间出有石印中译本,但出版年月不详,后收入《伍廷芳集》,其具体内容与美国报章报道一致。伍廷芳为中译本加上了一个序言,可以更清晰地表明其演讲的意图:“美国保邦旧例,自守封圻,以杜外衅,不欲用兵于他洲,亦不欲他洲之兵加于同洲之国。中、南两洲各小国弱而不亡者,维此是赖。比年来,时异势殊,稍稍多事。自战胜西班牙后,吕宋一岛割隶美属,与我为邻,相距闽、粤,直衣带水耳。履霜坚冰,当防其渐,有心时事者,所宜动念也。顾遗谟具在,公论犹存,美既与我同洲,如能以保美洲者保东亚,则东亚可安。列邦虽多觊觎,亦将观望,而不敢遽发,或亦因势利导之一策乎?至禁工苛例推行吕岛,此犹得失之小者耳。”①

这段话可以表明,伍廷芳对于美国占领菲律宾充满警惕,担心美国以菲律宾为跳板,吞并中国沿海省份。伍廷芳的这种恐惧并非在 1900 年之后才滋生的。在发表于《北美评论》1900 年 7 月号的《中美互惠互利》一文中,伍廷芳已经指出了菲律宾因素对于中美关系的重要意义:“……中国很有兴趣地注意到,星条旗已经插上了菲律宾诸岛,这将使美国成为中国未来的邻国。

① 丁贤俊、喻作凤编:《伍廷芳集》,中华书局 1993 年版,第 126 页。

美国一直是中国的朋友，所以，中国真诚地希望，美国不要利用她的新海岸来妨碍亚洲人民，而应抓住这一机会加强两国间互利的友好关系。”[①]而他对这一时局的回应方式，则是将“门罗主义”引入菲律宾乃至东亚。他对“门罗主义”的文字描述充满善意，相信美国运用“门罗主义”来排斥欧洲列强对美洲的干涉，保护美洲各共和国，而自己并无吞并美洲各国之心。如此，将“门罗主义”运用到菲律宾乃至东亚，就意味着美国不仅不会吞并中国，而且会帮助中国抵御其他列强。如果中国可以得到美国在这方面的保证，那么即便美国将《排华法》适用于菲律宾，对中国而言也并不算什么大的损失。伍廷芳在这里完成了对轻重的权衡，将在中国乃至东亚建立列强之间的均势放在第一位，而将修改《排华法》放在第二位。

在剖析伍廷芳声明的意图之后，现在让我们转向对伍廷芳修辞手法的探讨。根据《纽约时报》的报道，伍廷芳 2 月 22 日的演讲在宾夕法尼亚大学音乐学院举行，当日的活动旨在庆祝华盛顿诞辰以及宾夕法尼亚大学法学院新楼落成。宾夕法尼亚大学教务长（Provost）查尔斯·哈里森（Charles C. Harrison）向听众介绍了伍廷芳，并勾勒了当时的时势：中国在过去的 4000 年里一直是“耐心的、田园式的、凝固的”，不愿回答“谁是我的邻居”这个问题；而美国则是“骚动不安的、充满好奇心的、缺乏耐心的、进步的”，在一个世纪里取得了让旁观者震惊的成绩，但美国人自己却没有时间去思考。现在美国正在寻求进入这个天朝王国（celestial kingdom），代表中国政府的伍廷芳又将有何回应呢？[②]

伍廷芳首先感谢主办方在华盛顿诞辰邀请他来演讲，将这一演讲的时势表述为美国“开拓日广，新得土疆，远及东亚”。接下来，他赞扬了华盛顿总统的功业和德性，并称华盛顿在中国享有盛名，常被类比于尧舜。美国建国

---

① 丁贤俊、喻作凤编：《伍廷芳集》，中华书局 1993 年版，第 92 页。英文版见 Wu Tingfang, “Mutual Helpfulness between China and the United States,” *The North American Review*, Vol. 171, No. 524(Jul., 1900), pp. 1-12。

② “Chinese Minister Suggests Extension of Monroe Doctrine,” *New York Times*, February 23, 1900.

125年，如今成为中国的邻国，“两国交谊从此日敦，此不佞所深喜而乐道者也”[①]。

接下来，伍廷芳引用了美国邮政总长在纽约发表的关于美国政策之意不在扩张版图，而在于开拓商务的观点，称美国与亚洲的交往，必将以和平为主。而要维持和平，美方首先就要研究亚洲各族群的风俗习惯，因俗而治。伍廷芳提到了华人与欧洲人、华人与美国人之间因为不了解彼此风俗而引发的误解和冲突，隐晦地指向美国《排华法》背后美国人对于华人的种种误解。伍廷芳指出，要促进对亚洲的理解，就要培养熟悉东方语言和习俗的人才。他开始讨论宾夕法尼亚大学可以在这方面发挥作用，建议宾大“速设汉文教习”。与此同时，他建议以英语为万国通用语言，促进东西方各国之交流。接下来，他又从万国通用语言，讲到“公法”的研习，强调了“公法”对于各国交往的重要性：“各国行事，以强弱异势，多背公法。背之者多，则恐习之者少矣。”[②]这当然也是劝诫美国尊重“万国公法”，以增强“公法”之权威。

伍廷芳接下来的论述会令许多当代读者感到惊异：他给美国治理菲律宾提出建议，希望美国因俗而治，不要轻易变更土著风俗；希望美国平等对待菲律宾各族群，不要厚此薄彼。伍廷芳对于族群平等的提议，隐含了他对美国在菲律宾推行“排华”政策的不满。伍廷芳指出，统治万里之外的族群，并非美国之所长，美国不妨向邻近的英法殖民地学习。但最重要的是遵守华盛顿1796年“告别演说”中的遗训。伍廷芳赞扬华盛顿的遗训与孔子所说的“言忠信，行笃敬”不谋而合，“为天下各国指南之助”[③]。

伍廷芳将“门罗主义”论证为“华盛顿之道”的具体化，是“保邦致治之隆规”。他将美国政府最近的“门户开放”照会内容概括为“共保中国洞辟门户，毋许侵陵”，符合华盛顿公正和平之宗旨。下一步，伍廷芳“移樽施教”，提出了将“门罗主义”运用于菲律宾乃至亚洲的主张：

> 然则贵国今日应行门鲁氏之道于亚洲，诚不待再计决矣。吕岛在亚

---

① 丁贤俊、喻作凤编：《伍廷芳集》，中华书局1993年版，第128页。
② 同上，第131—132页。
③ 同上，第133页。

洲界内，为东西往来之门户，门鲁氏之论谓：凡有侵削南北美洲之地，即有碍于贵国太平之局，此言诚是也。夫以美洲南北相去八千里尚不容他人侵削，然则亚洲之地，距吕岛不及六百里者，万一有事，岂容袖手旁顾耶？既谓波吐立哥岛、大西洋诸岛不应入外人掌握，然则亚洲东部陆地与吕岛相距，较波吐立哥岛与美国化罗理打相距尤为密迩，万一见侵，谊属同洲，不应同此关切耶？吾非惧侵占之事即在目前也，特以门鲁氏之道为贵国保邦政策，今既有土地于东方，则随地推行，亦自然之理耳。此政策并非自私自利也，即向所云：公正自保为本者也。苟力行之，贵国仁声义闻，无远弗届矣。[①]

伍廷芳论证“门罗主义”适用于亚洲的基本逻辑如下：(1) 菲律宾已是美国领土，因而“门罗主义”自然可在菲律宾推行；(2) 亚洲大陆与菲律宾有“谊属同洲”的连带关系，亚洲大陆距离菲律宾，比美国佛罗里达距离加勒比海上的波多黎各更近，因此，适用于菲律宾的“门罗主义”，当然也可以在亚洲大陆推行。而将“门罗主义”扩用于亚洲，必将大大提升美国的国际声望。伍廷芳未必充分意识到的是，他认为理所当然的“‘门罗主义’适用于菲律宾”的观点，在当时的美国却构成一个很大的理论难题。

伍廷芳将“门罗主义”与华盛顿“告别演说”的精神联系起来，显然是强调“门罗主义”与华盛顿所深恶痛绝的老欧洲的野心与竞争存在根本差异，从而将扩张主义视为“门罗主义”的对立面。将这样的“门罗主义”推广到亚洲，也就意味着美国不会像欧洲列强那样侵占亚洲的领土，反而会为了保护亚洲弱小国家而牵制欧洲列强。伍廷芳诉诸华盛顿权威的做法，在清末民初知识界并不罕见。正如台湾历史学者潘光哲在其著作《华盛顿在中国》中所指出的，当时诸多论者将华盛顿描绘成“异国之尧舜”，并通过对华盛顿形象的塑造，表达对美国政治制度的肯定和向往。[②]不过，《华盛顿在中国》的论述并没有覆盖伍廷芳1900年演讲这种中国人向美国听众论述华盛顿的情形。伍廷芳

① 丁贤俊、喻作凤编：《伍廷芳集》，中华书局1993年版，第133—134页。
② 潘光哲：《华盛顿在中国——制作“国父”》，三民书局2006年版，第47—70页。

对华盛顿的赞美显然具有特定目的——他对美国不无戒心，试图劝说美国能在“门户开放”和“门罗主义”的实践中忠于华盛顿之道，在亚洲维持和平，牵制欧洲列强的侵略。这实际上是期待美国“作茧自缚”。

如此看来，伍廷芳预设了“门罗主义”是美国秉承华盛顿“告别演说”精神、保护邻邦领土完整和维持和平的原则，而不是干涉和侵略邻邦的原则。我们并不清楚伍廷芳是否了解“门罗主义”的黑暗面。事实上，在19世纪，“门罗主义”早已经充分展现出其服务于扩张主义与干涉主义的一面。在19世纪上半叶，美国总统詹姆斯·波尔克就以“欧洲列强不得干涉美洲大陆人民中的一部分组成一个独立国家而建议要和我们的联邦合并”为借口，证成美国对得克萨斯的吞并[①]，甚至试图吞并墨西哥的尤卡坦半岛。1870年，格兰特（Ulysses Simpson Grant）总统提出“从此以后，这片大陆上的任何领土都不能被转让给欧洲国家”[②]，目的在于吞并多米尼加共和国。如果不是因为国会中的种族主义者嫌弃多米尼加共和国居民不是纯正的白人，从而否决格兰特总统的方案，美国已经将多米尼加变成自己的一部分。至于以“防止欧洲干涉”为名，对拉丁美洲国家内政进行干涉，从来都是美国的“门罗主义”实践的有机组成部分。美国的联合果品公司（The United Fruit Company）在许多拉丁美洲国家制造了“国中之国”，翻手为云，覆手为雨。伍廷芳1914年出版的《一个东方外交官眼中的美国》也没有触及“门罗主义”的这些黑暗面。[③]不过，当时不仅是他一个人采用这样的言说姿态。即便到了1915年，中国留美学生在反对日本强加给中国的“二十一条”的时候，也是树立一个光辉的美国“门罗主义”典范，与日本对美国“门罗主义”的模仿作对比。[④] 20世纪20年代早期，在中国的“联省自治”运动之中，我们可以看到“门罗主义”仍然

---

① 王绳祖主编：《国际关系史资料选编》（上册，第一分册），武汉大学出版社1983年版，第68—69页。

② Dexter Perkins, *A History of the Monroe Doctrine*, Little, Brown & Company, 1955, pp. 158-159.

③ （清）伍廷芳：《一个东方外交官眼中的美国》，李欣译，学林出版社2006年版，第15—16页。

④ Daniel M. Dubois, *Great Expectations: Chinese Students in America and the Open Door, 1900-1930*, Ph. D. Dissertation, Truman State University, 2007, pp. 165-167.

呈现出非常正面的形象，直至国共两党的合作对"联省自治"作出新的定性。[1]

在其1900年演讲的最后部分，伍廷芳强调，统治"新附异族之人"靠的不是"善战勇敢"，而是政治家的"擘画经营"，需要以德服人。美国"代有伟人"，宾夕法尼亚大学将培养后起之秀，承担大任。伍廷芳最后呼吁："星旗招展，不仅为自由之帜，且以为仁义之准，吾将拭目俟之。"[2]

伍廷芳非常重视自己在宾夕法尼亚大学发表的《论美国与东方交际事宜》演讲。在同年3月在美国刊物上发表的文章《中国与美国》("China and the United States")末尾，他带着一丝自豪这样写道："美国人应该了解的事情很多。那天，我在费城讲话时，冒昧地向菲律宾群岛的政府建议，派一些士绅到邻近的殖民地——特别是英法殖民地——去研究他们的历史和管理方法。那些殖民地政府富有统治亚洲人的经验。为此，他们已经付出了沉重的代价。美国人会从这些经验中获益的。理论并不总是可靠的，而经验却十分可贵。"[3]一个半殖民地政府的外交使节，向新的殖民者传播老殖民者的殖民帝国治理之道，这是否怪异呢？结合伍廷芳个人的成长经历，这一"移樽施教"行为似乎不难理解。伍廷芳出生于新加坡，后来入香港圣保罗书院，又前往英国留学获得博士学位，回到香港担任律师，其早年教育及生活经历与大英帝国有着极其密切的关系。因此，他在美国听众面前不经意间透露出某种对大英帝国的认同，也是非常自然的。但伍廷芳的出发点和立足点都在于维护中国在殖民帝国秩序中的安全。向美国"移樽施教"，以赢得美国的好感，目的是在有关"排华法案"的交涉中获得美国的一定让步。即便这一目标无法达成，如果能够说服美国主动地在亚洲维持"均势"，牵制欧洲列强瓜分中

---

① 章永乐：《此疆尔界："门罗主义"与近代空间政治》，三联书店2021年版，第234—273页。

② 丁贤俊、喻作凤编：《伍廷芳集》，中华书局1993年版，第134页。

③ Wu Ting-fang, "China and the United States," *The Independent: Devoted to the Consideration of Politics, Social and Economic Tendencies, History, Literature, and the Arts*, Vol. 52, No. 2678(Mar., 1900), p. 755. 丁贤俊、喻作凤编：《伍廷芳集》，中华书局1993年版，第126页。

国的图谋，也不失为一种收获。①

更值得一提的是，在1921年华盛顿会议召开之时，伍廷芳在《华盛顿邮报》上发表署名英文文章，再次提到了他在1900年的这个演讲。兹节录该文中译本如下："犹忆当年杜威大将军占领斐列滨群岛后，余料该岛将为美国领土，即献议于海约翰氏与美国其他政治家，谓欲保兹岛之安全，必须将门罗主义推广至太平洋。但当时以余之建议为太早，计今日则时机已至。余以为此问题应受严重之考虑矣。"②伍廷芳公开向华盛顿会议建议将"门罗主义"推广于太平洋及其沿岸各地，意在赢得美国政府的好感，使其尽快承认孙中山领导的南方政府。

不过，伍廷芳对其1900年演讲内容的概括却不尽准确：他在当年的公开修辞绝非为了保护菲律宾的安全，而是将"门罗主义"用于美国新属地视为理所当然，进而将重点放在解释为什么亚洲大陆也应该纳入"门罗主义"适用范围。在1921年，伍廷芳的身份早已不是中国驻美公使，而是孙中山领导的南方政府的外交部长兼财政总长，他提出的将"门罗主义"扩用到亚洲的论述也不再像21年前那样吸引美国听众的注意——早在1919年1月，《中太平洋杂志》(*The Mid-Pacific Magazine*)就有报道：澳大利亚总理和新西兰总理主张美国将"门罗主义"运用于太平洋地区，这两位英国殖民地的政府首脑提出的主张，显然比一位中国官员的主张对美国更有冲击力。③由于以上种种原因，伍廷芳的新论述并没有像上次那样引发美国主流舆论如此大的反响。

伍廷芳出于"均势"原理，积极将美国引入东亚的思路，在当时中国的精英中又占据一个什么位置呢？在19世纪末，由于德国占领胶澳(今日青岛)，

---

① 伍廷芳："日本已经开始修订她以前签订的领土条约，英国和其他国家已不再妨碍日本的发展，这也说明了西方国家的公正。我希望中国步日本后尘的那天会很快到来。"丁贤俊、喻作凤编：《伍廷芳集》，中华书局1993年版，第92页。

② "Dr. Wu Ting Fang Wants Monroe Doctrine Applied To All Lands on Pacific," *The Washington Post*, December 4, 1921, p. 62. (清)伍廷芳：《对外宣言》，载中国社会科学院近代史研究所近代史资料编辑部编：《近代史资料》(总88号)，中国社会科学出版社1996年版，第200页。

③ Prime Minister Wm. Hughes of Australia, Prime Minister W. F. Massey of New Zeal & Sir Bart Joseph Ward, "A Monroe Doctrine for the Pacific Ocean," *The Mid-Pacific Magazine*, Vol. XVII, No. 1(Jan, 1919), pp. 49-50.

俄国进一步加强对中国东北的控制，中国大量精英将德、俄两国视为中国的头号威胁，试图借助英、美、日的力量牵制德、俄。康有为在1998年力主联英、美、日，甚至提出“中、英、美、日”四国“合邦”。[①]章太炎于1897年曾在《时务报》发表《论亚洲宜自为唇齿》一文，主张联日拒俄，“亚洲和亲”。[②]到了1899年，章太炎对东亚形势的观察，仍将德、俄视为最大威胁，因而认为中国可以联合日、英、美来牵制德、俄。章太炎甚至认为美国占据菲律宾对于东亚利大于弊，有助于美国发挥对欧洲列强的均势作用。[③]伍廷芳的“联美”思路，在当时的中国国内，实际上是比较常见的主张。

然而时势的演变对于部分旅日精英的主张产生了较大冲击。1898年美西战争爆发。阿奎纳多的菲律宾革命政府积极联络日本军方，其代表唐·福斯蒂诺·利肖科(Don Faustino Lichauco)在书面回答日本情报人员福岛安正的问题时，举出美国在美洲推行“门罗主义”、排斥欧洲列强的例子，希望日本能与菲律宾联合，共同反对西方对本区域的侵略。[④]日本贵族院议长、东亚同文会会长近卫笃麿在当年大讲“亚洲门罗主义”，鼓吹“东洋是东洋人的东洋”。[⑤]受到日本“亚洲主义”深刻影响的孙中山将美国占领菲律宾视为对亚洲整体的威胁。1899年，孙中山计划先率兴中会会员帮助菲律宾革命，待其成功，再在菲律宾人的帮助下，在中国国内发动革命。陈少白称孙的目的是“使菲岛先行独立，借其余力助中国革命成功，奠定亚细亚同盟之基础，以反

---

① 康有为：《请速简重臣结连与国以安社稷而救危亡折(代宋伯鲁作)》，载姜义华、张荣华编校：《康有为全集》(第四集)，中国人民大学出版社2007年版，第450页。

② 《章太炎全集·太炎文录补编》(上)，上海人民出版社2017年版，第341页，第4—6页。

③ 同上，第126页。章太炎后来转向全面反对东西方“帝国主义”，与其在上海公共租界的牢狱经历不无关系。

④ Don Faustino Lichauco, “Appendix Ⅻ: Questions and Answers Sent by Don Faustino Lichauco to Col. Fukushima, July 17, 1898,” Jose Ramos trans., in Josefa M. Saniel, *Japan and the Philippines, 1868-1898*, University of the Philippines Press, 1969, p. 374.

⑤ 比如说，1898年11月，在接见来访的中国流亡维新派领袖康有为时，近卫笃麿提出：“今天的东洋问题已不单纯是东洋问题，它已经成为世界问题。欧洲列强都是为了自己的利益而在东洋竞争。东洋是东洋人的东洋。东洋人必须有独立解决东洋问题的权力。美洲的门罗主义也是这个意思。实际上，在东洋实现亚洲的门罗主义的义务就落在了贵我两邦的肩上。”近衛篤麿日記刊行会編『近衛篤麿日記』第2巻(鹿島研究所出版会，1968年)195頁。东亚同文会几乎一统日本既有的“兴亚”组织，并且有不少高官和贵族加入，名为民间组织，实际上在日本政府的支持下发挥“民间外交”的作用，与当时留日的中国反满革命派与保皇派都有深入交往。

抗口中倡导博爱而实际上行非人道之列强，并将其逐出亚洲”[①]。孙通过与日本军方的关系，帮助菲律宾革命者购买并运输军械，有支持孙的日本志士在这一过程中付出生命。此外，据菲律宾独立人士彭西的论述，孙还热切支持中国、朝鲜、日本、印度、菲律宾、暹罗等亚洲各国学生在东京组织的东亚青年协会。[②]

1898年12月梁启超在日本横滨主持创办《清议报》，其“叙例”（创刊词）就使用了“亚粹”“黄色种人”等等颇具日本“亚洲主义”色彩的词汇。[③]《清议报》团队密切关注菲律宾人民反抗美国殖民的战争，认为美军的侵略不仅是对菲律宾的侵略，也是对“亚洲”的侵略。欧榘甲称赞菲律宾人的反抗展现出的“菲律宾者菲律宾人之菲律宾”的意识，称“曰亚洲未有能倡自主者，有之始于菲律宾”[④]。在菲律宾步步败退之时，蔡锷想到的是“东亚人之东亚果如何耶”，担忧“黄族”之命运。[⑤]

1900年中国遭遇八国联军入侵，濒临被瓜分的边缘。在《论今日各国待中国之善法》中，梁启超仍肯定美国的“门户开放”政策对于“保全”中国土地与自主权的意义，又称“英国为世界文明先进第一之国，日本为我东方兄弟唇齿相依之交，其待中国之心，亦与美国略同，美国肯力任其难，英日必联袂而起”。这是寄希望于美、日、英三国牵制其他列强瓜分中国的主张，从而保持

① 段云章编著：《孙文与日本史事编年》（增订本），广东人民出版社2011年版，第59页。

② 同上，第75页。

③ 张品兴主编：《梁启超全集》，北京出版社1999年版，第168页。

④ （清）欧榘甲：《论菲律宾群岛自立》，载《清议报》1899年第25册（1899年8月26日）。值得一提的是，1903年12月，美国派遣的菲律宾总督，亦即后来的塔夫脱总统，曾经发表演讲讨论“The Philippines for the Filipinos”这一口号，把自己打扮成这一口号的支持者。而他对这一口号的解释，是将其与民族独立区分开来，只是强调美国对菲律宾的治理，是为了菲律宾人自身的福利。“The Duty of Americans in the Philippines,” Speech Delivered by Taft before the Union Reading College in Manila, December 17, 1903; reproduced in *Official Gazette* (*Supplement*), Vol. 1, No. 68(Dec., 1903), pp. 3-4.

⑤ 如果说这里的论述是将“孟鲁主义”（门罗主义）与“帝国主义”相对立，在东京出版的《浙江潮》1903年第6期“新名词释义”栏目则认为“孟鲁主义”为“帝国主义”之别名。梁启超1903年的《新大陆游记》则分析了门罗主义从“亚美利加者，亚美利加人之亚美利加”到“亚美利加者，美国人之亚美利加”再到“世界者美国人之世界”的变化，对美国政客们的解释能力表示惊异。而杨度1907年发表的《金铁主义说》则称美国“变其门罗主义而为帝国主义”，前者文明，后者则略带野蛮，但非此不足以求生存。刘晴波主编：《杨度集》，湖南人民出版社1986年版，第221页。

中国的领土完整和政治自主。然而，在1901年《灭国新法论》中，梁启超指出，即便是美国倡导的“门户开放”，也不过是一种“灭国新法”：“举全国而为通商口岸，即举全国而为殖民地。”1902年，在《论美菲英杜之战事关系于中国》一文中，梁启超大赞菲律宾抗击西班牙与美国，认为菲律宾“实我亚洲倡独立之先锋，我黄种兴民权之初祖也!”菲律宾如果取胜，“可以为黄种人吐气，而使白种人落胆”。

可以说，在19世纪与20世纪之间，美国参与的美西战争和美菲战争在很大程度上激发了旅日精英的危机感，促使他们去讨论“帝国主义”概念。对于“门罗主义”与“帝国主义”的关系，旅日精英见解不一：有的认为美国正在放弃“门罗主义”，转向“帝国主义”；有的认为“门罗主义”本身就是“帝国主义”。[①]但绝大部分人都同意，美国占领菲律宾，正是“帝国主义”的一种体现。可以说，日本朝野在美国占领菲律宾时所产生的危机感，在很大程度上影响了旅日精英对于时势的判断。

作为清廷驻美外交使节，伍廷芳既没有受到日本朝野的危机感的影响，也没有参与旅日中国精英发起的对于“帝国主义”的讨论。梁启超将美国的托拉斯组织视为“二十世纪之巨灵”，是“帝国主义”的重要组织基础[②]，而伍廷芳只是轻描淡写地将其视为使资本取得最大效益的组织方式。[③]伍廷芳不乏“亚洲”的观念和认同，但倾向于将欧洲列强视为对“亚洲”的威胁，而将美国看作牵制欧洲列强的力量。

伍廷芳在很大程度上延续了李鸿章的“均势外交”的思路。在列强利益冲突显著并有对抗意志的时候，这一战略在一定范围内也是有效果的。然

① 将“门罗主义”与“帝国主义”相对立的论述，如蔡锷：《孟鲁主义》，载《清议报》1900年第67册(1900年12月22日)；杨度：《金铁主义说》，载刘晴波主编：《杨度集》，湖南人民出版社1986年版，第221页。而另外一些论述认为“门罗主义”本质上就是“帝国主义”。在日本东京出版的《浙江潮》1903年第6期“新名词释义”栏目认为“孟鲁主义”为“帝国主义”之别名。1903年在东京编辑出版的《湖北学生界》第5期“历史传记”栏目发表《菲立宾亡国惨状记略》，1904年浙江金华《萃新报》创刊号全文转载该文，该文在探讨菲律宾亡国史同时，也对美国的“们洛主义”(门罗主义)的帝国主义本质进行了揭示。

② 梁启超：《二十世纪之巨灵托辣斯》，载张品兴主编：《梁启超全集》，北京出版社1999年版，第1114页。

③ 丁贤俊、喻作凤编：《伍廷芳集》，中华书局1993年版，第83页。

而，弱国打大国牌、强国牌，始终面临着一个根本困境：当列强相互之间存在活跃的“大国协调”（concert of powers）之时，“均势”战略往往会落空。而1814—1815 年欧洲维也纳会议建立并扩展到欧洲之外的维也纳体系，恰恰是以“大国协调”为特征的，列强之间不仅有不定期的会议，而且有很多秘密外交渠道相互协调立场。如果列强之间有充分的沟通，就不仅可以建立相对稳定的利益边界，而且可以反过来假借寻求在华“均势”之名，向中国要求越来越多的利益。

比如说，李鸿章将包括美国在内的一系列列强引入朝鲜，希望用其来牵制日本。但这些列强却相继与日本达成协调，在日本吞并朝鲜的过程之中，发挥的牵制作用极其有限。甲午战争之后，俄国自认为在“三国干涉还辽”上大大有功于中国，李鸿章也推行“联俄制日”的方针，于 1896 年与俄方签订《御敌互相援助条约》（《中俄密约》）。俄国不费一枪一弹，就将中国东北变成了它的势力范围。1897 年 11 月德国占据胶澳。当年 12 月 14 日，俄国以“中俄联盟”遏制德国的名义，将舰队驶入旅顺。德俄两国以相互牵制对方的名义蒙骗清政府，要求分别在胶澳与旅顺长期驻扎下来，但事实上，两国之间存在着顺畅的协调关系。李鸿章希望能以俄国来牵制日本，日俄两国在 1898 年 4 月 25 日在东京签订协议，将朝鲜半岛划为日本的势力范围，而日本默认中国东北为俄国的势力范围。1904—1905 年日俄战争之后，日俄两国也通过多次协调，在中国东北重新划分了势力范围。而伍廷芳自己的“均势”主张也曾经遭遇过“大国协调”的打击。《辛丑条约》签订后，伍廷芳倡议中国东北开门通商[①]，原计划借助美国在东北遏制俄日，但美国却与日本达成协议，于 1908 年签订《鲁特—高平协定》（Root-Takahira Agreement），美国承认日本在东北的利益，而日本也承认美国对菲律宾的占领。

凡此种种，都说明了“均势”战略与“大国协调”之间的深刻的张力。魏源在《筹海篇》中提出“与其使英夷德之以广其党羽，曷若自我德之以收其指臂”，这一“均势”战略规划的着眼点在于利用列强相互牵制赢得时机，从而

① 王彦威纂辑，王亮编：《清季外交史料》（第 6 册），湖南师范大学出版社 2015 年版，第 3189 页。

"师夷长技以制夷"。然而清政府无力奋发自强,其结果只能是在"以夷制夷"的自我安慰中陷入越来越深的半殖民地状态。没有实力支撑,像伍廷芳这样的外交官在谈判桌上再努力,也无法达到"均势"战略的预期目的。

三、伍廷芳与美国的"门罗主义"再定位

伍廷芳在 1900 年 2 月发表涉及"门罗主义"的演讲,而这正是美西战争之后美国国内围绕着"门罗主义"与美国的帝国扩张之关系激烈辩论的时刻。领导行政当局的麦金莱(William McKinley)总统鲜明地表达了自己的态度:既不能将菲律宾还给西班牙,也不能交给美国在东方的商业竞争对手法国或德国,更不能交由没有自治能力的菲律宾人自治,美国唯一的选项是接管菲律宾,并"教化"菲律宾人。[①]然而美国国会议员围绕着美国对菲律宾和夏威夷的吞并是否违反"门罗主义",产生了极大的分歧。[②]

在美国国会中,一部分议员认为吞并菲律宾本身就是对"门罗主义"精神的背叛,因为这意味着美国在遥远的亚洲做了它禁止欧洲列强在美洲做的事情,有此先例,美国怎么样才能够直起腰板继续禁止欧洲列强殖民美洲呢?这些议员主张允许菲律宾人民自己组织政府,而非吞并菲律宾。一些议员则认为,吞并菲律宾并没有违反"门罗主义"。来自俄亥俄州的众议员布罗姆韦尔(Jacob H. Bromwell)主张"门罗主义不应该再被局限于宣称美洲是美洲人的美洲,而应当被扩展至意味着全世界处于美国的商业与美国国旗的保护之下"[③]。而另外一些议员虽然承认吞并菲律宾会违反"门罗主义",但可以采取办法来规避,如将菲律宾卖给其他国家,或拿菲律宾交换位于美洲的英国殖民地,这样美国既可以发一笔横财,也无须担心因为殖民亚洲而违反"门

---

① Charles S. Olcott, *The Life of William McKinley*, Vol. 2, Houghton Mifflin Company, 1916, pp. 110-111.

② Lillie Cornelia Porterfield, *Congress And The Monroe Doctrine: 1895-1905*, Ph. D. Dissertation, The University of Chicago, 1942.

③ Ibid., p. 29.

罗主义”。[1] 1899 年参议院就吞并菲律宾的美西条约进行表决的时候，表决结果是 57 比 27，比通过的表决门槛仅多两张赞成票。[2]

在吞并夏威夷的问题上，国会内部同样发生了分裂，一部分议员认为“门罗主义”从本质上禁止美国前往海外获取领土，而另外一些议员认为夏威夷属于西半球，而且距离美洲大陆比距离任何一个其他大陆都更近，因此吞并夏威夷并不违反“门罗主义”，甚至是实施“门罗主义”的内在需要；如果美国不接收夏威夷，它可能会落入其他欧洲列强乃至日本之手，而这恰恰是违反“门罗主义”的。[3]

美国政界的讨论，甚至影响到了中国旅日精英对于“门罗主义”的理解。梁启超在日本横滨编辑的《清议报》第 2 册（1899 年 1 月 2 日出版）曾刊发日本“亚洲主义者”山本宪的学生片冈鹤雄的一篇译文《极东之新木爱罗主义》。译文称，美国某参议员阐发了“极东之新木爱罗主义”（“远东新门罗主义”），并认为借此可以理解美国对菲律宾的占领。根据译文，这一主义的实质是“美、英二国操持世界共通之新帝国主义”，取代古罗马的帝国主义，其关键内容是英国、美国、日本、荷兰相互协商，防止欧洲列强瓜分中国，并建立国际仲裁机构解决各国之间的纠纷，美国属地对各国开放，自由通商。[4]译文并未交代是哪位美国参议员发表了上述见解，但《清议报》能在 1899 年初发表这样一篇译文，至少表明美国政界关于如何将“门罗主义”运用到菲律宾乃至东印度群岛的讨论，早在 1898 年即已展开。

在伍廷芳于 1900 年 2 月发表演讲之时，美国两党正围绕着 1900 年总统大选而角逐，“门罗主义”与帝国政策议题在它们的政纲辩论之中占据着重要的地位：1900 年 6 月在费城召开的共和党全国代表大会提出的政纲宣布共

---

① Lillie Cornelia Porterfield, *Congress And The Monroe Doctrine*: *1895-1905*, Ph. D. Dissertation, The University of Chicago, 1942, p. 33.

② U. S. Congress, *Executive Journal*, Vol. XXI, Part II, Government Printing Office, 1909, p. 1234.

③ Lillie Cornelia Porterfield, *Congress And The Monroe Doctrine*: *1895-1905*, Ph. D. Dissertation, The University of Chicago, 1942, pp. 40-50.

④ 《极东之新木爱罗主义》，载《清议报》第 2 册（1899 年 1 月 2 日）。

和党将严格遵循“门罗主义”，而在野的民主党在7月份发表政纲，认为这是欺骗性的，民主党宣布自己将真正尊重“门罗主义”的表述和精神实质，反对共和党的“帝国主义”扩张政策。[①]在两党围绕“门罗主义”与帝国扩张激烈辩论之时，一位中国公使突然对美国“门罗主义”的适用范围发表意见，必然会引起美国主流精英的好奇心。美国的主流报刊对于伍廷芳在宾夕法尼亚大学的演讲进行了报道，而且将重点放在伍廷芳对于“门罗主义”扩用到亚洲的探讨之上。

波士顿的《锡安信使》(*Zion's Herald*)杂志指出，伍廷芳提醒听众马尼拉距离亚洲大陆比波多黎各距离佛罗里达更近，有一种幽默的意味，其实际上是在暗示《排华法》不应该被适用于菲律宾。[②]《美国律师》(*The American Lawyer*)杂志在报道中也摘录了伍廷芳关于菲律宾与亚洲大陆距离的论述，以及将“门罗主义”扩用到菲律宾乃至亚洲的提议，评论称，反复玩味伍廷芳的论述，可以推断那些认为中国人的头脑(the celestial mind)里缺乏幽默感的说法是值得反驳的。[③]波士顿的《公会主义者》(*Congregationalist*)杂志在1900年7月19日发表的一篇综述称伍廷芳为杰出的外交家(“eminent diplomat”)，将其观点概括为：如果美国要维系贸易上的“门户开放”，就需要将“门罗主义”适用于亚洲。在义和团运动的背景之下，该文认为伍廷芳主张中美友好互助的观点在一般情况下会激发美国与中国的进一步交往，但在当下，中国需要先纠正自己的“错误”，中美关系才能恢复到之前的状态。[④]

纽约出版的周刊《独立报》(*The Independent ... Devoted to the Consideration of Politics, Social and Economic Tendencies, History, Literature, and the Arts*)在1900年4月5日发表社论《国务卿海伊与门户开放》(“Secretary Hay and the Open Door”)盛赞美国国务卿海约翰，认为本届美国政府通过门户开放政策的协商，不仅为自己获得了荣誉，而且向全世界表明，

---

① “The Democratic Platform,” *Outlook*, Vol. 65, No. 11(Jul., 1900), pp. 635-637.

② “Wu Ting-fang Again,” *Zion's Herald*, Vol. 78, No. 9(Feb., 1900), p. 259.

③ *The American Lawyer*, Vol. 8, No. 4 (Apr., 1900), p. 147.

④ “The Cream of the July Magazines,” *Congregationalist*, Vol. 85, No. 29, July 19, 1900, p. 85.

虽然有“门罗主义”，美国在海外仍是一支不可忽视的力量，它能够就亚洲的未来发言并在必要时采取行动。这篇社论在第二段就搬出了伍廷芳：“在华盛顿的中国公使提醒我们对于中国而言，‘门户开放’相当于将美国的‘门罗主义’转移到太平洋的另一边。‘门户开放’政策向中国默示的，正是美国对美洲大陆积极明示的内容。”[①]社论对此进一步展开分析：“门户开放”虽然没有直接禁止俄国、法国、德国或英国吞并中国领土，但它以保护美国贸易利益的名义，使得欧洲列强或日本不能通过夺取中国的任何部分来获取商业利益，间接达到了这个目的，中国被瓜分的风险已经大大降低了。如果中国在这种状态下继续被保护十到二十年，就能通过自我改革最终实现自我防卫。社论主张，美国还要提防俄国在其铁路修建完成后吞并中国东北，并向其他列强征收高额关税。如果这一情况发生，美国作为一个太平洋大国，就有必要联合日本与英国出手否决。

以上美国舆论界的代表性论述并没有认为“门罗主义”可以被直接适用于菲律宾乃至亚洲，但已经有论者注意到伍廷芳关于“门户开放”与“门罗主义”具有一致精神的论述，并展开了进一步的发挥。在这个议题上，西奥多·罗斯福总统在1901年作出了进一步的论述。其在1901年10月11日致德国外交官赫尔曼·斯佩克·冯·斯特恩堡（Hermann Speck von Sternberg）的一封书信中指出，“门罗主义”与“门户开放”是高度相似的，甚至可以说“门罗主义”就是南美洲的“门户开放”。罗斯福在信中希望中国也实行和南美各国类似的政策：不做恶劣的事情，商埠对于所有人开放，废除各种烦人的贸易限制政策。当然，中国也会因此像南美各国一样，保持自己的领土完整。[②]我们不知道罗斯福是否阅读过伍廷芳对“门罗主义”与“门户开放”的论述，但这一评论无疑标志着非常重要的理论发展。

在美国学界，也有资深学者对于伍廷芳的论述作出了严肃的回应。美国

---

① “Editorials: Secretary Hay and the Open Door,” *The Independent: Devoted to the Consideration of Politics, Social and Economic Tendencies, History, Literature, and the Arts*, Vol. 52, No. 2679(Apr., 1900), p. 841.

② Donald J. Davidson ed., *The Wisdom of Theodore Roosevelt*, Citadel Press, 2003, pp. 50-51.

学者中最重视伍廷芳论述的是历史学家阿尔伯特·布什内尔·哈特(Albert Bushnell Hart),他发表了两篇论文探讨"门罗主义"的再解释,第一篇为1901年发表于《美国历史学评论》(*The American Historical Review*)上的《"门罗主义"与永恒利益主义》("The Monroe Doctrine and the Doctrine of Permanent Interest")。[①]第二篇是1915年发表于《美国国际法杂志》(*The American Journal of International Law*)上的《与门罗主义相近的太平洋与亚洲原则》[②],该文收入作者在次年出版的专著《门罗主义:一个解释》(*The Monroe Doctrine: An Interpretation*)一书。[③]

哈特发表于1901年的《"门罗主义"与永恒利益原则》主要分为两部分:第一部分对"门罗主义"的历史沿革进行考察;第二部分分析当下国际局势的重大变化导致"门罗主义"已经束缚了美国的手脚,使其难以参与更广泛的国际事务,因此为了美国的国家利益,需要抛弃"门罗主义"原则,采用新的"永恒利益主义"原则。哈特赞同美国在西半球之外的势力扩张,但同时,他对"门罗主义"的理解又是相对传统的,具有"西半球"的空间限制,这种理解使得他一开始只能得出"门罗主义"已经过时的结论。该文在第二部分提到了伍廷芳的主张,用了一个状语"quizzically",该词的含义是"带有疑问地""嘲弄地",这呼应了其他报刊对于伍廷芳的幽默感的强调,同时表明作者仍不能充分确定伍廷芳的真实意图是否与其公开言论一致。[④]

作为历史学家,哈特对于差异极其敏感。他认为原初的"门罗主义"本质上是一种"交换条件":美国不干涉欧洲事务,欧洲也不应干涉美洲事务。这只是在特殊历史条件下提出的一项政策主张,绝非国际法准则。原初的"门罗主义"包含了三个前文已经概述的主张,但也包含了三项保证:一是保证不

---

① Albert Bushnell Hart, "The Monroe Doctrine and the Doctrine of Permanent Interest," *The American Historical Review*, Vol. 7, No. 1 (Oct., 1901), pp. 77-91.

② Albert Bushnell Hart, "Pacific and Asiatic Doctrines Akin to the Monroe Doctrine," *The American Journal of International Law*, Vol. 9, No. 4 (Oct., 1915), pp. 802-817.

③ Albert Bushnell Hart, *The Monroe Doctrine: An Interpretation*, Little, Brown & Company, 1916.

④ Albert Bushnell Hart, "The Monroe Doctrine and the Doctrine of Permanent Interest," *The American Historical Review*, Vol. 7, No. 1(Oct., 1901), p. 81.

干涉欧洲在美洲已有的殖民地，二是保证不干涉美洲各国事务，不谋求在美洲的霸权，三是保证不干涉欧洲各国事务。哈特分析了詹姆斯·波尔克总统在美墨战争期间对于“门罗主义”的创造性适用，国务卿西沃德（William Henry Seward）在19世纪60年代干预墨西哥君主制复辟时的政策话语选择，1881年国务卿布莱恩在面对法国开凿巴拿马运河时的理论回应，1895年国务卿奥尔尼在委内瑞拉领土争议上对“门罗主义”内涵的扩充，等等。[①]在哈特看来，1823年后“门罗主义”演变的各个节点，都呈现出与原初的“门罗主义”精神的差异。

在《“门罗主义”与永恒利益原则》的第二部分中，哈特指出，全球局势已经发生巨大变化，如果美国仍不尽快摆脱“门罗主义”的限制，那么就是向其他国家表明美国在美洲之外没有任何权力。那么，怎么摆脱“美洲”或“西半球”这个地理空间限制呢？哈特描绘了他心目中未来美国外交政策需满足的要点：第一，美国不得不承认拉丁美洲各国政府存在的治理缺陷，因而不应坚持完全“不干涉”的立场；第二，必须承认欧洲各国在美洲的殖民地，尤其要承认英国在美洲事务当中的地位；第三，要认真考虑美国在东半球事务当中的地位。作者提出了他认为合适的原则——“永恒利益原则”，该原则在泛美事务中的基础体现为如下几点：第一，美国的领土不应被外国领土所包围；第二，美国与其美洲邻国之间的贸易不得受到来自欧洲的任何限制；第三，必须承认英国是一个美洲大国，正如承认美国是一个亚洲大国一样；第四，必须解决连接太平洋与大西洋的运河问题，但美国需要保证该运河为全人类的利益服务，不能擅自关闭；第五，美国应履行其在美洲承担的义务；第六，如果美国要保持其影响力，就必须避免进一步吞并拉丁美洲领土。“永恒利益原则”并不意味着美国可以为所欲为，美国不能在国内外制造不必要的困难。最后，作者认为“永恒利益原则”代表着美洲的和平主义以及东半球的国际友好主义，代表着值得向全世界传播的文明。

哈特放弃了“门罗主义”概念，另起炉灶，提出“永恒利益原则”，作为能够

---

① Albert Bushnell Hart, “The Monroe Doctrine and the Doctrine of Permanent Interest,” *The American Historical Review*, Vol. 7, No. 1(Oct., 1901), pp. 80-82.

解释美国外交政策演变的核心原则。这在当时并不是主流的选择。仍然有不少的理论家试图通过重新解释"门罗主义"来解决如何越出西半球的问题。耶鲁大学教授爱德华·伯恩(Edward Gaylord Bourne)在1907年出版的《菲律宾群岛的发现、征服和早期历史》(*The Discovery, Conquest, and Early Histories of the Philippine Islands*)中提出了一个论证:虽然菲律宾群岛就地理和居民而言属于亚洲世界,但是在有史可稽的前三个世纪,它们在某种意义上是美洲的附属。作为新西班牙的附属,它们是西班牙领地最西的边缘。[①]伯恩的这本著作并没有据此公开得出"门罗主义"可以适用于菲律宾群岛的结论,但已经提供了足够多的暗示。1908年2月,伯恩去世。在马萨诸塞历史学会当年3月份的集会上,詹姆斯·罗兹(James Ford Rhodes)向到场会员介绍了伯恩的生平,并将伯恩对于菲律宾是否属于西半球的论述作为帮助"门罗主义"突破西半球限制的重大贡献。[②]哈特在这次集会上聆听了他的同行们对于伯恩的讨论。他于1915年发表在《美国国际法杂志》上的《与门罗主义相近的太平洋与亚洲原则》一文开头就提到,伯恩的这个理论必然导致"门罗主义"可以适用于菲律宾群岛的结论。哈特的这一推断,也许就与1908年的这次集会有关。

从我们今天的眼光来看,伯恩的这个理论似乎可以填补伍廷芳论证中一个关键环节的缺失:"门罗主义"为何可以自然地运用到美国的亚洲属地菲律宾?但哈特引用伯恩的目的并不是为了与伍廷芳对话,而是用它引出"门罗主义"与太平洋地区之关系的问题。哈特在《与门罗主义相近的太平洋与亚洲原则》中指出,门罗总统在发表其声明之时,并未试图与美国边疆向西靠近的太平洋一侧产生关联。"门罗主义"是被缓慢地扩用到亚太地区的。接下来,作者分别谈到了美国在太平洋诸小岛、夏威夷群岛、亚洲的菲律宾群岛以及针对中日的相关政策。针对夏威夷和太平洋诸岛,美国外交官员曾经宣布

---

① Edward Gaylord Bourne, *Discovery, Conquest, and Early Histories of the Philippine Islands*, The Arthur H. Clark Company, 1907, pp. 21-22.

② Charles Francis Adams, James Ford Rhodes, Samuel A. Green, Albert Bushnell Hart, "March Meeting, 1908. Tribute to Charles Henry Dalton; History of the Forged Mather Letter; Conditions in the South," *Proceedings of the Massachusetts Historical Society*, Third Series, Vol. 1, [Vol. 41 of continuous numbering] (1907-1908), p. 403.

排斥其他国家以征服或殖民为目的占领这些岛屿，而美国最终吞并这些地方，诉诸的理由也是它们已经无法单独抵御欧洲列强的觊觎。[①]而美国黑人在非洲建立的国家利比里亚虽然在地理上属于“西半球”，但之前从未被美国纳入政治意义上的“西半球”。哈特指出，美国政府官员多次借用“门罗主义”式话语谈论当地事务。[②]

之后，哈特开始论述美国在亚洲的利益及外交政策。美国在亚洲的早期利益首先是商业利益，其次是宗教利益，最后才涉及领土利益。而自从1899年美国参议院批准吞并条约之后，菲律宾便成了美国领地。哈特指出，菲律宾群岛处于太平洋贸易的中心地带，自此美国也成为在亚洲拥有殖民地的域外国家。美国国内一直存在反对吞并菲律宾的声音，他们认为这并不符合美国政府应遵循的原则，但菲律宾自身缺乏“在欧洲殖民势力或者中国、日本面前保卫自身所需的人数、手段、团结性或训练”，因此解决这一矛盾的方式便是将“美国主义”(The American Doctrine)延伸到菲律宾，禁止外国势力干涉菲律宾群岛事务。在菲律宾有能力实现自治之后，美国便应允许其独立。[③]

---

① 马西宣称：“我不认为夏威夷现在的统治者能长期掌控夏威夷政府，也不认为这些岛屿上的土著居民能有效控制夏威夷政府。美国已经告知英法两国，我们决心不让任何欧洲国家拥有这些岛屿或将其纳入自己的保护之下。似乎不可避免地，他们必须受到本届政府的控制，而只要以公平的方式转让主权，这些国家就会默许对他们进行这样的处置是合理且公平的。本届政府将接受桑威奇群岛主权的移交，并接受与该群岛人民现有权利和利益有关的一切适当规定，例如通常适用于领土主权的规定。美国十分关注任何外国势力，特别是欧洲各国企图扰乱夏威夷群岛安宁的行为。”Albert Bushnell Hart，“Pacific and Asiatic Doctrines Akin to the Monroe Doctrine，” *The American Journal of International Law*, Vol. 9, No. 4(Oct., 1915), pp. 803-806.

② 1886年12月，总统克利夫兰(Grover Cleveland)提到：“我们不能忘记的是，这个遥远的社区是我国制度的一个分支。利比里亚的诞生源于美国公民的一系列善举，他们在黑暗大陆上创造文明中心的努力赢得了世界各地，尤其是美国的尊重与同情。尽管将利比里亚纳为正式保护国有悖于我们的传统政策，但美国以一切适当方式协助维护其完整性的道义上的权利和义务都是显而易见的，同时在过去近半个世纪当中，我国一直都如是宣称。”Albert Bushnell Hart，“Pacific and Asiatic Doctrines Akin to the Monroe Doctrine，” *The American Journal of International Law*, Vol. 9, No. 4(Oct., 1915), pp. 807-808.

③ 哈特提到了曾担任菲律宾总督的塔夫脱总统的态度，并引用了威尔逊总统的表述：“波多黎各、夏威夷、菲律宾确实属于我们，但我们并不能因此便随心所欲。这些领土曾经被视为纯粹的财产，但现在，我们不会再以自私的目的对其进行开发利用；它们将受到公众良知以及开明政治家的治理。我们必须为当地人民的利益来进行管理，我们还会以对待国内事务同等的责任感来管理他们。毫无疑问，我们将通过正义、利益和情感的纽带，成功地将波多黎各和夏威夷群岛与我们联系起来。而对于菲律宾而言，我们必须走得更远。我们必须坚信他们最终可以实现独立，我们必须尽可能地帮助他们实现独立，为他们扫清道路，为他们打下坚实的基础。”Albert Bushnell Hart，“Pacific and Asiatic Doctrines Akin to the Monroe Doctrine，” *The American Journal of International Law*, Vol. 9, No. 4(Oct., 1915), p. 811.

哈特在该文讨论亚洲的部分开头引用了伍廷芳1900年将“门罗主义”运用于亚洲的主张，评论道，伍廷芳的这句“俏皮话”(quip)里有一些实在的东西：“虽然门罗主义很难跨越太平洋，但美国的‘最高利益’(paramount interest)问题可以很好地运用到这里。”

哈特接着指出，当时的东亚与一个世纪之前的南美洲有着很多共同之处：都是一个孱弱不堪、一盘散沙的种族面对一群充满活力、饥饿难耐的欧洲列强。当然，与南美不同的是，亚洲有一个庞大的中华帝国，欧洲列强早就已经向它强加了自己的政治制度，控制了它的命运，蚕食了它的诸多领土，并频繁地对它进行干预。哈特认为，美国不可能占有中国领土，或者给中国带去自己的政治制度，它对中国的兴趣主要是宗教和商业上的。因此，美国在中国能够追求的，无非是一种“商业门罗主义”。1899年美国国务卿海约翰提出的“门户开放”原则就是这样的“商业门罗主义”。通过这一原则，美国可以帮助中国避免被欧洲列强瓜分。哈特认为，“门户开放”原则体现了“门罗主义”的精神，即对欧洲殖民主义的反抗，同时，“门户开放”原则将欧洲列强“势力范围”所引入的商业体制类比于一种政治体制，从而出于美国的利益考量而予以反对。

哈特《与门罗主义相近的太平洋与亚洲原则》将“门户开放”称为“商业门罗主义”，与前文所提到的西奥多·罗斯福的观点非常相似。而在1915年之前，哈特已经在1913年1月发表的一篇文章中运用了这种视角。在这篇文章中，他认为英、法、德、日、美、俄垄断对华借款与修路业务的六国银行团，其实是针对中国的“神圣同盟”(Holy Alliance)。为此，哈特甚至将日本也称为“一个新的欧洲势力”。[①]哈特指出，美国参与这样的“神圣同盟”是不光彩的，它违背了“门罗主义”的精神。历史上，美国在拉丁美洲反对“神圣同盟”的干预，在巴拿马运河的修建上也排除与欧洲列强的合作，那么在中国，它与欧洲列强的合作也是不光彩的。[②]而当时的事实是，美国在六国银行团中与日俄

① Albert Bushnell Hart, "The New Holy Alliance for China," *The Journal of Race Development*, Vol. 3, No. 3 (Jan., 1913), p. 261.

② Ibid., pp. 255-267.

矛盾上升，越来越难于通过银行团实现自己的利益。1913 年 3 月，威尔逊总统宣布美国退出六国银行团，打出的旗号是“借款条件有损中国行政主权”。这一冠冕堂皇的理由和哈特所给出的理由在话语结构上是共通的，都可以追溯到美国“门罗主义”与“门户开放”的话语传统。

哈特在 1915 年撰写的这篇文章，与其 1901 年的文章相比，在修辞上采取了一个更具调和性的立场。他仍然坚持将美国的国家利益作为根本的原则，并称其为“美国主义”，但不再明确宣布“门罗主义”在当下已经完全过时，而是认为美国的外交实践正秉持“美国主义”的精神，以一种类比的方式，将“门罗主义”投射到亚太地区。哈特将“门户开放”视为一种“商业门罗主义”，就是这样一种基于类比的判断。这或许是哈特对美国理论界在相关方向上的探究的让步与吸纳。他坚决捍卫美国的帝国利益，但同时又清晰地意识到，美国在亚洲扮演的，实际上是欧洲列强在美洲扮演的殖民主义者角色。而且，美国将“门罗主义”运用到亚洲之后，未来必将与日本版本的“门罗主义”发生冲突。

综上所述，尽管伍廷芳自己没有为美国的“门罗主义”再定位提供现成的理论，但他关于“门罗主义”与“门户开放”精神一致的论述，以及美国应当将“门罗主义”运用于菲律宾乃至亚洲大陆的提议，对于具有类似倾向的美国精英是一种强烈鼓励。我们可以看到的是，许多美国精英正是在他倡导的方向上，不断作出理论创新，放松“门罗主义”的“西半球”空间限制。

四、余论

晚清驻美公使伍廷芳于 1900 年 2 月在宾夕法尼亚大学发表演讲《论美国与东方交际事宜》，提出将“门罗主义”扩用至菲律宾乃至整个亚洲，在美国引发了重大舆论反响。上文对伍廷芳这一演讲的历史语境、论证逻辑和历史影响进行了初步考察。这一研究可以证明，伍廷芳是晚清中国旅美精英解读和传播“门罗主义”话语的一个重镇，甚至做到了反向向美国精英“输出”自身的“门罗主义”主张的地步。伍廷芳的演讲很难说对美国的“门罗主义”理论更新发挥了重大推动作用，但至少鼓励了部分美国精英进一步思考和阐发“门罗主义”与“门户开放”之间的亲缘关系，探索“门罗主义”可以被运用于西半球之外的具体论述方式。伍廷芳演讲带来的冲击，在美国“门罗主义”的发展史上留下了一个不可忽略的印记。

在《论美国与东方交际事宜》中，伍廷芳试图在美国成为中国邻国的时势之下，运用“均势”原理，以“门罗主义”为修辞，借助美国势力来牵制欧洲列强。而从他的诸多论述来看，他对“门罗主义”的描述始终带有某种倾向性：他将“门罗主义”视为华盛顿“告别演说”精神的某种延续，而没有论及后续的总统如何利用“门罗主义”在美洲大陆上扩张领土，或者深入干涉拉丁美洲国家内政。这一论述方式在19、20世纪之交的中国具有一定的典型性，当时有许多论述者将“门罗主义”与“帝国主义”视为对立的两极。然而，从当时旅日精英群体的讨论来看，尽管他们对于“门罗主义”与“帝国主义”的关系有不同的理解，但基本上都认为美国在美西战争之后的发展态势体现的正是“帝国主义”的发展方向。作为一位在大英帝国完成早年教育，进而转入中国外交事业的精英，伍廷芳甚至还念念不忘向美国传授大英帝国的殖民统治经验。他并没有加入当时中国知识界围绕“帝国主义”概念展开的讨论，也并没有对此表现出明显的兴趣。他对美国占领菲律宾有所顾虑，但总体上还是将其视为牵制欧洲列强的机会。相比之下，很大一部分旅日精英将美国侵占菲律宾视为对亚洲区域的威胁，孙中山甚至还与日本人联合采取武装行动，试图帮助菲律宾人摆脱美国统治。

伍廷芳的1900年演讲契合了世纪之交美国舆论界的主流问题意识。面对美国在美西战争之后在美洲之外获得属地和势力范围的现实，传统的“门罗主义”应当如何重新解释，成为许多美国精英共同的困惑。一系列主流媒体报道评论了伍廷芳的演讲，猜测伍廷芳的意图。有媒体发表文章回应伍廷芳的论述，进一步阐述“门罗主义”与“门户开放”的相似性。而在伍廷芳的评论者阿尔伯特·哈特的论述中，我们可以看到不同的路向：一种路向是放弃将“门罗主义”作为一个统摄性的概念，另起炉灶发明一个“永恒利益原则”，以消除“门罗主义”面临的空间限制；另外一种则是支持用类比的方式，在亚太地区对“门罗主义”进行适用,但其根本基础还是美国的国家利益。哈特看起来并不完全相信伍廷芳的主张是真诚和严肃的,但很显然受到了伍廷芳论述的激发,将其纳入美国需要回应的问题之中。

而从哈特对伍廷芳的回应来看,伍廷芳试图用他所理解的乔治·华盛顿“告别演说”的精神来框定“门罗主义”的解释,也许多少显得有些“一厢情愿”。哈特将美国的国家利益视为根本的原则,而任何外交传统原则,都需要在此基础上来运用。而美国后续决策精英实际上也是这么做的。威尔逊总统于 1916 年 10 月 5 日在奥马哈发表的一个演说中重新解释了乔治·华盛顿的“告别演说”:“你们知道,我们永远怀念和尊敬伟大的华盛顿的建议,他建议我们要避免卷入外交事务。依据这个建议,我理解他指的是要避免卷入其他国家充满野心和民族主义的目标。”[①]这就对华盛顿的意图进行了限缩解释,使得美国可以卷入欧洲国家那些并不涉及所谓“野心与民族主义”的事务。在此基础之上,威尔逊于 1917 年 1 月 22 日在参议院发表了后来被称为“没有胜利的和平”的演讲,对“门罗主义”作了新的界定,彻底突破了“西半球”或“美洲”的空间限制。[②]这从表面上看和伍廷芳的目标一致。但是,威尔逊自己正是一个满口理想主义修辞的干涉主义者,他在总统任内数次发动对拉丁美洲的军事干预:1915 年侵入海地并控制其内政,1916 年对墨西哥发动“潘兴远征”,1916 年军事占领多米尼加。让“门罗主义”突破“西半球”的限制,意味着美国得以在全球范围内,以反对其他列强干涉的名义,来实施美国自己的干涉主义。而这与伍廷芳所描述的充满利他精神的“门罗主义”具有不同的气质。

在 1921 年华盛顿会议召开之时,伍廷芳再次在美国报刊撰文,主张将“门罗主义”推广至太平洋及其沿岸地区,在对“门罗主义”的态度上,可谓“有始有终”。也许,我们仍然无法完全排除这样的可能性:伍廷芳其实知道“门

---

① Woodrow Wilson, *War and Peace: Presidential Messages, Addresses, and Public Papers (1917-1924)*, Vol. 2, University Press of the Pacific, 2002, pp. 346-347.

② President Woodrow Wilson, “Peace without Victory” Speech, January 22, 1917. 64th Cong., 23 Sess., Senate Document No. 685: “A League for Peace.”

罗主义”的阴暗面，但是，“两害相较取其轻”，其仍然选择了利用美国来平衡其他对中国更具危险性的帝国主义势力。不过，此时追随孙中山的伍廷芳也作出了这样的评论：“中国非外界所能救，救国之道，全仗内力。此内力足以引起和平与兴盛，国家之得救，亦即在此。”[①]半年之后，伍廷芳与世长辞。作为外交家，伍廷芳一生运用“均势”原理，力保中国安全，却每每遭遇挫败；晚年的伍廷芳目睹了新的提升“内力”方法之端倪，而未见其完整施行，不无遗憾。

然而，作为一位出生于1842年的长者（比张之洞小5岁，比曾纪泽小3岁，比康有为大16岁，比孙中山大24岁，比梁启超大31岁），伍廷芳已经是他的同代人之中最具“与时俱进”精神的少数人之一。在华盛顿会议召开百年之后，中国外交官早已不需要以伍廷芳的姿势，来捍卫中国在国际体系中的安全，但伍廷芳充满能动性的探索，仍然值得今人回顾与思考。

① （清）伍廷芳：《对外宣言》，载中国社会科学院近代史研究所近代史资料编辑部编：《近代史资料》（总88号），中国社会科学出版社1996年版，第202页。

作为“门罗主义”研究先驱的梁启超*

“纪念”是一种生产与再生产过去与当下之间的关联性的活动，也是一种极其体现“纪念者”的主体性的活动。自从1929年梁启超去世以来，不同时期的“纪念者”从自身的关切出发，塑造了梁启超方方面面的形象：他是“诗界革命”与“史学革命”的先驱、国家主义的先驱、“中华民族”概念的首倡者；他既是君主立宪制度在中国最具理论高度的辩护人之一，又是对君主复辟最具理论高度的批判者之一；他是下笔万言、倚马可待的顶级媒体人，也是身段柔软、长袖善舞的政治行动者；他甚至是中国科幻文学的重量级作者之一……在“百年未有之大变局”之下，越来越多的研究者从当下的历史经验出发，重新发现梁启超的诸多论述作为朝向未来的思想资源的意义。恰逢国际秩序的动荡变革期，梁启超对于国际体系以及中国所处地位的论述，获得了较为集中的关注。①

在19世纪与20世纪之交，流亡海外的梁启超产生了强烈的“20世纪”的

---

* 本文的一个较早版本发表于《北京大学学报(哲学社会科学版)》2023年第5期。

① 如王锐：《“灭国新法”：清末梁启超对世界大势的剖析》，载《人文杂志》2023年第1期；贾小叶：《论梁启超近代国家思想提出的内在逻辑——以〈清议报〉为中心》，载《近代史研究》2022年第1期；欧阳哲生：《梁启超的国际观与晚年思想转向——梁启超著〈欧游心影录〉的思想新解》，载《史学理论研究》2021年第3期；章永乐：《发现“二十世纪之宪法”——以20世纪20年代前期为中心的考察》，载《清华法学》2021年第3期。

自觉。在列强竞逐于亚洲、中国濒临被瓜分的边缘之时，梁启超认为列强之间的猛兽式竞争，将是20世纪的关键主题。在浮田和民等人的影响之下，梁启超使用了“民族帝国主义”一词，来指称东西方列强以民族的组织力和经济力为后盾进行全球的势力扩张的态势。[①]这种压迫性的“民族帝国主义”作用于弱小民族与国家，激发了后者的自主意识和抵抗精神。在19、20世纪之交，随着美国的势力越出“西半球”，美国“门罗主义”面临着是否需要重新解释以覆盖西半球之外的空间的挑战，同时，日本精英也通过学习美国“门罗主义”，发展出主张自身在东亚主导地位的“亚洲门罗主义”。在其思想探索过程之中，梁启超逐渐将美国的“门罗主义”视为“民族帝国主义”的典型范例，并从日本的“亚洲门罗主义”的话语中，嗅到了“民族帝国主义”的气息。但更重要的是，梁启超通过对“门罗主义”的思考，将目光投向了领土占取和正式的政治法律支配之外的其他支配和影响方式，从而打开了“非正式帝国”(informal empire)的视野。这一视野，不仅对于他的同时代人产生了很大的影响，而且在今天仍然构成极其重要的思想资源。

目前，国内对于“门罗主义”解释史和全球传播史的研究，还处于起步阶段。在以梁启超为直接研究对象的作品中，触及梁启超“门罗主义”论述的更是罕见。一些论著在触及梁启超1903年访美经历的时候，谈及其《新大陆游记》中对“门罗主义”的评论，但缺乏进一步的阐发。[②]研究“门罗主义”解释史与全球传播史的拙著《此疆尔界：“门罗主义”与近代空间政治》花费了一定的篇幅集中讨论梁启超对“门罗主义”的回应，但仍然未能对梁启超的“门罗主

① 梁启超关于“民族帝国主义”的思想萌芽出现于发表在《清议报》第30册的《论近世国民竞争之大势及中国前途》一文中，系统阐述可见发表于《新民丛报》第2—5号的《论民族竞争之大势》。石川祯浩指出，梁启超的论述参考了浮田和民的《日本帝国主义》《帝国主义之理想》，以及日本人“独醒居士”改写芮恩施(P. S. Reinsch)和基丁格斯(F. H. Giddings)而形成的《帝国主义》一文。参见石川祯浩：《梁启超与文明的观点》，载狭间直树编：《梁启超·明治日本·西方——日本京都大学人文科学研究所共同研究报告》，社会科学文献出版社2001年版，第114—116页。

② 如刘圣宜、宋德华：《岭南近代对外文化交流史》，广东人民出版社1996年版，第444—445页；邱丹丹：《梁启超思想的“变”与“常”：1898—1906》，吉林人民出版社2015年版，第146页。王玢、陈光注意到梁启超对于日本的“亚洲门罗主义”的关注，在涉及梁启超的论著中更为罕见。王玢、陈光：《清末东北边疆危机与梁启超民族主义思想建构》，载《黑龙江民族丛刊》2022年第5期。

义”论述作出全面、系统的总结。[1]本文试图在之前研究的基础之上，更全面地探讨梁启超与“门罗主义”之间的复杂关联，以深入认识梁启超著述中的国际秩序观，评估其中所包含的具有当代意义的思想资源。

一、遭遇“门罗主义”

1898 年戊戌政变爆发后，梁启超流亡日本，与其老师康有为汇合。而这正是美国赢得美西战争的那一年，尤其是美国对菲律宾的占领，引发了日本“亚洲主义者”的极大忧虑。以流亡地日本为中心，梁启超与“门罗主义”遭遇，并开始了其对“门罗主义”的研究与评论。

在 19 世纪与 20 世纪之交，中国精英有两个了解“门罗主义”的途径：第一个途径是直接从美国获取关于“门罗主义”的信息，清廷驻美公使伍廷芳即属于此例，他曾经于 1900 年在美国宾夕法尼亚大学演讲中提议美国执政精英将“门罗主义”适用于美国新获得的殖民地菲律宾，进而推广到亚洲大陆，这一主张在当时的美国国内舆论界引发广泛报道。[2]但是，由于彼时中国旅美人士仍然较少，这一传播路径并没有产生大的影响。第二个途径则是以日本为中介。在 19 世纪 70 年代，日本的执政精英们就从外务省聘请的顾问、法裔美国人李仙得那里了解到了美国“门罗主义”的话语与实践手法。[3] 1898 年美国占领菲律宾，被许多日本精英视为对亚洲的威胁，进一步激发了他们的“亚洲门罗主义”观念，而大量旅日中国精英正是在日本的舆论环境中接触到了“门罗主义”的有关信息。

1898 年 11 月 12 日，梁启超陪同康有为拜访了日本贵族院议长、当时日

---

① 章永乐：《此疆尔界：“门罗主义”与近代空间政治》，三联书店 2021 年版，第 282—292 页。

② 章永乐：《移樽施教：伍廷芳与 20 世纪初美国‘门罗主义’的再定位》，载《探索与争鸣》2022 年第 1 期。

③ Sophia Su-fei Yen, *Taiwan in China's Foreign Relations, 1836-1874*, Shoe String Press, 1965, p. 196.

本的“大亚洲主义”理论代表近卫笃麿公爵。[①]近卫对康有为提出“东洋是东洋人的东洋”，认为“在东洋实现亚洲的门罗主义（亜細亜のモンロー主義）的义务就落在了贵我两邦的肩上”。[②]这次会见对于梁启超的思想究竟产生了什么样的直接影响，或许难以评估。但就在将近一个半月后，1898 年 12 月 23 日，梁启超在日本横滨创办了《清议报》，第一册就刊发了日本东亚同文会会员所写的《与清国有志诸君子书》。此文称当下大势为“东洋者世界之东洋也”，主张日本联英“扶清”[③]，可谓化用了“××为××人之××”的句式。从 1899 年开始，“××为××人之××”这一句式在旅日中国精英中间突然流行起来。梁启超主持的《清议报》与后续的《新民丛报》对于推广“门罗主义”概念以及“××为××人之××”这一句式，起到了“急先锋”的作用。

《清议报》创办于美国打赢美西战争，吞并菲律宾、夏威夷的那一年。美国在太平洋的势力扩张，以及菲律宾对于美国的反抗，都引起了梁启超的密切关注。1899 年 1 月 2 日出版的《清议报》第 2 册刊发了署名“片冈鹤雄”的一篇译文《极东之新木爱罗主义》，关注菲律宾事态。所谓“极东之新木爱罗主义”，就是“远东新门罗主义”，指向英国、美国、日本、荷兰相互协调维持东印度群岛秩序的前景。而菲律宾即是协调的对象。[④]在《清议报》第 2 册出刊后 21 天，1899 年 1 月 23 日，菲律宾共和国宣告成立，但很快遭到美军的残酷镇压。以梁启超为首的《清议报》团队密切关注这场战争，认为美军的侵略不仅是对菲律宾的侵略，也是对“亚洲”的侵略。1899 年 8 月，欧榘甲在《清议报》第 25 册上发表《论菲律宾群岛自立》，认为菲律宾能够以小博大，原因在

---

① 1898 年初，近卫笃麿在《太阳》杂志第 4 卷第 1 号上发表了著名文章《同种人同盟——附研究中国问题之必要》，该文将黄白人种之间的冲突置于显著地位：“以我来看，东洋的前途难免成为人种竞争的舞台。即使通过外交政策可以解决一时事态，但那只是权宜之计，最后的命运仍是黄白两大人种的竞争，在此竞争中，中国人和日本人共同处于以白种人为仇敌的位置。”近卫主张“中国人民的存亡，与其他国家休戚相关，也关乎日本的命运。因此，应该从今天起，以友爱之情对待中国，劝诱它、开导它，使其进步、促其发奋、去其猜疑、除其妒忌，使它产生对日本亲近之心，互相合作，保护同种”。

② 近衛篤麿日記刊行会編『近衛篤麿日記（近卫笃麿日记）』第 2 巻（鹿島研究所出版会，1968 年）195 頁。

③ 《与清国有志诸子书》，载《清议报》第 1 册（1898 年 12 月 23 日）。

④ 《极东之新木爱罗主义》，载《清议报》第 2 册（1899 年 1 月 2 日）。

于其领导人倡导自由独立，致使菲律宾人民产生了“菲律宾者菲律宾人之菲律宾”的意识——在这里，欧榘甲将“××为××人之××”这一句式用于民族国家的层面，并从菲律宾的斗争中进一步看到了“亚洲自主”的希望：“曰亚洲未有能倡自主者，有之始于菲律宾。”[①]欧榘甲将菲律宾而非日本视为第一个保卫“亚洲”独立的国家。

梁启超对于欧榘甲的论述高度认同。其于1901年7月至8月间刊登于《清议报》上的《灭国新法论》中称：“菲律宾，我同洲同种之国民，两度与白种战争，百折而不挠也。吾人所当南望顶礼而五体投地也。”[②] 1902年，在《论美菲英杜之战事关系于中国》一文中，梁启超大赞菲律宾抗击西班牙与美国，认为菲律宾“实我亚洲倡独立之先锋，我黄种兴民权之初祖也!”菲律宾如果取胜，“可以为黄种人吐气，而使白种人落胆”。梁启超特别强调菲律宾独立运动领袖的外祖母是中国人，其部下也多华人，如果菲律宾独立，太平洋东岸，则有日本、菲律宾与中国相互提携，“合力以抵御欧势之东渐”[③]。这一“黄白种争”的表述，体现出梁启超当时受到了近卫笃麿式的“亚洲门罗主义”的深刻影响。

与“菲律宾者菲律宾人之菲律宾”类似的用法，很快出现在《清议报》第58册署名“自强氏”的《独立说》之中：“中国者吾中国人之中国，非他人所得而保全也，保全中国者，吾中国人自己之责任，非他人所得而代之也。”[④]而郭双林统计指出，从“自强氏”的论述开始，“中国者，中国人之中国”在清末报刊

① (清)欧榘甲:《论菲律宾群岛自立》，载《清议报》1899年第25册(1899年8月26日)。值得一提的是，1903年12月，美国派遣的菲律宾总督，亦即后来的塔夫脱总统，曾经发表演讲讨论“The Philippines for the Filipinos”这一口号，把自己打扮成这一口号的支持者。“The Duty of Americans in the Philippines,” speech delivered by Taft before the Union Reading College in Manila, December 17, 1903; reproduced in Official Gazette (Supplement), December 23, 1903 (Vol. I, No. 68), p. 3. 而他对这一口号的解释，是将其与民族独立区分开来，只是强调美国对菲律宾的治理，是为了菲律宾人自身的福利。Taft's speech before the Union Reading College, December 17, 1903, pp. 3, 4.

② 张品兴主编:《梁启超全集》，北京出版社1999年版，第469—470页。

③ 同上，第949页。

④ (清)自强氏(冯斯栾):《独立说》，载《清议报》第58册(1900年9月24日)。

中出现超过 20 次，出处包括了欧榘甲的《新广东》、邹容的《革命军》、鲁迅的《中国地质略论》、陶成章的《中国民族权力消长史》、孙中山等《中国同盟会革命方略》[①]、杨度《金铁主义说》等名篇[②]，其中既有革命派，也有保皇派，可见其影响之广远。

不过，以上这些论述，毕竟并没有涉及对美国"门罗主义"具体内容的讨论。在此我们又必须回溯梁启超领导的《清议报》编辑团队的另外一些尝试。1900 年，梁启超邀请在唐才常自立军起义失败后流亡日本的蔡锷(1899 年曾就读于梁启超任校长的东京高等大同学校)加入《清议报》的编辑团队。《清议报》第 67 册刊载了蔡锷的《孟鲁主义》一文，直接介绍和评论美国的"门罗主义"。蔡文回顾了美国 19 世纪的对外扩张，又评论美国两大政党"其一永奉孟鲁主义，其一则执帝国主义"。[③]在上文提到的 1899 年 1 月初《清议报》第 2 册发表的署名"片冈鹤雄"的译文《极东之新木爱罗主义》之中，"门罗主义"与"帝国主义"的关系问题已经浮出水面。蔡锷的描述接续了这一问题，只是他将"门罗主义"与"帝国主义"视为对立的两极 ——在共和党人西奥多·罗斯福担任总统的背景之下，蔡锷认为美国正在奉行共和党的帝国主义路线，然而"昔以孟鲁主义建国而独立，今弃之以取帝国主义，盖亦势之所利，时之所迫，而不得不然者也"。在菲美战争进行之中，菲律宾步步败退之时，蔡锷想到的是"东亚人之东亚果如何耶"，担忧"黄族"之命运。[④]而这正是日本当

---

① 1906 年，孙中山等在《中国同盟会革命方略》"恢复中华"条目下明确称"中国者，中国人之中国；中国之政治，中国人任之"。这是一句非常明确的反满口号。《孙中山全集》(第一卷)，中华书局 1981 年版，第 297 页。

② 郭双林：《门罗主义与清末国家民族认同》，载《中国近代史上的民族主义——第二届中国近代思想史国际学术研讨会论文集》，社会科学文献出版社 2006 年版，第 328 页。

③ 《孟鲁主义》，载《清议报》1900 年第 67 册(1900 年 12 月 22 日)。

④ 如果说这里的论述是将"孟鲁主义"与"帝国主义"相对立，在东京出版的《浙江潮》1903 年第 6 期"新名词释义"栏目则认为"孟鲁主义"为"帝国主义"之别名。梁启超 1903 年《新大陆游记》则分析了门罗主义从"亚美利加者，亚美利加人之亚美利加"到"亚美利加者，美国人之亚美利加"再到"世界者美国人之世界"的变化，对美国政客们的解释能力表示惊异。而杨度 1907 年发表的《金铁主义说》则称美国"变其门罗主义而为帝国主义"，前者文明，后者则略带野蛮，但非此不足以求生存。参见刘晴波主编：《杨度集》，湖南人民出版社 1986 年版，第 221 页。

时流行的“大亚洲主义”内嵌的“黄白种争”主题。[①]

蔡锷在此所表达的，正是其老师梁启超的倾向。梁启超作于1899年的《自由书》中的《二十世纪之新鬼》即称赢得美西战争的美国总统麦金莱（其作品中译为“麦坚尼”）为“二十世纪美国之代表人”，与华盛顿、门罗的“皆务保疆，不务进取”形成鲜明对比，甚至作诗一首，称麦金莱是“壮夫生夺门罗席”。[②]梁启超作于1901年的《灭国新法论》中也旗帜鲜明地将“门罗主义”与“帝国主义”对立起来：“美国现政府，既已弃其祖传之门罗主义，而易为帝国侵略政策，欲求一商业兵事之根据地于东洋久矣。”[③]同年的《国家思想变迁异同论》指出“美国向守门罗主义，超然立于别世界者，亦遂狡焉变其方针”，转向“新帝国主义”。[④]《论尚武》亦采取类似论调，称美国近年“尽易其门罗主义，一变而为帝国主义”，以回应欧洲列强的扩张。[⑤]

将“门罗主义”与“帝国主义”相对立，正是世纪之交美国国内主流舆论的取向。因为传统的“门罗主义”解释有“西半球”的限制，超出“西半球”被视为“帝国主义”，美国的共和党与民主党围绕这一议题激烈辩论，但双方对于“门罗主义”与“西半球”本质关联的认知是一致的。蔡锷与梁启超采取了这一主流论述，在当时的历史语境中丝毫不奇怪。

到了1902年，梁启超团队的论述出现了一些新的因素。蔡锷在梁启超编辑的《新民丛报》上发表《军国民篇》，认为美国的“门罗主义”的解释正在发生从“美洲者美人之美洲”到“世界者世界之世界也”的变迁。[⑥]蔡锷重申了他在1900年文章中对于美国从“门罗主义”走向“帝国主义”的判断，但以“世界

---

① 蔡锷的论述有可能是与梁启超讨论的成果。1902年，在《论美菲英杜之战事关系于中国》一文中，梁启超大赞菲律宾抗击西班牙与美国，认为菲律宾“实我亚洲倡独立之先锋，我黄种兴民权之初祖也！”菲律宾如果取胜，“可以为黄种人吐气，而使白种人落胆”。梁启超特别强调菲律宾独立运动领袖的外祖母是中国人，其部下也多华人，如果菲律宾独立，太平洋东岸，则有日本、菲律宾与中国相互提携，“合力以抵御欧势之东渐”。张品兴主编：《梁启超全集》，北京出版社1999年版，第949页。

② 张品兴主编：《梁启超全集》，北京出版社1999年版，第373—374页。

③ 同上，第470页。

④ 同上，第459页。

⑤ 同上，第713页。

⑥ 曾业英编：《蔡松坡集》，上海人民出版社1984年版，第34页。

者世界之世界”这一表述，表明了美国从“门罗主义”变为“帝国主义”过程中在政治修辞上的连续性。

无论是蔡锷所说的“世界者世界之世界”，还是梁启超所说的“世界者美国人之世界”，都指向西奥多·罗斯福总统在赢得美西战争、越出西半球之后的全球帝国主义姿态。蔡锷在1902年的新论述是否直接源自梁启超，我们尚难以确证。但在1903年访美所作的《新大陆游记》中，梁启超确定无疑地宣布“门罗主义”从一开始就体现“帝国主义”的精神。梁启超从麦金莱总统任期内的美西战争说起，认为美国近期的领土扩张乃是着眼于“商业政略”，美国吞并夏威夷，兼并菲律宾，目的在于取得“东方商力之基础”。梁启超指出，有人怀疑麦金莱主义（原文为“麦坚尼主义”）与门罗主义相反，实际上并非如此，“门罗主义，实美人帝国主义之先河也”。接下来，梁启超回顾了“门罗主义”的起源，称门罗总统发布宣言，“不徒以己之独立而自足，隐然以南北两大陆之盟主自任，以保护他人之独立为天职也，是实帝国主义之精神也”。而夺取古巴，攫取菲律宾，并非对这一主义精神的背叛，而是其进一步的体现。梁启超在评论加拿大与美国的关系之时，又称“此门罗主义，在今日固一变为进取的；而在十年以前，则一向皆为保守的”。梁回顾了1823年门罗总统咨文中的具体外交政策，又探索了这一政策在解释上的变化，谈到了1845年波尔克总统、1881年加菲尔德（James A. Garfield）总统、1895年奥尔尼国务卿对于“门罗主义”的解释，认为“门罗主义”的实质含义从“亚美利加者，亚美利加人之亚美利加”发展到“亚美利加者，美国人之亚美利加”乃至“世界者美国人之世界”，梁启超在此对美国政客们的解释能力表示惊异。[①]最后，梁启超又引用了西奥多·罗斯福在芝加哥发表的演讲作为佐证。罗斯福的演讲将美国海将军的建设与“门罗主义”的未来关联在一起。[②]梁启超追问，如果“门罗主义”的目的是保守的，那么罗斯福为什么会强调海军的建设呢？在

---

① 梁启超：《新大陆游记节录》，载张品兴主编：《梁启超全集》，北京出版社1999年版，第1155页。

② Theodore Roosevelt, “The Monroe Doctrine,” Speech at Chicago, Illinois, April 2, 1903.

此，梁启超担心的是美国在取得夏威夷和菲律宾之后，有可能将侵略的矛头指向中国。

综上所述，从1898年到1903年，梁启超“遭遇”了美国“门罗主义”与日本的“亚洲门罗主义”。其对美国“门罗主义”的认知，也经历了一个从将其与“帝国主义”相对立，到将其视为自始就是“帝国主义”具体表现的变化。

二、回应“门户开放”与“保全论”

自1897年德军占领山东青岛，列强加速在华抢占势力范围以来，中国士大夫对于“瓜分”的讨论连绵不绝，而1900年的八国联军侵华使中国再一次濒临被“瓜分”的边缘。在此背景下，美国提出“门户开放”，要求列强共同保护中国领土与行政的完整；而日本的“亚洲门罗主义者”也纷纷主张“保全”与“提携”中国，防止中国被列强瓜分。中国需要感谢这样的政策与论述吗？梁启超经过反复探索，得出了一个重要的结论：所谓“保全中国”，本质上不过是一种“灭国新法”而已。

在美国，“门户开放”在一开始是被作为一个不同于“门罗主义”的政策而提出的，因为二者具有不同的区域针对性，前者针对中国，后者针对“美洲”或“西半球”。但随着美国在西半球之外获得一系列殖民地，“门罗主义”的适用范围是否仅限于美洲，成为美国政治精英激烈辩论的主题。而一种重要的路径，就是将“门户开放”论述为在中国实行的“门罗主义”。西奥多·罗斯福总统在1901年10月11日致德国外交官赫尔曼·斯佩克·冯·斯特恩堡的一封书信中指出，“门罗主义”与“门户开放”是高度相似的，甚至可以说“门罗主义”就是南美洲的“门户开放”。[①]而到了1915年，美国历史学家阿尔伯特·哈特更是论证“门户开放”可以被视为一种在中国实施的“商业门罗主义”。[②]梁

---

① Donald J. Davidson ed., *The Wisdom of Theodore Roosevelt*, Citadel Press, 2003, pp. 50-51.

② Albert Bushnell Hart, "Pacific and Asiatic Doctrines Akin to the Monroe Doctrine," *The American Journal of International Law*, Vol. 9, No. 4(Oct., 1915), p. 811.

启超对于美国内部围绕“门罗主义”如何在美洲之外适用的种种争论，很难有深入了解的渠道。但随着美国精英将“门户开放”纳入“门罗主义”话语谱系，我们也就可以顺势将梁启超对于“门户开放”的思考，作为其对“门罗主义”之回应的一部分。

在1900年八国联军入侵、中国濒临被瓜分的边缘的背景下，梁启超在《论今日各国待中国之善法》中指出：类似英法共治埃及的做法，在中国会碰到列强相互争斗、无法协调的问题；而类似18世纪普、奥、俄瓜分波兰的做法，会遭遇中国民众的剧烈抵抗。梁启超不仅看到了义和团运动中中国人民的抵抗，更注意到菲律宾革命与非洲德兰士瓦布尔人反抗英国的战争，这让梁启超相信，弱小民族的反抗具有一定的力量。至于未来的走向，梁启超寄希望于美、日、英三国牵制其他列强瓜分中国的主张，从而保持中国的领土完整和政治自主，与李鸿章、伍廷芳等长期采用的“以夷制夷”策略，有着相似的思路。①

然而，在1901年的《灭国新法论》中，梁启超否定了自己前一年还信奉的拉拢列强中的一派以牵制另一派的思路。他指出，列强灭国之法已经从虎狼的手段转向狐狸的手段，通商、放债、代练兵、设顾问、通道路、煽党争、平内乱、助革命，凡此种种，均可以成为“灭国新法”，并举出埃及、波兰、印度、布尔共和国、菲律宾等国被征服的先例加以说明。梁启超集中评论了美国提出的“门户开放”政策，将“Open Door”解释为将全国开为通商口岸。他指出，“门户开放”好坏的关键在于是否存在不平等的治外法权。中国积贫积弱，处于列强的治外法权之下，其结果是“西人商力所及之地，即为其国力所及之地”，“举全国而为通商口岸，即举国而为殖民地”②。因此对于列强来说，所谓保全中国，从根本上说就是保全他们自己的殖民地。为此，列强会在中国放债修路、布置警力、整顿财政、推进奴化教育，等等，值得引起国人警惕。

放债与“通道路”是《灭国新法论》中提到的重要“灭国新法”。梁启超敏锐地注意到，列强可以通过在中国修筑像铁路这样的交通基础设施，从而增

---

① 张品兴主编：《梁启超全集》，北京出版社1999年版，第433—434页。
② 同上，第474页。

强自身的支配力。他对地方督抚借外债修筑铁路持一种批评的态度，并且直接点名张之洞、盛宣怀作为负面典型。[①]梁启超自己并没有充分展开这一视角，但在世纪之初与之过从甚密的杨度，则充分汲取了梁启超的思想，不仅有《粤汉铁路议》等关于路权的著述，而且还在1904年参与了粤汉铁路废约自办的请愿。如同梁启超一样，杨度区分“有形之瓜分”与“无形之瓜分”，主张贷款与筑路都是美国在华实施“无形之瓜分”的手段，而这些又可能为有形的“瓜分主义”之回归，提供基础性条件。

在《灭国新法论》中，梁启超指斥张之洞、荣禄等清廷重臣在1900年的所作所为，为列强在中国确定势力范围奠定了基础。[②]梁启超指出，最奇怪的现象是，当义和团运动为列强瓜分中国提供了一个口实之时，长期议论如何瓜分中国的列强反而一变论调，主张“保全中国”。梁启超认为，列强的算盘是“以瓜分为瓜分，何如以不瓜分为瓜分，求实利者不务虚名”，因为如果此时瓜分中国，会导致中国人破釜沉舟，起而反击，还不如改称保全，可以减少中国人的愤怒，产生畏折、歆羡、感谢三种心理，“于是乎中国乃为欧洲之中国，中国人亦随而为欧洲之国民”[③]。

在此，梁启超认为，义和团运动所表现出来的民气，对列强产生了震慑作用。为了加强自己的论点，他引用了清廷海关总税务司、爱尔兰人赫德(Robert Hart)的观点。赫德认为在中国实行瓜分政策不可行，“盖中国人数千年在沉睡之中，今也大梦将觉，渐有‘中国者中国人之中国也’之思想，故义和团之运动，实由其爱国之心所发，以强中国拒外人为目的者也”。尽管义和团运动失败，但未来会有继承其志向者，所以列强应当以瓜分为最后的选项，而以安抚中国人为首要行动。梁启超指出，赫德的个人观点“不啻欧洲各国之公言”[④]。“门罗主义”的句式“××者××人之××也”数度出现在梁启超的这段分析之中：如果说义和团对应着“中国者中国人之中国也”的精神，列

① 张品兴主编：《梁启超全集》，北京出版社1999年版，第472页。
② 同上。
③ 同上。
④ 同上，第473页。

强的“保全”政策则指向“中国乃为欧洲之中国”的前景。

将列强的“保全”论述解读为一种“灭国新法”，集中体现了梁启超的“非正式帝国”的视野。清廷总理各国事务衙门长期关注列强对于中国领土的占领，尝试“以夷制夷”，借助一派列强的力量来平衡另一派。而梁启超的视野已经超出了对于领土的占取，认识到了在名义上保持领土和行政完整，在实际上建立支配的可能性。通商、放贷、修路、派员控制对象国财政、海关、军队，都是美国在拉丁美洲的“门罗主义”实践中固有的内容。1901 年时，梁启超已有 1900 年访问夏威夷的经历，但尚未访问美国本土。他对于美国在拉丁美洲的具体操作，未必有充分的了解，但已经通过反思，洞察了“非正式帝国”的基本运作逻辑。

那么，梁启超又怎么看待日本的“亚洲门罗主义”中的“保全中国”论述呢？需要承认的是，1898 年初赴日本的梁启超对日本仍抱有不少期待，其话语也与日本的“亚洲主义”话语有所呼应。《清议报》“叙例”（创刊词）陈明四条办刊宗旨，使用了“东亚”“亚粹”“黄色种人”等具有浓厚日本“亚洲主义”色彩的词汇。[①]在不久后发表的《论学日本文之益》中，梁启超主张中日两国协同提携，“保黄种之独立，杜欧势之东渐”，未来将成“合邦之局”。[②]《清议报》创刊号还刊发了《东亚同文会主意书》，其中有“保全中国”的决议。[③]第 3 册则刊发了日本宪法学家有贺长雄的文章，有贺在文中建议列强以 1856 年以来“英美法俄德相联，以保持土耳其者”为先例，订立条约以“保全中国”。类似的论述，《清议报》多有转述。

然而，对于日本“亚洲门罗主义”所延伸出来的“中国保全论”，梁启超很快作出了回应。最为明显的是其在 1899 年的《论中国独立之实力与日本东方政策》一篇文章中指出，日本人的“保亚洲独立主义”与“与欧洲均势主义”都存在很大的盲点，未能看到中国人种、地势、宗教均倾向于统一，光绪皇帝

---

① 张品兴主编：《梁启超全集》，北京出版社 1999 年版，第 168 页。

② 同上，第 324 页。

③ 《东亚同文会主意书》，载《清议报》第 1 册（1898 年 12 月 23 日）。

英明，民间自治力量发达，海外华侨为数众多，因而具有自我保全的潜力。[①]其时梁启超期待通过自下而上的政治动员，拥戴光绪推行君主立宪，实现中国的自强。他更是直接指出，欧洲人与日本人所谓“保全中国”，实则“侵人自由”，而中国如果希望别人来保全自己，实为“放弃自由”。[②]梁启超的隐含观点是，中国只有建设自我保全的能力，才能够保全自己的自由。

此时，梁启超并未跳出“亚洲门罗主义”中的“黄白种争”话语，但并不接受日本对于自身在“黄白种争”中的盟主地位的强调。在1902年所作的《亚洲地理大势论》中，梁启超将亚洲分为黄种人居住的西伯利亚、中国等，高加索人种居住的印度，以及黄种人与高加索人种杂居的“伊兰”，在“黄种人”的世界中，梁启超主张以中国而非日本作为中心。[③]其同期所作的《中国地理大势论》中更明确宣布：“亚洲者，全地球之宗主也；中国者，亚洲之宗主也。”[④]

1904年日俄战争是日本“黄白种争”话语广泛传播的重要时刻，并对中国国内舆论界产生了很大影响。然而梁启超创作了《朝鲜亡国史略》，与“黄白种争”话语拉开了距离。《朝鲜亡国史略》并没有直接提到日本的“亚洲门罗主义”，但在若干小标题中，使用了他在讨论“门罗主义”时惯用的“××为××之××”句式。梁启超追溯了朝鲜亡国的过程，第一期是“朝鲜为中日两国之朝鲜”，第二期是“朝鲜为日俄两国之朝鲜”，第三期是“朝鲜为日本之朝鲜”。梁启超最后评论称，三年前他曾作《灭国新法论》，“今朝鲜又弱一个矣”，物伤其类，不胜唏嘘。[⑤]朝鲜的亡国让梁启超面对日本的“亚洲门罗主义”，毫无幻想。

1904年10月23日，日本政治家大隈重信在早稻田大学清韩协会成立会上发表“大隈主义”演讲，从种族与文明的角度解释日俄战争，并提出日本的势力范围主张。梁启超迅速在《新民丛报》上撰文回应，对大隈的“保全中国”论述表示不认同。但他突然话锋一转，认为大隈的“保全论”也有可取的部

① 张品兴主编：《梁启超全集》，北京出版社1999年版，第316—317页。
② 同上，第358页。
③ 同上，第924页。
④ 同上，第926页。
⑤ 同上，第1537—1544页。

分:第一是中国不可瓜分,第二是一国灭亡主要是因为内因而非外因。梁启超认为这可以促进中国人的自我反思,“诚药之良朋哉!”对于大隈重信的论述,梁启超总体上表示肯定:“其排斥势力范围之说,可谓独立不惧;其断断于同种同师,可谓不忘本也。数年以来,日本学者,不复自初与中国同民族也久矣。我固不屑攀日本以为荣,日本亦何必远我以为辱 ……大隈犹磊落一男子也。”①

因此,在短短几年之中,梁启超完成了一个极其重要的转折。面对日本的“亚洲主义”论述,梁启超同意其强调两国“同文同种”的历史联系部分,但主张是中国而非日本曾扮演“亚洲之宗主”的角色;梁启超同意中日两国在当下有必要相互扶持抵御欧美列强,但是反对日本“门罗主义”论者面对中国与朝鲜的“东亚盟主”姿态,反对日本的“中国保全论”,主张中国通过自立自强而实现自我保存。梁启超也实现了另一个认识转变:从寄望于美国的“门户开放”来保全中国,到认识到“门户开放”也不过是一种“灭国新法”。在接下来的东亚国际形势变迁的背景下,当许多人试图以美国的“门户开放” 来制约日本的“亚洲门罗主义”的时候,梁启超对二者都保持着警惕。

不过,在第一次世界大战之前,梁启超对于列强“民族帝国主义”本身究竟是持批判的态度,还是羡慕的态度,存在诸多暧昧不清之处。《灭国新法论》在一种社会达尔文主义的视野中,认为“灭国”是优胜劣汰的自然结果,被灭之国首先要反躬自省自己为何被灭:“灭国者,天演之公例也。凡人之在世间,必争自存,争自存则有优劣,有优劣则有胜败,劣而败者,其权利必为优而胜者所吞并,是即灭国之理也。”②在《新民说》系列文章中,梁启超认为国与国的竞争促进“文明”的进步,而中国历史上的大一统扼杀了竞争,从而导致了进步的停滞。③ 由此可见,一战前的梁启超将列强之间的猛兽式竞争视为一种必然,对其规则不加质疑,而只是对中国在国际秩序中的地位感到不满。

---

① 张品兴主编:《梁启超全集》,北京出版社 1999 年版,第 324 页。

② 同上,第 467 页。

③ 梁启超:《新民说 · 论政治能力》,载《新民丛报》第 62 号,1905 年 2 月 4 日。另见梁启超:《新民说》,商务印书馆 2016 年版,第 57 页。

此时梁启超的"文明"观仍是19世纪西方最为流行的等级性的一元文明观，而非将"东方文明"与"西方文明"并列的多元文明观。敏锐如梁任公者，此时亦未能跳出19世纪西方"文明等级论"之窠臼。

三、梁启超对美日"门罗主义"的回应

在1912年自日归国后的政治生涯中，梁启超目睹了日式"门罗主义"在中国的实施，他曾经对其作出批判，也曾经与之合作，但均以政治实效为导向，对日式"门罗主义"本身的性质并未抱多少幻想。同时，由于很早就认识到美国"门罗主义"已经走向"世界者美国之世界"，威尔逊总统在1917年对"门罗主义"的"去美洲化"解释，并没有给他带来什么意外之感。他对美国"门罗主义"的评论聚焦于一战中美国的参战以及战后美国对于国际联盟的设计，其中颇多犀利的洞见。但最关键的是，梁启超在一战后跳出了战前的社会达尔文主义视野，这使得其对"门罗主义"的批判，比战前更为彻底。

1914年，第一次世界大战爆发。1914年8月23日，第二次组阁的大限重信抓住时机，打出"维护东亚和平"的旗号对德宣战，随后利用欧洲列强无暇东顾的时机，向袁世凯政府提出了"二十一条"。[①]其中的一些要求与美国对于拉丁美洲各国提出的要求，具有高度的相似性。[②]针对日本的步步紧逼，梁启超于1915年撰文，以转述一场对话的形式作出回应。他说自己曾与怀疑日本意图的国人辩论，引用了日本人保全友邦领土的宣言，然而批评者则引用了日本多次宣言保全朝鲜领土，但最终却吞并朝鲜的例子来反驳，"吾闻

① 王造时在1933年如此论述一战带来的局势秩序变化："一九一五年，日本乘欧战的机会，向中国提出《二十一条》，这是亚洲门罗主义战胜门户开放主义的时期；一直到一九二二年华盛顿会议以后，远东的均势才恢复过来。"王造时：《假使远东大战》，载《中国问题的分析·荒谬集》，复旦大学出版社2015年版，第243页。原题"假使远东大战——怎么办"，载《自由言论》第1卷第19期，1933年11月1日出版。

② 鲍明钤在一个评论中明确将"二十一条"视为"亚洲门罗主义"的政策。鲍明钤：《鲍明钤文集》，鲍丽玲、毛树章译，中国法制出版社2011年版，第763页。

言竟无以应也”。[①]袁世凯政府在压力之下，最终接受了日本的“二十一条”，梁启超对日本政府表示了极大的愤慨，认为“今之日本，则昔之俄也”[②]，这不仅是说日本如同俄国一样具有侵略性，更是在“文明论等级论”意义上，认为自日俄战争以来日本自命为文明程度高于俄国的论述，已经无法成立。

但这并不意味着梁启超与日本政府的彻底决裂。不久，面对袁世凯的帝制复辟，梁启超公开发表《异哉所谓国体问题者》，此后，从北京辗转上海、香港、越南，然后从广西重新入境前往云南，与蔡锷会合，发动“护国运动”，一路上都有日本官方与民间人士的支持和接应。日本学者狭间直树基于梁启超晚年回忆，称梁启超在护国运动过程中反思日本人何以帮助自己，看透日本的真实意图，“他感到恐怖和憎恶，并开始警惕”，从而确立了稳定的对日观。[③]然而这一论述忽略了梁启超像康有为一样通过倒叙自我粉饰的可能性，尤其忽略了梁启超在“护国运动”之后的亲日政策。

1916 年，袁世凯称帝失败，宣布恢复共和，不久患病离世。黎元洪出任大总统，但国务总理段祺瑞掌握北京政府实权。梁启超与亲日的段祺瑞走近。据 1917 年大力推动“西原借款”的西原亀三回忆，1917 年 2 月 16 日抵达北京之后，他“连日与曹汝霖、梁启超、汪大燮等高级顾问会谈，并访晤了段总理”[④]。北京政府因为对德宣战问题发生“府院之争”，日本支持总理段祺瑞对德宣战，而美国此时虽然已经对德宣战，但担心中国的宣战受控于日本，于是支持总统黎元洪反对宣战。而梁启超发表《外交方针质言》主张积极参战，原因是“处今日国际关系复杂之世界，虽以至强之国，犹不能孤立以自存”，英国原来“以名誉之孤立自夸耀者垂三十年”，新世纪以来结成英日同盟，加入协约国。而美国“素以门罗主义自坊，对于欧洲各国之合纵连横，向不过问”，

---

① 梁启超：《中日最近交涉平议》，载张品兴主编：《梁启超全集》，北京出版社 1999 年版，第 2760 页。

② 梁启超：《再警告外交当局》，载张品兴主编：《梁启超全集》，北京出版社 1999 年版，第 2770 页。

③ 清华大学国学研究院主编：《东亚近代文明史上的梁启超》，上海人民出版社 2016 年版，第 120 页。

④ 王芸生编著：《六十年来中国与日本》(第 7 卷)，生活·读书·新知三联书店 1981 年版，第 201 页。

现在亦加入世界大战，因此中国也有必要对国际形势作出回应。而对于中国参战会导致日本趁机侵略的主张，梁启超也加以驳斥。[①]或许是出于修辞的目的，梁启超忽略了威尔逊在 1917 年 1 月 22 日发表的《没有胜利的和平》，这一演讲彻底取消了“门罗主义”的“美洲”或“西半球”空间限制，在当时的中国舆论界有一定的影响，坊间有评论称其为“天下之门罗主义”。[②]

1917 年北京政府的“府院之争”引发了 7 月的“丁巳复辟”。段祺瑞在平定“丁巳复辟”之后，再度组阁，梁启超出任财政总长。据西原龟三回忆，他在 7 月 11—12 日身体不适，归心似箭，“但财政总长梁启超却一再挽留，就中国财政问题，有所协商。梁氏提出了借款的要求，并在其后十余日间，就恢复交通银行借款，整理中国银行借款及奉天大借款等事宜进行了商谈”[③]。作为财政总长，梁启超支持段祺瑞接受日本政府的“西原借款”，参与一战，并在国内练兵谋求武力统一全国。梁启超推行的一些政策，实际上巩固了日本自“二十一条”以来在中国的优势地位。

此外，丁巳复辟后，梁启超为段祺瑞出谋划策，主张《临时约法》法统因为复辟而中断，力主召集临时参议院，制定新宪法，而非恢复原有的《临时约法》。[④]段祺瑞政府走上制定新宪法的道路，而孙中山打出捍卫《临时约法》的旗号，南下发动“护法运动”，民国法统于是发生分裂。梁启超期待其“研究系”势力能在新召开的国会中成为第一大党。然而，经过民初政争历练的北洋军阀玩弄法统政治的手腕已经更为娴熟，1918 年，“安福系”主导的国会选举完成，梁启超的“研究系”被边缘化。而这也使得梁启超与北洋皖系势力的关系，变得日益紧张。

1918 年，一战结束。是年年底，梁启超和丁文江、张君劢、徐新六、蒋百里、刘崇杰、杨维新乘坐日本轮船“横滨号”前往欧洲，旨在在战后的和平谈判

---

① 张品兴主编：《梁启超全集》，北京出版社 1999 年版，第 2958—2962 页。值得一提的是，在一战初期，梁启超是亲德派，并且反对中国加入协约国参战。

② 《战后之门罗主义（美国公法学教习威尔逊氏演说文）续》，载《新闻报》1918 年 3 月 9 日。

③ 王芸生编著：《六十年来中国与日本》（第 7 卷），生活·读书·新知三联书店 1981 年版，第 212 页。

④ 丁文江、赵丰田编：《梁启超年谱长编》，上海人民出版社 1983 年版，第 831—832 页。

中发挥作用。在1919年观摩巴黎和会的过程中，梁启超不断向林长民（时任北洋政府总统府外交委员会事务长、国民外交协会理事）等“研究系”同人发回消息，并通过“研究系”的媒体广为传播。梁启超密切关注关于山东问题的谈判，在3月中旬发给林长民等人的电文中，即将矛头指向皖系的章宗祥、曹汝霖等人。[①]得知巴黎和会关于山东问题的决定之后，梁启超马上发回电报，林长民于5月2日在《晨报》上发表《外交警报敬告国民》，在国内产生了极大影响。两天之后，“五四运动”爆发，群众要求惩办曹汝霖、章宗祥、陆宗舆等人，这与梁启超、林长民等人此前的舆论工作，有着分不开的关系。1919年6月3日，林长民又在《申报》上发表《林长民告日本人文》，对日本近年来的主张分五个方面进行了驳斥，最后一个方面正是日本的“亚洲门罗主义”。林长民以1915年日本强加给中国的“二十一条”，以及日本与英、法、意、美等国签订秘密条约，处置中国利权的事实，来揭示日本的“同洲自保主义”“同种相亲主义”的虚伪性。[②]这些论述很可能是与梁启超讨论的结果。1919年4月，梁启超在给林长民的一份电文中称：“著论演说，历访要人，所言悉如尊旨。”[③]

而从1920年3月梁启超连载于上海《时事新报》的《欧游心影录》来看，他对美日的“门罗主义”继续保持密切关注。在较早写作的《大战前后之欧洲》一篇中，梁启超总结了大战带来的许多巨大的历史转折，其中之一就是美国的参战：“谁敢说那牢牢关住大门在家里讲门罗主义的美利坚。竟会大出风头。管对面大海人家的闲事。”[④]美国参战是美国对传统“门罗主义”的突破。但基于世纪初对于“门罗主义”认识的深化，梁启超对此并没有表现出太大的惊讶。

在欧游较晚时候作的《国际联盟评论》一章中，“门罗主义”更是梁启超讨论的重点。他回顾了威尔逊从巴黎和会回国之后与国会的斗争，认为将“门罗主义”奉为“金科玉条”的共和党人对威尔逊大权独揽不满，借着反对国际

---

① 《秘笈录存》，中国社会科学出版社1984年版，第133页。

② 《林长民告日本人文》，载《申报》1919年6月3日第16626号。

③ 《晨报》第129号，1919年4月23日。

④ 张品兴主编：《梁启超全集》，北京出版社1999年版，第2969页。

联盟进行党争，迫使威尔逊作出妥协，在《国联盟约》第21条中加入将“门罗主义”排除在国联管辖之外的内容，制造了极大的矛盾。[①]梁启超认为，之所以全世界要成立这个大联盟，是因为“从前纵横捭阖的局部同盟（如三国同盟三国协商之类）实算得扰乱和平的原动力”，威尔逊主张所有国家成立大联盟，目的是消灭局部的联盟，但最后却加入了《国联盟约》第21条这个“门罗主义”条款，“复认盟中有盟，岂非正相矛盾”。梁启超认为，此条同时引发了其他列强的不满，英国与日本顺势要求保持英日同盟，就连日本在中国的特殊地位，“也要援门罗主义之例承认有效了”，结果“闹来闹去。还是战前那套把戏”。[②]同时，他注意到国联并没有向墨西哥发出邀请，认为《国联盟约》第21条影响到美国与墨西哥的关系，而美日矛盾与美墨矛盾的结合，可能会使国联内部出现裂痕。[③]

《国联盟约》规定美、英、法、意、日五国为常任理事国，另外还有四个非常任理事国。梁启超抱怨亚洲只有日本一国出任理事：“若说靠日本代表亚洲。此何异承认日本的‘亚洲门罗主义’。就这一点。已足为世界战乱之媒。”[④]梁启超认为既然连西班牙都能当（非常任）理事，中国的政治修明程度，至少和西班牙相差不远，应该争取成为国联理事。这不免让我们想起他在1902年的《中国地理大势论》中的宣称：“亚洲者，全地球之宗主也；中国者，亚洲之宗主也。”[⑤]

梁启超对于国际联盟的密切关注，与其一战之前的主张恰恰形成鲜明对比。在20世纪初，梁启超认为国家已经是人类最高的团体，如果破除国界，全球一统，国家之间的竞争就会消灭，人类文明因此会停滞不前。[⑥]他对中国古代“大一统”的批判，正是在这一理论脉络中发生的。但“第一次世界大战”让他看到国家间的猛兽式竞争所带来的灾难性后果，意识到片面强调竞争的“文明等级论”，对于这种灾难负有责任。战后的梁启超从强调人类团体之间

① 张品兴主编：《梁启超全集》，北京出版社1999年版，第3035页。
② 同上，第3040—3041页。
③ 同上，第3036页。
④ 同上，第3037页。
⑤ 同上，第926页。
⑥ 梁启超：《新民说》，商务印书馆2016年版，第57页。

的竞争转向强调合作与互助，主张国家之上存在更高的团体，主张中国应当积极参与美国威尔逊总统倡导的国际联盟的建设，并从批判中国两千年来的“大一统”为“新民”之阻碍，转向自豪地宣布中国古代传统中富含建设超国家秩序的资源。[①]

梁启超在战后的这一转向，使得他现在能够对“民族帝国主义”进行更为彻底的批判。战前的梁启超并不质疑“民族帝国主义”盛行的国际体系本身，而只是对中国成为“民族帝国主义”的受害者感到不满。而他主张的解决方案，则是加强中国自身的组织力，以在未来与帝国主义列强并驾齐驱。但在一战后，梁启超已经确定无疑地认识到，“民族帝国主义”正是导致世界大战的原因，希望能够通过国际联盟的建设，克服“民族帝国主义”。而他对于《国联盟约》中的“门罗主义”的评论，恰恰表明了他的敏锐的政治现实感：国联的开端存在极大的缺陷，距离他的期待有着很大的距离。“九一八事变”爆发后国联在面对日本侵华时所表现出的软弱无力，验证了梁启超的预见。

四、余论

梁启超是近代中国“门罗主义”研究与批判的先驱人物。他在旅日与旅美期间接触美国“门罗主义”与日本的“亚洲门罗主义”，在“民族帝国主义”的问题意识中思考美国“门罗主义”，最初按照美国舆论界的常规，将“门罗主义”与“帝国主义”相对立，但很快转向论述“门罗主义”从一开始就是一种“帝国主义”。而运用于中国的“门罗主义”——“门户开放”，在梁启超看来，也不过是“灭国新法”的表现而已。在清廷驻美公使伍廷芳礼赞美国“门罗主义”，希望通过引入美国资本来牵制其他列强对中国领土的瓜分之时，梁启超对列强资本介入中国铁路修筑保持了高度警惕，并影响了其朋友杨度的保路论述与行动。

基于其对美国“门罗主义”的认识，梁启超也很早实现了对日本“亚洲门罗主义”的祛魅。在其归国之后，梁启超既有反日的时刻，也有亲日的时刻，但各种姿态均基于对政治实效的考虑，而非对“亚洲门罗主义”任何不切实际

---

① 梁启超：《欧游心影录》，商务印书馆2014年版，第31、169—174页。

的幻想。在1919年,他领导的“研究系”是“五四运动”爆发的关键舆论推手,对于日本的“亚洲门罗主义”有犀利的批判。在《欧游心影录》中,他对于《国联盟约》与国联组织架构所体现的美国“门罗主义”与日本“亚洲门罗主义”都进行了抨击,揭示了国联初始架构的根本性缺陷,而这被证明是相当具有预见性的。

在梁启超的这一系列论述之中,最具批判性的部分,乃是其“非正式帝国”的视野。他并不像伍廷芳那样聚焦于领土的得失,因而热衷于引入美国来牵制其他觊觎中国领土的列强,而是意识到在名义上保全领土的表象之下,存在着极为危险的“灭国新法”。作为其“新民”计划的一部分,梁启超致力于展示更为细致的支配机制,以激励中国国民摆脱对列强的幻想,实现自强自立。在第一次世界大战之前,梁启超以“物竞天择,适者生存”的视野来认识国际体系中的弱肉强食,将其视为一种无可改变的必然;在一战之后,他对此展开反思,并期待通过国际组织的建设,重塑国际体系,限制“民族帝国主义”的膨胀。

在二战之后建立的以联合国为基础的国际秩序之下,汲汲于领土占取的旧殖民主义已经淡出,对别国领土的军事占领,即便偶有发生,也极易成为众矢之的。但支配和征服并没有消失,只是换了新的霸权形式:军事上的支配可以通过安保条约和军事基地来实现;在技术、金融与意识形态领域,更是发展出了丰富的、更为微妙的霸权机制。最近一段时间以来,贸易战、科技战、金融战、法律战更是成为国际体系运行的日常现象,跨国层面的相互依赖关系,成了某些霸权国家用来支配和胁迫其他国家的武器。就此而言,梁启超的“门罗主义”研究中包含的“非正式帝国”的视野,即便放在今天,也丝毫不显得过时。与此同时,梁启超在一战前后所经历的对于国际体系认识的逆转,也可以给我们带来一些启发:尽管“非正式帝国”仍是我们所面对的现实,但它并不是一种合理与不可撼动的结构。在梁启超晚年反思的基础之上,20世纪的中国进行了新的探索,以主体的姿态参与了新国际体系的塑造。这一历史过程仍在进行之中,后人在梁启超对“门罗主义”的研究与批判之中,可以汲取思想与行动的力量,继续推进重塑国际秩序的事业。

“无形之瓜分”与边疆的保全
——杨度论“门罗主义”*

1907年，在其名作《金铁主义说》中，晚清君主立宪派的理论代表人物杨度想象了这样一个场景：他所反对的革命派推翻清廷，建立了一个新民主国，对全世界发布了一个中国式的“门罗宣言”：“今后世界各国，有欲于东亚细亚大陆得领土者，视为乱中华民国之平和。”①

从“门罗主义”全球传播史的视角来看，杨度有可能是第一个想象中国式的“门罗宣言”的中国知识分子。19世纪以来的中国先是经历朝贡体系的崩溃，进而自身也沦为列强共同支配的半殖民地，濒临被瓜分的边缘，传统的“王者无外”和“夷夏之辨”的观念也随之动摇。对于当时的中国文化/政治精英而言，想象一个中国主导的、排斥西方列强干预的超国家区域空间，逐渐成为一件非常奢侈的事情。相比之下，日本在中日甲午战争与日俄战争中的胜利，使得日本精英有信心不断想象一种日本主导的、排斥西方列强在东亚扩张的“亚洲门罗主义”，但在这种想象之中，中国最多是一个被“提携”和“保

---

* 本文的一个早期版本，以“‘无形之瓜分’与边疆的保全——杨度的‘门罗主义’思想实验与‘非正式帝国’的视野”为题，发表于《探索与争鸣》2023年第5期。

① 刘晴波主编：《杨度集》，湖南人民出版社1986年版，第379页。

全”的对象。而在1898年美西战争中获得菲律宾作为殖民地的美国，对于亚洲精英的反应也颇为敏感。1903年6月，曾在美西战争期间担任美国政府谈判代表的外交家怀特洛·里德（Whitelaw Reid）于一场在耶鲁大学法学院举行的演讲中设想俄国与中国联合提出一种以专制政体为原则的亚洲式“门罗主义”，排斥美洲国家，从而对美国在菲律宾的殖民统治构成挑战。[①]但里德所设想的亚洲式“门罗主义”发起国仍然是俄国，中国看起来只是一个不显眼的追随者。

在20世纪初期，许多中国精英还期待通过“以夷制夷”的方式，借助美国势力来平衡其他列强。清廷驻美公使伍廷芳曾于1900年在美国宾夕法尼亚大学演讲中提议美国执政精英将“门罗主义”适用于美国新获得的殖民地菲律宾，进而推广到亚洲大陆，这一主张在当时的美国国内舆论界引发广泛报道。[②]伍廷芳所理解的“门罗主义”意味着美国在美洲的空间里排除欧洲列强的殖民与干涉，将这一政策用于亚洲，意味着“保全亚洲”——排除欧洲列强的殖民与干涉，但自身并不寻求在亚洲的领土扩张与征服。[③]在对美国与“门罗主义”的认识上，杨度绝非伍廷芳的同路人。在20世纪初粤汉铁路“废约自办”的请愿运动中，杨度旗帜鲜明地站到了伍廷芳的对立面，痛斥伍廷芳“其罪固不可逭”[④]。而杨度在《金铁主义说》中以美国与美洲的关系为模板思考东亚的地缘政治，想象一种以中国为主体的“门罗宣言”，看起来比伍廷芳的设想更具进攻性。

不过，杨度想象“中国式门罗宣言”，恰恰是为了否定其现实性。从上下文来看，这一想象是出于与革命派论战的需要。杨度认为，革命派的“排满”主张有可能引发边疆民族地区的脱离，而这进一步削弱了内地面对帝国主义势力自保的能力。如果革命派有能力发布中国式的“门罗宣言”并获得列强

---

① Whitelaw Reid, “The Monroe Doctrine; The Polk Doctrine; Anarchism,” Yale Law Journal, Vol. 13, No. 1 (Oct., 1903), pp. 16-41.

② 章永乐：《移樽施教：伍廷芳与20世纪初美国“门罗主义”的再定位》，载《探索与争鸣》2022年第1期。

③ 同上。

④ 刘晴波主编：《杨度集》，湖南人民出版社1986年版，第135页。

的尊重,那么还有可能保持蒙、回、藏地区的稳定,但如果做不到这一点,“则各族之相率俱亡可立而待”[①]。但中国既然没有足够的兵力保障宣言的执行,其结果是,无论是否发布这样的宣言,都不可能获得列强的尊重。杨度在此虽然用的是“东亚细亚”的表述,但实际上考虑的是中国的内地与边疆的关系。“门罗主义”所体现的美国与美洲的关系,又如何能够成为思考中国内地与边疆关系的参照系呢?杨度的思考,究竟在多大程度上体现了近代工业革命与殖民主义造成的“空间革命”所带来的思想冲击?

国内学界对于杨度《金铁主义说》的解读已经汗牛充栋,但之前并没有研究者梳理和剖析过杨度对于中国式“门罗宣言”的想象。探讨“门罗主义”全球传播历程的拙著《此疆尔界:“门罗主义”与近代空间政治》[②]梳理了康有为、梁启超、孙中山、蒋介石、“战国策派”、李大钊等近代中国思想与政治人物对于“门罗主义”的思考,但也忽略了杨度对于“门罗主义”的回应。本文将从杨度如何认识“门罗主义”与美国开始说起,进而探讨他的思想实验中的类比所蕴含的空间政治意涵。

一、保全与瓜分:认识“门罗主义”

首先需要阐述的是:杨度自己究竟是如何以及通过何种途径理解美国“门罗主义”的? 1907 年的《金铁主义说》在展开“中国式门罗宣言”想象之前,对美国自身的“门罗主义”的历史作了集中的叙述。杨度将“神圣同盟”对于拉丁美洲革命的干涉意图表述为“法国出师于南美墨西哥之地”,而门罗总统通过发布宣言,马上制止了法国的行动,并为墨西哥以及西班牙与其他西班牙领地的独立提供了保障。美洲已独立各国并非美国的被保护国,但美国“视全美洲诸地,皆与彼有同利害休戚之处,故隐然以全美洲大陆之保护者自

---

① 刘晴波主编:《杨度集》,湖南人民出版社 1986 年版,第 379 页。

② 章永乐:《此疆尔界:“门罗主义”与近代空间政治》,生活·读书·新知三联书店 2021 年版。

任，而为此宣言。此即合众国以进取为保守之方，而所以成为美洲之霸国也”。①

杨度回顾“门罗主义”的起源，其关键见解在于指出美国是以攻为守，将美洲各国视为利益相关方，自命为美洲的保护者，这正是美国最终成为美洲“霸国”的重要基础。杨度早年师从主治《春秋公羊传》的今文经学家王闿运。在春秋公羊学的语境中，“霸国”是具有特定含义的：春秋五霸倡导“尊王攘夷”，在诸侯之中发挥领导作用，并不像后来的战国七雄那样热衷于灭人之国。杨度说美国是“霸国”，隐含着这一判断：美国在美洲获得支配地位，主要不是依靠领土扩张，而是通过种种努力证明自身有能力会盟美洲诸国、对抗共同外敌。这一春秋公羊学的背景，为杨度理解不以夺取领土为主要目的的“非正式帝国”提供了非常重要的知识基础。

不过，杨度认为拉丁美洲许多国家最终实现独立，“实以美大统领一言以为之保障”，实际上是大大高估了美国的行动力。1823 年的美国海军充其量只能在墨西哥湾有一定胜算，其实力不如法国与俄国两国的海军。在门罗总统宣布其政策之后的很长一段时间里，美国对于欧洲列强在美洲的诸多干涉行为选择视而不见。真正制约“神圣同盟”干涉冲动的，其实并不是门罗总统的国情咨文，而是英国为了从经济上支配拉丁美洲而反对军事干涉，以及欧洲大陆列强之间的相互疑惧。②在当时，“门罗主义”的真正意义，首先在于有限地响应海上霸权英国引入新大陆力量平衡欧洲大陆列强的诉求，同时也可以摆出一个道义姿态，拉拢拉丁美洲的新生共和国，为美国自身的发展争取一个良好的国际环境，同时为美国经济发展开拓新的海外市场。③在 19 世纪上半个世纪，美国“门罗主义”的主要用武之地也不在于保护拉丁美洲的兄

---

① 刘晴波主编：《杨度集》，湖南人民出版社 1986 年版，379 页。

② 〔美〕尼古拉斯·斯皮克曼：《世界政治中的美国战略——美国与权力平衡》，王珊、郭鑫雨译，上海人民出版社 2018 年版，第 73 页。

③ 关于美国与新生的拉丁美洲共和国发展商务关系的举措，参见 A. P. Whitaker, *The United States and the Independence of Latin America, 1800-1830*, Russell & Russell, 1962, pp. 546-563。

弟国家，而是为美国向北美大陆西部扩张的事业保驾护航。[①] 直到美国内战结束后，美国才将出兵墨西哥，推翻法国扶植的“墨西哥皇帝”，恢复共和政府的行动付诸实践。但在杨度的时代，舆论环境中充斥的是美国对自身历史的美化，杨度不谙上述历史细节，丝毫不令人惊讶。

而杨度又是如何形成对美国“门罗主义”的认识的呢？除了驻美公使伍廷芳这样的可以直接从美国与拉丁美洲获得“门罗主义”相关信息的外交人员，大多数中国晚清知识分子高度依赖于日本的信息渠道，杨度亦非特例。杨度于1902年5月在东京弘文书院留学，1904年5月又进入东京法政大学速成科学习。19世纪与20世纪之交的日本，恰好是“门罗主义”思想涌动之地。1898年，美国在美西战争中战胜西班牙，在亚洲夺取原属于西班牙的菲律宾，这对亚洲各国产生了很大的震动。也正是在那一年11月，日本贵族院议长近卫笃麿公爵在与流亡日本的康有为会谈时，力倡“亚洲门罗主义”，并模仿美国的“门罗主义”口号“America for the Americans”提出“东洋是东洋人的东洋”。[②]近卫于当年年初在《太阳》杂志第4卷第1号上发表了著名文章《同种人同盟——附研究中国问题之必要》，认为黄白两大种族终有一战，日本需要保存和提携中国，发挥领导作用，最终团结黄种人，将白人殖民者赶出亚洲。

1898年12月，与康有为一起流亡日本的梁启超在横滨创办了《清议报》。该报在存续期间，对于推广“门罗主义”概念以及“××者××人之××”这一句式，起到了“急先锋”的作用。《清议报》编辑团队密切关注美国占领菲律宾之后的局势走向，并发表了一系列与“门罗主义”相关的文章。编辑团队成员欧榘甲借用了“美洲者美洲人之美洲”的句式，将菲律宾人的反抗归纳为“菲律宾者菲律宾人之菲律宾”，并将菲律宾而非日本视为第一个保卫

---

① 如1845年美国总统波尔克运用“门罗主义”保障从墨西哥脱离出来的得克萨斯顺利加入美国。王绳祖主编：《国际关系史资料选编》(上册，第一分册)，武汉大学出版社1983年版，第68—69页。

② 近衛篤磨日記刊行会編『近衛篤磨日記(近卫笃麿日记)』第2巻(鹿島研究所出版会，1968)195頁。

"亚洲"自主性的国家。[①]而这一句式在《清议报》上也很快衍生出"中国者吾中国人之中国"的表述[②]，在旅日精英中广泛流传，革命派用这一口号来"排满"，立宪派用这一口号来主张联合国内各族共同反帝。1902 年，欧榘甲又在横滨出版《新广东》，将"××为××人之××"这一句式用于各省自立反满的主张，提出"广东为广东人之广东"[③]，而湖南籍旅日革命派人士杨毓麟于1903 年模仿《新广东》写作《新湖南》，提出"湖南者，吾湖南人之湖南也"的口号[④]，一时在留日革命派中引发了模仿的潮流。而这正是民国建立之后一度盛行的"省域门罗主义"话语之滥觞。

杨度有充分的渠道来接触和获取这些话语资源。他于 1903 年秋在日本结识梁启超后，和以梁启超为首的关注"门罗主义"的立宪派圈子过从甚密。1906 年 1 月，熊希龄随载泽等五大臣出洋考察经过日本，通过杨度邀请梁启超"代笔"起草考察报告，而这使得梁启超作为一名"钦犯"，居然参与到了清廷大员重要奏折的起草之中，可见杨、梁关系之紧密。因此，在这一时期，二人共享了一些重要的分析理路，如将美国的"门户开放"政策视为不以瓜分领土为直接诉求的"灭国新法"。[⑤]与此同时，杨度又是一个具有强烈湖南省域认同的精英人士。模仿欧榘甲《新广东》而作《新湖南》、主张湖南脱离清廷"自立"的杨毓麟，也是杨度的熟识。1904 年春，在湖南留日学生的推荐之下，杨度与杨毓麟一同当选中国留日学生会馆"评议员"。他也和杨毓麟一起参加了要求粤汉铁路废约自办的请愿，并于 1904 年 12 月一起离开上海回到日本。基于这些共同经历，很难想象杨度会不了解杨毓麟 1903 年出版的具有强烈"湖南门罗主义"色彩的《新湖南》。

杨度的著述中直接提到"门罗主义"的篇章并不多。在 1907 年《金铁主

---

① (清)欧榘甲:《论菲律宾群岛自立》，载《清议报》1899 年第 25 册(1899 年 8 月 26 日)。

② (清)冯自强:《独立说》，载《清议报》1900 年第 58 册(1900 年 9 月 24 日)。

③ (清)欧榘甲:《新广东》，载张枬、王忍之编:《辛亥革命前十年间时论选集》(第一卷上册)，生活·读书·新知三联书店 1960 年版，第 287 页。

④ 饶怀民编:《杨毓麟集》，岳麓书社 2008 年版，第 30 页。

⑤ 张品兴主编:《梁启超全集》，北京出版社 1999 年版，第 474 页；刘晴波主编:《杨度集》，湖南人民出版社 1986 年版，第 91 页。

义说》纵论美国的“门罗主义”之前，杨度更关注的是美国在中国推行的“门户开放”政策。在美国，“门户开放”在一开始是被作为一个不同于“门罗主义”的政策而提出的，因为二者具有不同的区域针对性，前者针对中国，后者针对美洲或西半球。但随着美国在西半球之外获得一系列殖民地，“门罗主义”的适用范围是否仅限于美洲，成为美国政治精英激烈辩论的主题。而一种重要的路径，就是将“门户开放”论述为在中国实行的“门罗主义”。西奥多・罗斯福总统在 1901 年 10 月 11 日致德国外交官赫尔曼・斯佩克・冯・斯特恩堡的一封书信中指出，“门罗主义”与“门户开放”是高度相似的，甚至可以说“门罗主义”就是南美洲的“门户开放”。罗斯福在信中希望中国也实行和南美各国类似的政策：不做恶劣的事情，领土不被瓜分，商埠对于所有人开放，废除各种令人不快的贸易限制政策。[①]而到了 1915 年，美国历史学家阿尔伯特・哈特更是将“门户开放”视为美国在中国实行的“商业门罗主义”。[②]杨度对于美国内部围绕“门罗主义”如何在美洲之外适用的种种争论，很难有深入了解的渠道。但随着美国精英将“门户开放”纳入“门罗主义”话语谱系，我们也就可以将杨度对于“门户开放”的思考，作为其对“门罗主义”之回应的一部分。

杨度是最早对“门户开放”政策提出尖锐批判的中国精英之一。在 1901 年发表于《清议报》的《灭国新法论》中，梁启超指出即便是美国的“门户开放”，也不过是一种“灭国新法”：“举全国而为通商口岸，即举全国而为殖民地。”[③]在 1902 年杨度初次旅日期间为《游学译编》所作的《叙》文中，我们可以看到他对于美国对华外交政策的巨大危害性的评论。[④]当时杨度尚未结识梁启超，但此文的分析逻辑与梁启超《灭国新法论》高度相似，很可能是杨度在结识梁启超之前，通过阅读《灭国新法论》掌握了任公的论述逻辑。但与任公的论述相比，杨度亦有自身的思想增量。

---

① Donald J. Davidson ed., *The Wisdom of Theodore Roosevelt*, Citadel Press, 2003, pp. 50-51.

② Albert Bushnell Hart, "Pacific and Asiatic Doctrines Akin to the Monroe Doctrine," *The American Journal of International Law*, Vol. 9, No. 4(Oct., 1915), p. 811.

③ 张品兴主编：《梁启超全集》，北京出版社 1999 年版，第 474 页。

④ 刘晴波主编：《杨度集》，湖南人民出版社 1986 年版，第 83 页。

自从严复翻译《天演论》以来，以“优胜劣汰”的社会达尔文主义信条来分析国家之间的竞争，在晚清士大夫中蔚然成风，杨度也概莫能外。杨度指出，中国已经成为世界竞争的中心点，面对着未来“黄白存亡亚欧交代”的挑战，时刻有被淘汰之虞。各国对中国的政策，“由瓜分主义一变而为领土保全主义、门户开放主义”，但所谓“保全”“开放”，就如同列强对待埃及和印度一样，保留名义上的君主与官吏作为傀儡，“而自享其一切之实在权利焉”。这一做法可谓“吸其骨髓而遗其骨骼，其意愈恶而其名愈美，其心愈狠毒，而其言愈慈祥”[①]。即便是日本的“保全中国”，也是着眼于与中国改订通商条约，以从中国获得更大经济利益。而之所以发生从“瓜分主义”到“领土保全主义”这一转向，中国人民的反抗起到了很大的作用。如同梁启超一样，杨度引用了时任清廷海关总税务司的英国人赫德对于义和团运动的评论，指出赫德从义和团运动中得到教训，认为瓜分中国土地和变更中国皇统都不可行，“各国此时宜行无形之瓜分，而不宜行有形之瓜分，使其权利尽归于我而不自觉”[②]，表面上顺应中国人的感情，实际上使中国人淡忘自己的军事思想，放弃反抗。杨度指出，《辛丑条约》签订的背后实际上就是列强支配方式的这一变化，它们利用清政府作为傀儡，推行“无形瓜分之手段”。相比于梁启超的《灭国新法论》，杨度对“有形之瓜分”与“无形之瓜分”区分之强调，更为得力。

在为《游学译编》所作的《叙》文中，杨度并未使用梁启超提出的“灭国新法”概念。但在1903年2月21日欢送湖南赴日留学生宴会上的演说之中，杨度再次阐发了他对“瓜分主义”和“保全主义”的看法，这次他直接运用了“灭国新法”的概念：“庚子以来，西人见拳匪尚有国民性质，知中国未易骤亡也，必先亡其政，亡其教，亡其财，然后亡其国。政亡、教亡、财亡，国也随其亡矣。此灭国之新法然也。于是前之瓜分主义，一变而为保全主义。”[③]杨度认为，“保全主义”只不过是暂时将“有形之瓜分”变成“无形之瓜分”，而中国如果依赖列强而得以“保全”，实际上正是将自己的命运交给列强。

---

① 刘晴波主编：《杨度集》，湖南人民出版社1986年版，第83页。
② 同上，第79页。
③ 同上，第91页。

而“无形之瓜分”的重点是什么呢？杨度在为《游学译编》所作的《叙》文中指出，19 世纪末 20 世纪初，世界大势从“政治竞争”转入“生计竞争”，而新交通工具的发明，将引起空间与人关系的根本性改变：“土地相隔，有天然之距离力，而世界进于文明，则能以人群之智慧能力使之愈缩愈紧。”[①]对杨度而言，晚近的“空间革命”是大洋交通的开拓，如苏伊士运河的开凿，东西两洋的贯通。但时下人类又进入了陆路交通的竞争，国家也因此分为“铁道国”和“非铁道国”两类。而中国由于缺乏自己的资本，在铁路交通的竞争中落于下风，杨度对此极为焦虑：“吾恐地球虽大，我民族竟无可以立锥之地矣！”[②]正是这种认识，使得杨度密切关注美国对中国国内铁路修筑权的争夺。他虽然没有像梁启超那样亲赴美国考察，但通过 1904 年深度参与“废约自办”粤汉铁路请愿活动，获得了对美国更为深入的理解。

粤汉铁路的承建方是成立于 1895 年 12 月的华美合兴公司（American China Development Company）。1898 年 4 月 14 日，清政府驻美公使伍廷芳代表中国铁路总公司在华盛顿与华美合兴公司签订《粤汉铁路借款筑路合同》，1900 年 7 月 13 日双方又在华盛顿签订了《粤汉铁路借款续约》，其第 17 条规定美方合同义务不得转让。然而华美合兴公司因董事意见不统一，加之义和团运动冲击导致在美筹股困难，于 1902 年私下将三分之二的股份卖给法国资本家支持的比利时万国东方公司。当时国内盛传华美合兴公司擅自决定粤汉铁路南段由美国修筑，北段由比利时修筑（比方后对此予以否认）。粤、湘、鄂三省官绅舆论哗然。1904 年 10 月，杨度被留日学生推为总代表（后获得留美学界承认为总代表），从日本回到上海，试图推动清廷废除与华美合兴公司的借款合同，将粤汉铁路收回自办。当年，杨度撰写了《粤汉铁路议》，连载于梁启超主编的《新民丛报》第三年第 14—16 号三期的“实业”栏目，署名“湘潭杨度”，1905 年 3 月 20 日，《新民丛报》社推出此文的单行本。此文可以集中体现杨度对于美国所构成的挑战的认识。

杨度在《粤汉铁路议》中论述列强修筑粤汉铁路的危害性，其参照的案例

① 刘晴波主编：《杨度集》，湖南人民出版社 1986 年版，第 84 页。

② 同上，第 86 页。

是沙俄在中国东北的经营。沙俄修筑了通往海参崴(现名为符拉迪沃斯托克)的东清铁路,不费一枪一弹,就将中国东北变成了它的势力范围。杨度在文中特意列出了沙俄通过修筑东清铁路所获得的种种特权,认为以湘、粤、鄂三省的财力,将来要赎回附着于粤汉铁路之上的种种特权,其难度比之东三省有过之而无不及。他进一步指出,"今世各国之亡人国者,皆以铁道政策。铁道之所至,即商务、政权、兵力之所同时并至,质言之,则瓜分线之所至,势力范围圈之所至……"[①]粤汉铁路归于外人,就会使得湘、粤、鄂三省重蹈东北的覆辙,而如果粤汉铁路与芦汉铁路相连接,则会导致全中国岌岌可危。[②]

在中美两国的路权交涉中,美国政府提出安排摩根财团回购合兴公司出售给比利时的股份,此即"以美接美"方案。杨度对此方案表示激烈反对。他如此评价摩根财团:"夫摩根,美之巨富,号为铁道大王,乃美国经济界之怪杰,组织无数之脱辣斯者也。"[③]在此,杨度很可能参考了梁启超1903年访美亲自考察摩根财团后写作的一系列关于美国经济垄断主义的文章。梁启超将美国的托拉斯组织视为"二十世纪之巨灵",是"帝国主义"的重要组织基础。[④]杨度认为如果任由摩根公司牵头纠合英、美、俄、法、德五国,修筑中国全国的铁路网,"则中国洪水之祸将复见于今日","亡国灭种,无过于此"。[⑤]

为了推动粤汉铁路废约自办,杨度的论述试图反驳废除与外国公司的合同将导致列强的外交报复的主张。杨度认为,签署粤汉铁路筑路合同的双方都不是政府,双方之间是国际私法的关系;废除合同并非废除条约,如果外国政府对此进行干涉,则会违反国际公法。[⑥] 杨度引述了一系列国际法学家对于"不干涉"的论述,并在无意之中触及了拉丁美洲国际法学家与美国国际法学家对于"门罗主义"解释的分歧。许多拉丁美洲国家深受美国干涉内政之害,主张"门罗主义"应当包含一种更为严格的"不干涉"标准。1902年,阿根

① 刘晴波主编:《杨度集》,湖南人民出版社1986年版,第110页。
② 同上,第185页。
③ 同上,第137页。
④ 梁启超:《二十世纪之巨灵托辣斯》,载张品兴主编:《梁启超全集》,北京出版社1999年版,第1114页。
⑤ 刘晴波主编:《杨度集》,湖南人民出版社1986年版,第138页。
⑥ 同上,第111页。

廷政府向美国政府发出照会，提出禁止以武装干涉来催收政府债务的主张，因签发照会的外交部长是路易斯·玛里亚·德拉戈(Luis María Drago)，史称“德拉戈主义”(Drago Doctrine)。而前阿根廷外长、著名国际法学家卡罗·卡尔沃(Carlo Calvo)在其1868年的著作《欧洲与美洲的国际法理论与实践》(*Derecho internacional teórico y práctico de Europa y América*)中提出，外国人进入一国主权管辖范围之内，不应要求比该国国民更多的保护，如遭受损失，应依靠当地国内法的救济，不应由该外国人的本国政府出面要求任何金钱补偿。卡尔沃不仅否定外国政府为本国国民出面武力催债，甚至否认从私人性质的金钱补偿问题中产生任何外交保护权的正当性。①但美国如果接受卡尔沃的这一主张，必然会导致对拉丁美洲支配力的下降。美国长期以来的习惯做法，是在本国公民与其他国家的政府发生合同债务问题的时候，原则上奉行“不干涉”原则。杨度在《粤汉铁路议》中认为从美国的一贯做法和国际法学家的相关论述来看，美国公司在中国发生合同纠纷，美国政府如果干预，就会违反“不干涉”的原则。此论有事实和法理根据，但并不全面，因为美国保留在外国政府侵权或拒绝给予司法救济的条件下进行干涉的权利。②而何谓“外国政府侵权”和“拒绝给予司法救济”的解释权乃是保留在美国手中的。另外一个重要的方面是，中国并不被列强承认为应当享有完整主权的“文明国家”，杨度预期美国参照完整主权国家应当享有的待遇来对待中国，无疑是高估了中国作为半殖民地在列强眼中的地位。

在1905年3月致黄昌年的书信中，杨度还传播了一个来自美国留学生的小道消息，说美国主张保全中国领土的原因是其尚未修筑自己能控制的铁路，一旦铁路修建完成，能够用铁路来运兵，就可能加入对中国领土的瓜分。这其实是重复了他更早的时候对于“保全主义”的判断：所谓“保全主义”，本质上是一种渐进的“瓜分主义”，暂时实行“无形之瓜分”，但最终可能带来“有

---

① Amos S. Hershey, “The Calvo and Drago Doctrines” (1907), Articles by Maurer Faculty. Paper 1961, URL: http://www.repository.law.indiana.edu/facpub/1961, last visited on May 31, 2022.

② Luis M. Drago and H. Edward Nettles, “The Drago Doctrine in International Law and Politics,” *The Hispanic American Historical Review*, Vol. 8, No. 2 (May, 1928), p. 217.

形之瓜分”。[1]

杨度及其同人的呼吁起到了一定的作用。经过中美双方的外交交涉，1905年8月9日，华美合兴公司股东大会同意注销《粤汉铁路借款筑路合同》并出售公司在华的所有资产，中方付出675万美元的高价来赎回路权。时任美国总统西奥多·罗斯福等人对此耿耿于怀，认为失去粤汉路权“对美国的贸易和工业肯定是一大损失”[2]。在中国付出高昂的代价之后，杨度的“废约自办”的主张得到了实现。当然，围绕着如何“自办”，杨度的主张经历了从“商办”到“官商合办”的变化。此是后话。就本文所关心的主题而言，杨度通过亲身参与“废约自办”粤汉铁路请愿，对于美国的“门户开放”政策所体现的所谓“保全主义”，有了更为深入的认识。杨度在参与“废约自办”请愿的过程中激烈批判驻美公使伍廷芳将美国资本引入中国铁路建设，而无论是杨度还是伍廷芳，都是“门罗主义”的密切关注者。伍廷芳关注的是领土的得失，因而号召美国将“门罗主义”运用于亚洲，并推动美国资本介入粤汉铁路建设，试图以美国的力量来平衡其他列强，以防止中国遭遇“有形之瓜分”；而杨度认识到贷款、筑路，都是美国在华实施“无形之瓜分”的手段，而这些又可能为有形的“瓜分主义”提供回归的基础性条件。伍廷芳与杨度的分野，关键就在于是否承认不以领土攫取为志趣的“非正式帝国”的危害性。就此而言，我们完全有理由将杨度视为中国思考“非正式帝国”的思想先驱。

二、“门罗主义”与边疆问题：杨度的空间想象

在明确杨度对于“门罗主义”的基本见解以及了解“门罗主义”的可能途径之后，我们现在可以回到《金铁主义说》对于“中国式门罗宣言”的想象。杨度想象“中国式门罗宣言”的前提，是将中国内地与边疆的关系，类比于美国与其他美洲国家的关系。而这一类比的语境是立宪派与革命派的论战：杨度

---

① 杨度：《致黄昌年函》，载刘晴波主编：《杨度集》，湖南人民出版社1986年版，第188页。

② *American Diplomatic and Public Papers*, Series 3, Vol. 14, pp. 167-168.

反对革命派的“排满”与汉民族建国主义主张，认为中国必须联合五族，才能够在帝国主义列强环伺的条件下，实现内地和边疆的相互保全。

《金铁主义说》所提供的，是一种“滑坡论证”：革命派“排满”的内在逻辑，很难不进一步发展为排蒙、回、藏，其可能的结果就是边疆出现分离主义[①]，而蒙、回、藏“无论能否成国，其与新民主国之利害关系，亦与美洲各地之于合众国略同，有一为他国之领土者，则新民主国亦必降而沦为人之领土，不待言也”。[②]具体而言，俄国将攫取蒙古、新疆，英国将攫取西藏。三地沦陷后，日本可能会占据东三省与福建，德国占据山东以及黄河流域，法国占据两广与云贵地区，而英国在法国的压力下不得不将势力向四川延伸。在这种情况之下，如果内地的兵力能够首先防止俄国攫取蒙古，那么后续的一切都不会发生，此为第一次“保全”。如果以上情况难以避免，但中国能够将英、日、德、法的军队驱赶出内地之外，再将俄国军队驱逐出蒙古，则可以作第二次“保全”。但如果这两次保全都无法实现，那么中国不仅会亡国，而且会沦为列强的战场，最后遭到瓜分。[③]

杨度对“中国式门罗宣言”的想象，正是在这一语境下出场的。在20世纪初革命派与立宪派的辩论中，两派的主张都涉及如何提升中国在国际体系中的地位。分歧在于，革命派认为清廷掌权者为异族，因而将汉人的大量利益让与列强，汉人要夺回这些利益，首先要“排满”。而立宪派则认为清朝是一个中国的王朝，面对列强瓜分的态势，需要五族联合加强国家组织力，“排满”则可能会带来内部的分裂。杨度设想革命派建立的汉族民主国如果有能力宣言“今后世界各国，有欲于东亚细亚大陆得领土者，视为乱中华民国之平和”，而列强亦由此而退缩，其结果是“新民主国虽无保护蒙、回、藏之名而有其实，蒙、回、藏可以得安，而新民主国亦可以不亡矣”。然而，杨度指出，要使“中国式门罗宣言”发挥作用，需要强大的军事力量作为后盾。但就在不久之前，美国还宣布了“门户开放”政策，使得“中国无被保护国之名，而有其实”。

---

① 刘晴波主编：《杨度集》，湖南人民出版社1986年版，第353、379页。

② 同上，第379页。

③ 同上，第281—280页。

中国的领土本身只是勉强免于被瓜分，而现在如何有足够的力量，“为保护人之宣言”？这一系列推演，目的在于证明，革命派的汉民族独立建国的思路，最终可能导致中国出现“内部瓜分”，从而带来“外部瓜分”。[①]

在杨度20世纪初的著述中，“瓜分”二字具有极其独特的地位，我们甚至可以说，他的君主立宪方案本身就是一种防止瓜分的方案。“瓜分”意味着空间的可切割性，一个国家的内部区域既可能经由分离主义成为独立国家，也可能经由列强的吞并，成为其他国家的殖民地。“瓜分”的频繁发生，表明超国家的区域、国家和国家之下的区域等不同层面的划分仅仅是相对的，很容易发生转化，而由此带来的是一种在不同层面的空间之间建立类比关系的思维倾向。而这正是一个政治空间剧烈变动的时代所带来的政治想象。古代中国的主流政治精英们构想了一个以中原王朝为中心的由近及远的“天下”秩序，一方面是“王者无外”，另一方面又存在“夷夏之辨”，强调对“蛮夷”应“修文德以来之”，平时的治理则强调“从宜”“从俗”，很少直接管理藩属的内部事务。然而这个具有浓厚道德伦理关系意涵的空间秩序想象，在19世纪出现了塌陷。19世纪列强对于“文明”的理解与儒家对于“文德”的推崇存在极大的精神差异，在世纪之交的社会达尔文主义的气氛中，“文明”日益指向一个社会自我组织、参与群体间竞争的能力。在社会组织力的竞争中，以往的弱者可以成为强者，如日本；以往的强者也可以成为弱者，如中国。国家有可能被瓜分，成为列强的省域；省域也有可能从国家中分离，成为新的国家。“门罗主义”的口号“America for the Americans”广泛流布于世，被改写成适合于其他政治空间的口号，如“亚洲是亚洲人的亚洲”“中国是中国人的中国”“广东是广东人的广东”。这些动员性的口号，都是确认一定的人群与空间之间的关系，通过排斥异质性的因素，加固这种关系，从而形成更强的组织力。

既然无论“瓜分”还是“反瓜分”都需要社会的组织力，我们在此有必要探讨杨度对于以社会组织力为核心的“文明”概念的认识。杨度在20世纪初的论述受到了19世纪西方话语论述，尤其是“文明等级论”的深刻影响。19世

---

① 刘晴波主编：《杨度集》，湖南人民出版社1986年版，第379页。

纪的"文明等级论"按照"进化"的先后顺序,以生产方式(渔猎、游牧,农业,工商业)与政治组织方式(专制、立宪)为线索,建立一个"文明等级"论述,将不同的民族和国家置于一条时间线的不同位置,而位置的变化要遵循这个体系内部的规则。19 世纪的欧洲国际法也正体现了这种"文明等级论",主张只有"文明国家"才具有完整的国家主权。在列强的眼中,由于"半文明国家"和"野蛮国家"法律的落后,让"文明国家"的公民接受文明程度低下的法律体系的司法管辖是不正当的。而这就带来了对领事裁判权的合理性的证明。

杨度对于所谓的"文明国"以"文明"为旗帜对外殖民征服和支配,不以为然。他在 1907 年的《金铁主义说》中指出,当今世界只有文明的国家,但没有文明的世界,各国对内均文明,对外皆野蛮。[①]在国与国的关系之中,占主导的是"力"而非"理"的竞争,这实际上是野蛮而非文明。杨度尤其以国际法为例来证明"野蛮的世界"。他深谙法学界对于国际法性质的认识分歧:一些人从"性法"("自然法")的概念出发,认为国际法的基础在于"性法",因而是真正的法律;而另外一些人认为国与国之上并没有权威裁断纠纷,国际纠纷往往以战争解决,因而国际法不是真正的法。目前"文明国"的国内法以自由、平等为原则,但国际法却以国家的不平等为原则,"若夫一强一弱,则弱者直可谓无言国际法之资格"[②]。这就是说,被归为"半文明"或"野蛮"的国家并不被视为具有主权资格,无法适用平等主权国家之间的国际法。杨度指出,国际法"法由强国而立,例由强国所创"[③],这就是说,国际法的规则创新,往往是以强国违反之前的法律,造成新的事实为前提的。平时国际法是如此,战时国际法更甚。而中国历年与列强签订的条约,"类皆权利归人,义务属我,无一可云两利者"[④]。杨度进一步指出,所谓"文明国"在内部达到"文明",也是在"列国并立,外患迫切"的条件下改善内治所带来的结果,而内部的"文明",使得它们更有能力对外推行野蛮之道,建立起对其他国家和民族

① 刘晴波主编:《杨度集》,湖南人民出版社 1986 年版,第 218 页。
② 同上。
③ 同上,第 219 页。
④ 同上。

的支配。[1]

虽然杨度不相信列强对外使用的“文明教化”的修辞，但在很大程度上接受了作为“文明化的使命”理论基础的线性进化史观。20世纪初，严复翻译了英国学者甄克思(Edward Jenks)的《社会通诠》(*A History of Politics*)，在当时的知识界与舆论界产生了很大的影响。杨度的《金铁主义说》在很大程度上借用了甄克思的“蛮夷(或图腾)社会—宗法社会—军国社会”的框架，并用其来分析中国内部的民族关系。在为何应该实行君主立宪的问题上，杨度所提供的理由与梁启超有所不同。20世纪初的梁启超不断发展自身相对于康有为的独立性，但并未完全摆脱康有为“三世说”的影响，认为历史是从君主到君民共主再到民主的演进，这一演进与“民众程度”的提高相匹配。因为中国的“民众程度”还不足以实行民主，所以当下实行“君民共主”最为合适。而杨度则完全不认为在君宪和民主之间的选择与“民众程度”的高低有什么关系，能够实行君宪的民众，当然也能够实行民主。杨度在甄克思的“蛮夷(或图腾)社会—宗法社会—军国社会”的框架之下，认为中国的国家已从宗法社会进入军国社会两千余年，虽然尚有一些宗法社会的残余，距离完全的军国社会，只不过缺少“开国会”而已。[2]中国国民则是不完全的军国国民，其内部又存在族群的差异，汉人已入军国社会，但满、蒙、回、藏还处于宗法社会，具体而言，满、回已入宗法族人社会，藏处于宗法种人、宗法族人社会之间，而蒙古尚处于宗法种人社会。[3]在杨度看来，处于宗法社会的人具有民族意识，但国家观念薄弱。在这种情况之下引入共和制，容易激发其他各族的民族意识，从而造成边疆的分离主义危机。但中国在各个方向上都面临着帝国主义列强的威胁，如果没有五族的联合，那么其他四族也必然无法自保，最后内地也会唇亡齿寒，导致中国从“内部瓜分”到“外部瓜分”。他主张，实行君主立宪而非民主立宪的唯一理由就在于保持中国的国家统一，原因在于，

---

① 刘晴波主编:《杨度集》，湖南人民出版社1986年版，第219页。

② 同上，第337—338页。

③ 同上，第260页。

君主的变动会造成边疆的危机。①

在今天，当我们谈论清代君主对于维持国家统一的意义时，往往会提到以下具体的关系：皇太极在1636年就在与蒙古部落会盟时获得了“博格达·彻辰汗”的尊号，清朝皇室长期与漠南蒙古科尔沁部通婚，进而在西藏推翻漠西蒙古准噶尔部的统治，重组了西藏的宗教与地方政府；满、蒙、藏共同推崇藏传佛教，清朝皇帝在藏传佛教中还经常被尊崇为文殊菩萨、转轮王，清廷在北京建立了大量藏传佛教寺庙，以供满、蒙、藏贵族礼拜，清朝皇帝在承德避暑山庄接受藩部属邦的朝觐，等等。一旦君主消失，这些联系不同族群的独特纽带，也就可能发生断裂。不过，身在晚清的杨度对于清朝皇帝与不同族群之间的具体关系，未必有深入的了解。杨度的分析具有很强的套用甄克思“蛮夷（或图腾）社会—宗法社会—军国社会”的理论框架的痕迹。他认为“宗法社会”的统治，或依靠宗教，或依靠武力。杨度强调，清王朝的结构，首先是由武力造成的。在此他并没有讨论联结满、蒙、藏的藏传佛教纽带，可见其对于藏传佛教作为跨民族认同纽带的作用认识并不深。他的核心观点是，宗法社会中的人对自己所处的小族群有很强的认同，可以认同具体的异族统治者，但缺乏抽象的“国家”观念，一旦统治者发生变动，不管这种变动是君主制之下的改朝换代，还是从君主制转变为共和制，抑或是从共和制转变为君主制，都可能会带来认同的断裂与边疆的危机。②从这些论证的细节来看，杨度其实并没有对蒙、回、藏进行细致的实证研究，但同时也需要指出的是，在当时革命派与立宪派论战的参与者之中，杨度已经属于对中国的内部民族关系的复杂性认识较深的人士了。

在其“中国式门罗宣言”想象中，杨度将内地与边疆的关系类比于美国与美洲各国的关系，当然隐含了一种区分“文明等级”高下的态度。用文明等级论来观照族群关系，是19世纪末20世纪初流行的认识方式。当然，儒家理论中的“夷夏之辨”本身也是等级性的，但它与西方“文明等级论”的差异在

---

① 刘晴波主编：《杨度集》，湖南人民出版社1986年版，第381—383页。
② 同上，第381—382页。

于，前者关注政教礼俗的形式，并不关心这些政教礼俗最后形成的社会组织力。战争是社会组织力的检验器。一些游牧民族可以在短期内迅速提升社会组织力，甚至征服中原，但仍然会被儒家士大夫视为“蛮夷”。但在工业革命后，工业社会的组织力相比于农业、游牧社会获得了极大的优势，工业革命后的西方有充分的自信，认为历史上武德丰沛的游牧民族已经不足以构成军事上的威胁，因此将社会组织力作为“文明”的核心指标。而工业社会对于农业、游牧社会的征服，也就被论证为一种“文明化”，亦即，这种征服最终将提升后者的社会组织力。杨度并不试图改变国际秩序的底层规则，而只是试图推动中国社会组织力的提升，从而改变中国在这个等级性国际秩序中的位置。

在第一次世界大战之前，杨度的立场正是中国文化/政治精英的主流立场。不仅是作为立宪派代表的杨度，作为革命派代表的汪精卫在作于1906年的《希望满洲立宪者盍听诸》中主张：“我中国实行民族主义之后，终有实行民族帝国主义之一日。”[①]清廷出洋考察大臣达寿在1908年向慈禧进呈的奏折中指出：“大抵欲行帝国主义者，咸以财富、文化为先锋，而以战斗为后盾，此为今日世界列国之公例。循是者兴，反是者亡，无可逃矣。立宪政体者，所以厚国民之竞争力，使国家能进而行帝国主义者也。”[②]国家之间的猛兽式竞争，在当时的中国主流精英看来，逃无可逃，只有顺应并战胜对手，才能够避免被吞噬。而民族关系和边疆治理的改革，则是加强内部组织力以推进“外竞”的重要环节。杨度在20世纪初对于边疆问题的论述，其实涉及了三种具有“文明等级论”意涵的想象民族关系的参考模式：

第一种是“殖民”模式。其特征是，宗主国派遣军政精英和移居者（settler）占领并统治新获得的土地，但宗主国的主体人口与殖民地仍然是相对隔离的。杨度作于1903年的《湖南少年歌》中曾这样描绘左宗棠收复新疆的功

---

① 汪精卫：《希望满洲立宪者盍听诸》，载胡绳武主编：《清末立宪运动史料丛刊·立宪派与革命派的论战》，山西人民出版社2020年版，第123页。

② 达寿：《考察宪政大臣达寿奏考察日本宪政情形折》，载夏新华、胡旭晟等整理：《近代中国宪政历程：史料荟萃》，中国政法大学出版社2004年版，第58页。

业:“茫茫回部几千里,十人九是湘人子。左公战胜祁连山,得此湖南殖民地。”[①]这在今天看来是一种非常刺耳的表述,毕竟即便在乾隆皇帝看来,新疆也是“故土新归”。但杨度用这一说法,在当时却丝毫不令人奇怪,因为在当时西方列强主导的主流话语之中,“殖民”已经成为非常正面积极的词汇。要成为所谓“文明国”,拥有殖民地是非常重要的要件。就连国家已经被俄、奥、普三国瓜分近百年的波兰人,也在19世纪80年代尝试殖民非洲,以证明自己是现代的文明民族。[②]又如,日本的政教社国粹派于1891年创办同人刊物《亚细亚》,大谈“殖民政略”,以北海道为首要的“拓地殖民”对象,后逐渐将关注点转向南洋、朝鲜半岛与中国的“满蒙”。[③]一些探讨边政的精英人士也以列强治理殖民地为参照,来思考对边疆宗藩体系的改造。如1907年2月,受命参与中英谈判的张荫棠在《致外部电陈治藏刍议》中,主张以英国治理印度的总督模式为范本,加强清廷驻藏大臣权力,结束政教合一的制度。[④] 1908年7月《广益丛报》第175号也以英国治印度为参照系,来描述驻藏大臣掌握军政外交财政大权、不干涉地方宗教风俗的治藏政策。[⑤] 1909年4月《北洋法政学报》发表的日本法政大学毕业的留学生陈赞鹏呈交驻藏大臣的《治藏条陈》,在论及“收主权”的时候,提出了十条具体的建议,其中有六条参照了荷兰殖民者统治荷属爪哇的体制。杨度与其同时代人的表述,恰恰证明了当时帝国主义列强的强势,导致了中国传统空间秩序想象的崩溃,而以列强自身的秩序模式为参照来讨论边疆治理问题,在中国国内变得日益普遍。

第二种是公民权按种族分等级模式。其与“殖民”模式的差异在于各种族混居于同一地域空间,只是存在身份地位上的高级低分。杨度的《金铁主义说》在探讨章太炎的边疆主张时涉及这一模式。章太炎在作于1907年的

---

① 刘晴波主编:《杨度集》,湖南人民出版社1986年版,第95页。

② Piotr Puchalski, *Poland in a Colonial World Order: Adjustments and Aspirations, 1918-1939*, Routledge, 2022, p. 75.

③ 王俊英:《政教社国粹主义的历史演变》,载《日本学刊》2012年第5期。

④ 参见张荫棠:《致外部电陈治藏刍议》(光绪三十三年正月十三日),载吴丰培编:《清代藏事奏牍》,中国藏学出版社1994年版,第1328—1330页。

⑤ 参见《整顿西藏条议》,载卢秀璋主编:《清末民初藏事资料选编(1877—1919)》,中国藏学出版社2005年版,第67—71页。

《〈社会通诠〉商兑》中提出，如蒙、回、藏接受“醇化”，“吾之视之，必非美国之视黑民”[①]。杨度提出反问：如果不愿同化，是否“吾视之不得不如黑民”？[②]这并不是对章太炎原意的准确表达，但推进了杨度自己的议程。杨度认为，将边疆少数民族与美国受歧视的黑人等量齐观，既不人道，也不可行。之所以不可行，是因为美国各族群混居于同一地域，即便发生种族矛盾，也不会导致领土的分离，但中国的少数民族世居边疆，而且占据清朝版图的大部分。按照等级标准对公民权设置等级和期限的做法会给边疆民族带来受歧视之感，而如果各族不能联合，就很有可能发生领土的分离问题。[③]当然，他对于当时主流话语对黑人与白人的文明等级论评判，并没有提出异议。

第三种就是“门罗主义模式”。与前两种模式相比，“门罗主义模式”的特点在于，由于边疆的分离主义，原本属于内部关系的民族间关系，变成了外部关系。而这也是一种最脆弱的关系。在杨度看来，中国并没有能力复制美国与拉丁美洲的关系，在列强环伺的条件下，很容易从“内部瓜分”走向“外部瓜分”。

虽然其论述涉及以上三种模式，杨度自身的制度思考并没有被它们所限定。在清廷转向立宪的背景下，杨度思考的是如何尽早开国会，吸纳边疆的代表，加强国家整合。其《金铁主义说》主张，对于国民权利唯一正当的限制，是规定不通汉语无被选举权，但对选举权不作限制。这一做法是为了保障各族的国会议员都能够以同一种语言进行沟通和辩论，而国会使用同一种语言，正是各立宪国的通例。这一做法可以反过来促使更多人为了获得被选举权，积极学习国家语言，进而促进国民文化的统一。

在此我们当然可以举出同时期欧洲的多民族帝国奥匈帝国作为反例：奥地利国会中有许多基于民族认同的政党，相互之间的沟通也大量依赖于翻译。不过，在20世纪初革命派与立宪派的辩论中，两派都不看好奥匈帝国，

---

① 章太炎：《〈社会通诠〉商兑》，载《章太炎全集：太炎文录初编》，上海人民出版社2014年版，第348页。

② 刘晴波主编：《杨度集》，湖南人民出版社1986年版，第375页。

③ 同上。

但从同样的贬奥态度中导出了不同的政策。汪精卫认为奥匈帝国硬将不同的族群置于同一代议制框架下，结果是政党以民族为界，相互争斗，强化各个族群的边界意识，反而弱化了国家的认同。[①]汪精卫以此来证明族群的同质性是代议制能够正常运作的条件。这本来是为了“排满”而引入的论据。而杨度同样认为，国会之中不同民族代表依靠翻译来相互沟通和辩论，“此不仅为讨论国事之障碍，且有动摇国本之忧”[②]。但他同时指出，国会并不是仅仅消极被动地反映“国民程度”，而是可以积极主动地塑造国民，如在族群关系上，促进族际交流，提升各族的国家认同。[③]而另一个重要的回应则是，恰恰因为中国的族群缺乏革命派所期待的同质性，保留君主作为维系族群关系的纽带，就尤为重要，而这正是他主张君主立宪而非革命派的共和主张的唯一理由。[④]

从“王者无外”“夷夏之辨”到在西方列强的“文明等级论”之下想象一种中国式的“门罗宣言”，相隔的是工业革命与殖民主义共同带来的一场深刻的“空间革命”。中国不再被想象为至大无外的“天下”之中央，而是并立相争的列国之中的普通一国；内陆边疆不再被简单地想象为缺乏经济价值的“苦寒之地”与拱卫中央的军事屏障，而是日益被视为中国与帝国主义列强的必争之地。而帝国主义列强不仅有强大的有组织的暴力机器，而且掌握了对于“文明”的定义权。杨度质疑了用“文明等级”来界定国家之间关系的论调，但并没有质疑将不同族群纳入不同“文明等级”的做法。在清王朝的藩属体系崩溃之后，中国原有的处理空间政治秩序的自主的知识体系和话语体系也日益衰弱，杨度和许多其他论者一样，不自觉地借用列强处理族群与空间关系的先例，来探讨中国边疆秩序的新的可能性。

杨度等晚清立宪派对于革命派民族观的“纠偏”，在辛亥革命之前和之中发挥了重要的作用，使得“五族共和”迅速成为主流共识。但同时，我们也要

① 汪精卫：《希望满洲立宪者盍听诸》，载胡绳武主编：《清末立宪运动史料丛刊 · 立宪派与革命派的论战》，山西人民出版社 2020 年版，第 123—125 页。

② 刘晴波主编：《杨度集》，湖南人民出版社 1986 年版，第 370 页。

③ 同上，第 371 页。

④ 同上，第 383 页。

看到，即便是这种“纠偏”，也已经深刻打上了19世纪西方“文明等级论”的烙印。中国知识界对于西方“文明等级论”的祛魅，要等到列强在一战中的相互毁灭打破“文明”的幻象之后，才大规模地发生，而中国边疆民族问题的解决思路，也在一战之后，发生了深刻的转变。由于晚年杨度很少论及边疆民族问题，我们很难准确描述他在这一问题上经历了何种思想变化。但从其早年的努力来看，杨度直面“空间革命”，重新思考边疆空间的政治意义，不管其用以参照的西方范例存在何种历史局限性，其出发点始终值得今人尊敬。

三、余论

本文集中探讨了杨度的《金铁主义说》中关于“中国式门罗宣言”的思想实验，在“门罗主义”全球传播史中填补了关于最早的“中国式门罗宣言”想象何以发生的学术空白。与此同时，本文也是对杨度的空间政治思想的研究。19世纪以来，西方列强的入侵终结了中国知识分子对于“大一统”的“天下”秩序的想象，以列国并立格局为出发点的“春秋学”复兴。杨度来自这一传统，并以“霸国”一词指称美国通过“攘夷”和“保全”美洲各国所获得的地位。而其在20世纪初对于“废约自办”粤汉铁路请愿的参与，使其得以更深入地理解美国在中国推行的“门户开放”政策，名为“保全中国”，而实为“灭国新法”“无形之瓜分”，并最终有可能为有形的瓜分准备基础设施条件。杨度主张中国应当整合五族，共同建设君主立宪，认为革命派的主张会导致“内部瓜分”，从而给列强的“外部瓜分”以可乘之机。杨度对“中国式门罗宣言”的探讨，正是发生在这一论战的语境之下，用以揭示革命派的主张可能导致的瓜分后果。

而杨度将内地与边疆的关系类比为美国与受其保护的美洲各国的关系，又表明他在很大程度上内化了19世纪的文明等级论。他以甄克思的“蛮夷（或图腾）社会—宗法社会—军国社会”这一线性进化论框架，探讨中国境内各民族的关系。这一框架使得他将自己对于中国内部地理空间与族群关系的认识体系化了，但又在很多方面阻碍了他更为细致地考察中国的地理空间与族群的关系。

杨度对于“中国式门罗宣言”的想象，是一场深刻的近代“空间革命”的产物。在20世纪初的语境下，杨度能够想象的只是如何适应列强所奠定的全球空间秩序，而非重置这一秩序的底层规则。尽管如此，杨度对于美国的“门罗主义”与“门户开放”政策的深刻剖析，给我们贡献了非常鲜活的“非正式帝国”分析案例。杨度在内政上的主张经历过剧烈的转变，但其对于国际体系的认识，实际上有着显著的一以贯之的要素，那就是对于领土攫取之外的经济压迫、经济掠夺之危害性的深刻认识。在伍廷芳礼赞美国“门罗主义”，希望通过引入美国资本来牵制其他列强对中国领土的“有形之瓜分”之时，杨度已经将“无形之瓜分”提上政治思考的议程。一个多世纪之后，汲汲于领土占取的旧殖民主义已经淡出，而贸易战、科技战却成了我们生活的日常。杨度对于“无形之瓜分”的分析，即便放在今天，也丝毫不显过时。在某种程度上，我们可以说，杨度仍然是我们的同时代人。

作为历史韵脚的"战国策派"*

马克·吐温(Mark Twain)指出,历史并不会重复自身,但会押韵。①这一格言在很大程度上适用于对中国抗日战争时期的思想流派——"战国策派"的观察。近代以来,每当世界濒临乃至陷于列国之间的激烈对抗之时,强调"国竞"的思潮就会应运而生。这些思考将关注点集中在"国家"身上,探讨是什么因素阻碍了国家组织力与竞争力的发挥。

在抗日战争期间,雷海宗、林同济、陈铨等"战国策派"主力作家以"战国"为核心概念展开论述,掀起了20世纪中国第二波立足于"国竞"重新评价中国古代文明的思潮。他们在美国的"门罗主义"、日本的"亚洲门罗主义"以及纳粹德国在欧洲的扩张中,看到以"灭国战"为特征的"战国时代"的重演。1942年6月,林同济撰文预测未来世界秩序的走向,称"这次大战,不论哪一方胜利,其所带来的结果,将不是世界的统一,而是两三个超级国家的诞生。这两三个超级国家可是一类压倒势的'大力国'(great powers),实际上决定着人类命运的前途。配合而来的,也必有一类'大力国主义',从理论上赋予

---

* 本文的一个早期版本,曾以"作为历史'韵脚'的'战国策派'——战争、国竞与中国文明的更化"为题,发表于《天府新论》2024年第4期。

① Hugh Rawson & Margaret Miner, *The Oxford Dictionary of American Quotations*, Oxford University Press, 2006, p.316.

这两三个大力国以公认的地位与特权。”①

“战国策派”既然是20世纪中国第二波立足于“国竞”并重新评价中国古代文明的思潮，其贡献与局限性也可以通过与一战之前的第一波“国竞”思潮的对比来理解。简而言之，两波“国竞”思潮都认识到“大一统”的秩序想象已经成为过去，当今世界处于类似于春秋战国的列国时代，“大一统”时代的许多制度与文化，已成为中国在列国时代参与国际竞争的障碍；两波“国竞”思潮都包含着对于传统家族制度与家族文化的激烈批判，认为其阻碍了国民身份认同的发展；两波“国竞”思潮都包含了对于法家思想更为积极的评价。然而，两波“国竞”思潮所遭遇的历史评价却又如此不同——前者被视为近代许多思想与概念的源头，后者不仅未被赋予类似的首创地位，甚至一度还被视为本土的“法西斯主义”思潮而遭到批判。

“战国策派”将“门罗主义”视为“大力国主义”的见解，实际上与第一波“国竞”思潮中的某些认识颇为接近，但为何“战国策派”遭遇了与前人不同的命运？我国学界对于“战国策派”的研究已经汗牛充栋，但仍缺乏对“战国策”派与一战之前“国竞”思潮的对比。在列国竞争加剧的今天，这一对比有助于我们通过反思历史上的问题提出和回答方式，提炼我们自身的问题和答案。

一、两波思潮的比较

20世纪中国第一波立足于“国竞”并反思中国传统文明的思潮出现于世纪之初。19世纪、20世纪之交的美西战争、第二次布尔战争、八国联军侵华以及1905年的日俄战争，带来了一种“黑云压城城欲摧”的时代氛围。中国会否遭到列强“瓜分”，成为当时士大夫忧心的焦点。康有为虽以“大同”为未来追求，但就当下实践方针而言，则鼓吹中国应向普鲁士—德国学习，并在《大同书》中预测德、英两国在未来百年内必有一战，德国将崛起为欧洲霸主，

---

① 林同济：《民族主义与二十世纪——一个历史形态的看法》，载曹颖龙、郭娜编：《民国思想文丛：战国策派》，长春出版社2013年版，第149页。

与亚洲、美洲的霸主一起迈向最终的世界大同。[1]梁启超在《新民说》中集中关注“民族帝国主义”，认为国家应被认定为最高的人类团体，国家之间的竞争促成文明的进步，而中国秦汉以来的大一统经历导致中国人难以适应当下的大争之世，因而需要“新民”。[2]严复翻译英国学者甄克思的著作《社会通诠》，该书提供了一个从蛮夷（或图腾）社会、宗法社会到军国社会（国家社会）的社会演化解释框架，进一步促使知识界以“宗法社会”概念来批判中国传统，呼吁推动“军国社会”之建设。杨度即汲取甄克思的三阶段论理论框架，作《金铁主义说》，探讨帝国主义列强的军事—财政机制，并呼吁中国应认清并适应新的时代。如梁启超一样，杨度也对中国的家族制度和家族问题展开激烈批判，认为其阻碍了国家组织力的提高。甚至清廷出洋考察官员端方、达寿也受到这一思潮的影响，向慈禧上奏，将“立宪”作为中国适应帝国主义时代的必由之路。[3]

不过，这一波“国竞”思潮随着第一次世界大战中协约国阵营的胜出而走向低落。1918 年，在一战结束的那一年，德国思想家斯宾格勒（Oswald Spengler）出版了《西方的没落》（*Der Untergang de Abendlandes*）。谁也无法预料到，这本著作竟然成为滋养中国抗战时期崛起的“战国策派”的精神营养。雷海宗、林同济、陈铨等“战国策派”主力作家汲取了斯宾格勒的文化形态学，并从中国历史中提取若干关键概念，用于解释世界历史的进程，而其思考的根本问题仍然是中国在“国竞”之世的生存问题。“战国策派”主力作家认为，每种文化都会经历从封建时代、列国时代（包括春秋、战国两个阶段）再到大一统的周期。西方文化已经经历了春秋时期，正在进入战国时期，而中国文化

① 康有为：《大同书》，载姜义华、张荣华编：《康有为全集》（第七集），中国人民大学出版社 2007 年版，第 132 页。值得一提的是，这段文字未见于更早时期的《大同书》手稿，因此极大的可能是，康有为遍考欧洲，对德国产生了新的判断，在发表的时候加上了此段文字。

② 梁启超：《新民说·论政治能力》，载《新民丛报》第 62 号，1905 年 2 月 4 日；另见梁启超：《新民说》，商务印书馆 2016 年版，第 57 页。

③ 端方：《请定国是以安大计折》，载夏新华、胡旭晟等整理：《近代中国宪政历程：史料荟萃》，中国政法大学出版社 2004 年版，第 42—51 页；达寿：《考察宪政大臣达寿奏考察日本宪政情况折》，载夏新华、胡旭晟等整理：《近代中国宪政历程：史料荟萃》，中国政法大学出版社 2004 年版，第 58—59 页。

在历史上过早地经历了春秋、战国，进入了大一统，“贵士”文化衰落，尚武精神不振，官僚人浮于事、中饱私囊，宗族组织的强大和对“孝”的盲目推崇，阻碍了国家的进一步组织化。“战国策派”汲取了尼采的“超人”哲学与歌德笔下的“浮士德精神”，并将其投射到对“贵士”的想象上。

对比“战国策派”与一战前康有为、梁启超、杨度等人的思想，我们可以看到两个历史时刻的思想竟然如此“押韵”：两波思潮都兴起于国际体系中的紧张和对抗程度急剧上升、中国面临生死存亡考验的年代；两波思潮都借助了春秋战国的历史镜像来理解全球秩序，也都反思了秦汉以来的“大一统”所塑造的传统与新的“国竞”时代之间的深刻张力，如君主专制、重文轻武、宗族与孝道等各个方面。当然，在理论资源上，两波思潮必然会存在一些重要的区别：

第一，从中学方面的资源来看，康有为、梁启超、杨度等学人仍然受过传统经学教育，他们对于当代世界与春秋战国时代的对比，植根于晚清今文经学的背景；相比之下，在雷海宗、林同济、陈铨等“战国策派”主力作家的成长过程中，经学背景已经式微了，他们在很大程度上是通过西学理论的中介来把握春秋战国时代的。事实上，他们不仅极少引用经学，甚至也很少在文字中提到康有为、梁启超与杨度等人的先行研究。而这导致他们对于前人已经提出的论述缺乏认识。

第二，从西学资源来看，两波“国竞”思潮分别以“文明”与“文化”两个关键词为“锚点”。尽管19世纪德国的浪漫主义思潮中已经充斥着Zivilisation（文明）与Kultur（文化）的对立，尽管一战前不少“国竞”学人推崇普鲁士—德国，但德国的Kultur（文化）概念很少对他们产生影响，他们的关键词仍然是“文明”而非“文化”。19世纪以来西方主流的文明论以生产方式和社会组织化程度来区分不同族群“文明程度”的高低，进而确定其在全球秩序中的地位，如将欧洲列强与美国划入第一等级，将中国、日本、奥斯曼帝国、波斯等纳入第二等级，将大量处于渔猎和游牧社会阶段的社群归入“野蛮”等级。文明等级论也适用于对西方社会内部不同社会阶层的评价，上层阶级限制选举权的扩大，也诉诸工人、农民、妇女达不到足够“文明程度”这样的理由。相比之下,“战国策派”主力作家更依赖于“文化”概念,他们所推崇的斯宾格勒将 Zivilisation 与 Kultur 对立起来,认为前者是物质性的和外在的,后者则是精神性的与内在的。19 世纪的主流文明等级论基于一元与单线的历史进步论,对于科技与物质进步充满憧憬,对于西方文明的未来充满自信;而斯宾格勒式的文化形态史观则强调西方文化也不过是各种不同文化中的一种,每种文化都在经历着自身的兴衰周期[①],即便是当下的西方也处于衰落的过程之中,其科技与物质的进步可能恰恰带来内在精神的败坏。

不过,尽管斯宾格勒以一种看似悲观的笔调来写作,我们如果关注他笔下西方文化与其他文化的对比,还是可以看到,虽然西方被视为处于衰落之中,但由于其他文化衰落得更早,他看似悲观主义的论调丝毫不影响这样一个结论:西方文化在阶段性的意义上仍然是最为优越的。[②]这种理论气质影响了“战国策派”,他们力主过早陷于“大一统”的中国文化向处于战国时期的西方文化学习。他们认为列国时代(包括春秋、战国两个阶段)的文化最具有生命力,而列国相争的下一步就是产生若干区域性的“大力国”,最终走向大一统。在此,“战国策派”主力作家的论述与康有为《大同书》中的路线图出现了极大程度的重合。康有为以经文经学“三世说”来解释世界历史,勾勒出从各国主权独立的“据乱世”到出现若干区域霸权的“升平世”,再到全球一统的“太平世”的轨迹。[③] 只不过,康有为认为“去国界”将带来和平,对此充满向往,而“战国策派”则从斯宾格勒式的历史周期理论出发,将其视为一种文化精神衰退的特征。在大一统时代,历史上的“贵士”(对应尼采的“超人”)文化

① 雷海宗指出:“文化既是个别的,断代当然以每个独立的文化为对象,不能把几个不同的个体混为一谈而牵强分期。每个文化都有它自然发展消长的步骤,合起来讲,必讲不通;若把人类史认为是一个纯一的历史,必致到处碰壁,中国的殷周时代当然与同时的欧洲或西亚的历史性质完全不同,中古时代的欧西与同时的希腊半岛也背道而驰。我们必须把每个文化时间与空间的范围认清,然后断代的问题以及一切的史学研究才能通行无阻。这是“正名”的第四种收获,使我们知道人类历史并不是一元的,必须分开探讨。互相比较,当然可以;但每个文化的独立性必须认清。”雷海宗:《中国文化的两周》,载曹颖龙、郭娜编:《民国思想文丛:战国策派》,长春出版社 2013 年版,第 52 页。

② 参见王向远:《斯宾格勒“文明观相学”及东方衰亡西方没落论》,载《中外文化与文论》2018 年第 1 期。

③ 康有为:《大同书》,载姜义华、张荣华编:《康有为全集》(第七集),中国人民大学出版社 2007 年版,第 132 页。

会堕落为一种更为孱弱的精神(对应尼采笔下的"末人"精神)。全球走向"大一统",对西方来说,是一个缓慢的精神堕落过程,但对于因过早陷于区域"大一统"而武德不彰的中国来说,却可能带来灭国之虞。

"战国策派"和一战前的"国竞"学人都致力于对中国秦汉以来的传统文化进行"价值重估"。梁启超在其《新民丛报》系列论述中认为文明的进步依赖于竞争,中国的"大一统"消灭了国家之间的竞争,从而带来了文明的停滞。[①]"战国策派"对秦汉以来的"大一统"作出了更严厉的批判,如雷海宗认为:"秦以上为动的历史,历代有政治社会的演化更革。秦以下为静的历史,只有治乱骚动,没有本质的变化。在固定的环境之下,轮回式的政治史一幕一幕的更迭排演,演来演去总是同一出戏,大致可说是汉史的循环发展。"[②]林同济指出,当代国人对于许多国际事件的回应,表明以"大一统"的眼光来评量审定"大战国"的种种价值与现实的习惯仍然根深蒂固:"从上次欧战后之高歌'公理战胜',以至'九·一八'之苦赖国联,其思想都出于一条的路线。置身火药库旁,却专门喜欢和人家交换'安详古梦',这恐怕是我们民族性中包含的最大的危险。"[③]而中国要脱离危险,就需要"'倒走'二千年","再建起'战国七雄'时代的意识与立场,一方面来重新策定我们内在外在的各种方针,一方面来仔细评量我们二千多年来的祖传文化!"[④]

雷海宗指出,就高等文化的发展而言,战国并不是最令人向往的历史阶段。他更看重的是春秋时代:"它的背景是封建,它的前途是战国。它仍保有封建时代的侠义与礼数,但已磨掉封建的混乱与不安;它已具有战国时代的齐整与秩序,但尚未染有战国的紧张与惨酷。人世间并没有完全合乎理想的生活方式与文化形态,但在人力可能达到的境界中,春秋时代可说是与此种理想最为相近的。"[⑤]雷海宗将西方的春秋时代定位在宗教改革与法国大革

---

① 梁启超:《新民说》,商务印书馆2016年版,第56—62页。

② 雷海宗:《无兵的文化》,载曹颖龙、郭娜编:《民国思想文丛:战国策派》,长春出版社2013年版,第30页。

③ 林同济:《战国时代的重演》,同上,第87页。

④ 同上。

⑤ 雷海宗:《历史警觉性的时限》,载曹颖龙、郭娜编:《民国思想文丛:战国策派》,长春出版社2013年版,第70页。

命间的三个世纪[①],并认为法国大革命后的欧洲逐渐进入战国时代,延续至今。如果说从法国大革命到一战还有一些春秋时代的余味的话,一战标志着人类进入了残酷无情的"灭国战"的时代。[②]春秋的战争是为了维持均势,大国只寻求对霸权的承认而不寻求对他国的歼灭,因此"一切的生活就自然呈现一种优闲的仪态,由谈话到战争,都可依礼进行"[③]。

然而战国的灭国战扫荡了这种悠闲的气氛。林同济认为,韩非子的"上古竞于道德,中古逐于智谋,当今争于气力"抓住了战国时代的精神,而斯宾格勒认为以后世界政治第一,现代管理学学者德鲁克(Peter Drucker,林同济译为"德拉克")著书《经济人的终结》(*The End of Economic Man*),都对战国时代的气质有所阐述。林同济指出:"战国的气运,仿佛定命似一般,都要向着'世界大帝国'一方面拥进,而且所采取的手段,好像也都不由自主地要出于歼灭战之一途。"[④]

在"战国策派"主力作家看来,尽管战国时代相比于春秋时代而言在文化活力上有着种种欠缺,却是抗战时期的中国不得不面对的现实。像战前的梁启超一样,他们认为中国过早陷入"大一统"社会,由此形成的历史沉淀阻碍了中国有效地应对新战国时代。雷海宗认为秦汉以下的中国社会是"没有阶级"的"一盘散沙"的社会:"个人、家族,以及地方的离心力非常强大,时时刻刻有使天下瓦解的危险。社会中并没有一个健全的向心力,只有专制的皇帝算是勉强沙粒结合的一个不很自然的势力。"[⑤]而在乱世降临之时,皇帝的专制无法运行,于是"各地豪族、士官、流氓、土匪的无理的专制代替了皇帝一人

---

① 雷海宗:《中外的春秋时代》,载曹颖龙、郭娜编:《民国思想文丛:战国策派》,长春出版社2013年版,第72页。

② "欧西由法国革命到第一次大战,还略微保留一点春秋时代的余味。但那只是大风暴雨前骗人的平静,多数的人仍沉湎于美梦未醒的境界时,惨酷的、无情的、歼灭战、闪电战、不宣而战的战争,灭国有如摘瓜的战争,坑降卒四十万的战争,马其诺防军前部被虏的战争,就突然间出现于彷徨无措的人类之前了。"同上,第74页。

③ 林同济:《战国时代的重演》,载曹颖龙、郭娜编:《民国思想文丛:战国策派》,长春出版社2013年版,第84页。

④ 同上。

⑤ 雷海宗:《无兵的文化》,载曹颖龙、郭娜编:《民国思想文丛:战国策派》,长春出版社2013年版,第33页。

比较合理的专制”[①]。自汉以降,中国社会只有两种比较强大的组织,就是士大夫和流氓。士大夫“实际等于一个政党,而且是唯一的政党”[②]。但天下一乱,大权就转移到“流氓”手中,这里的“流氓”包括了形形色色的农民起义队伍。至于商人的地位,林同济认为欧洲的“商”压倒了“官”,由资本主义的形式产生现代的富豪政治(plutocracy);但中国的“商”始终受制于“官”,而官又应用“中饱政治”的形式阻碍了资本主义的诞生。[③]

雷海宗认为,春秋的“君子”身上呈现出刚毅不屈、慷慨悲壮、光明磊落的道德品质与文武双全的技能,可谓真正的“贵士”。[④]但“大一统”摧毁了“贵士”精神,从而使得尚武精神衰落,中国变得文弱不堪,无法应对新的大争之世。春秋的“贵士”,在战国则出现文武分途,汉以后所谓士君子或士大夫就完全属于战国时代“游说之士”的余脉,未继承“游侠”传统。[⑤]林同济指出,这是一个从世族政治时代(aristocracy)到官僚政治时代(bureaucracy)的巨大变化。[⑥]

“贵士”精神的衰落,也导致中国文化变成一个“完全消极的文化”:“主要的特征就是没有真正的兵,也就是说没有国民,也就是说没有政治生活。”[⑦]由此延伸出来的讨论是,同样是官僚制度,大一统时代的官僚制度相比于战国时代的官僚制度也已经大大退化:“拿我们二千年大一统局面下日就颓萎的官僚制度,要来同现在血气方刚的大战国的官僚制度争担时代的使命,必败无疑!”[⑧]“战国策派”主力作家认为“大一统”局面下重文轻武的精神延续到当时,是因为抗战时期的征兵并不针对知识阶层,今日的知识阶层尚未学

---

① 雷海宗:《无兵的文化》,载曹颖龙、郭娜:《民国思想文丛:战略策派》,长春出版社 2013 年版,第 33 页。

② 同上。

③ 林同济:《中饱与中国社会》,载曹颖龙、郭娜编:《民国思想文丛:战略策派》,长春出版社 2013 年版,第 101 页。

④ 雷海宗:《君子与伪君子——一个史的观察》,同上,第 45 页。

⑤ 同上,第 45—46 页。

⑥ 林同济:《中饱与中国社会》,载曹颖龙、郭娜编:《民国思想文丛:战略策派》,长春出版社 2013 年版,第 100 页。

⑦ 雷海宗:《无兵的文化》,同上,第 30 页。

⑧ 林同济:《中饱与中国社会》,同上,第 100 页。

得西洋的尚武精神。[1]陈铨进一步指出，士大夫阶级的腐化还导致了英雄崇拜在上层阶级中的失落，而"五四运动"以来个人主义的发达进一步加剧了士大夫的腐败，中国抗战靠的是下层阶级身上遗留的传统的英雄崇拜精神。陈铨由此得出的结论是："中国现在还有许多教育家，在他们那种教育方针之下，在慨叹中国平民教育不发达，其实平民教育要太发达，中国民族，一定会更不能崇拜英雄，更是一盘散沙，这次抗敌，更没有人拼命了！"[2]

"国竞"的大势使得法家的思想地位上升。战前的梁启超力倡国家主义，曾称法家为"注重国家利益之开明专制家"，并列出一个从管子、子产、越王勾践、赵武灵王、商鞅到诸葛亮、王猛、王安石的"开明专制"改革家名单，其中颇多法家色彩的人物。[3] "战国策派"在肯定法家方面走得更远。从战国时代的需要出发，雷海宗猛烈批判宗法社会与孝道文化。他认为商鞅变法鼓励大家族析为小家庭，减少家族内部的团结力，增强了人民对于国家的忠心："这种政策不见得完全成功，但宗法制度必受了严重的摇撼。到汉代就把这种将消未消的古制重新恢复。在重农抑商的政策之下，秉持宗法的大地主阶级势力日盛。同时，儒教成为国教后，这个事事复古的派别使宗法社会居然还魂。丧服与三年丧是宗法制度的特殊象征。"[4]林同济则认为，五四时代的"非孝"一般立足于个人解放与个性解放，但更需要以国力组合与政治集体为立场。从国家竞争的需要来看，应当将"忠"而非"孝"置于首要地位。[5]

在斯宾格勒式的视野中，"大一统"意味着活跃的"文化"变成僵死的"文明"。但在雷海宗看来，中国"大一统"时代的文化不能说毫无优点。在世界上的其他区域，一般"大一统"帝国就意味着文化的衰落乃至终结，然而中国

---

① 雷海宗：《君子与伪君子——一个史的观察》，载曹颖龙、郭娜编：《民国思想文丛：战略策派》，长春出版社2013年版，第47页。

② 陈铨：《论英雄崇拜》，同上，第188页。

③ 梁启超：《开明专制论》，载张品兴主编：《梁启超全集》，北京出版社1999年版，第1457、1460页。

④ 雷海宗：《中国文化的两周》，载曹颖龙、郭娜编：《民国思想文丛：战国策派》，长春出版社2013年版，第56页。

⑤ 林同济：《大政治时代的伦理——一个关于忠孝问题的讨论》，同上，第77页。

在秦汉建立统一帝国后，虽然经过三国六朝的短期消弱，却又实现了复兴。[①]雷海宗将中国历史的第一周定位于从最初至383年的淝水之战，称之为“纯粹的华夏民族创造文化的时期”，第二周则由383年至抗战时期，是北方各种胡族屡次入侵、印度的佛教深刻影响中国文化的时期。[②]而中国之所以能够在内外挑战下实现复兴，主要是因为南方的开发使得文化获得了新的生命延续，这在世界历史上是非常独特的：“没有其他的文化，我们能确切的说它曾有过第二周返老还童的生命。”[③]

不过，最近一个世纪西洋的武力和文化入侵，与历史上的武力和文化入侵不同。在雷海宗看来，汉末以来的入侵力量中，武力属于五胡，文化属于印度，二者是分离的，但西洋民族的武力与文化都更为强劲，而且是结合在一起的，从而对中国构成空前的挑战。[④]但换一个角度来看，这也给了中国文化一个自我更新的机遇：“我们混沌的过了二千年的静止生活。今日幸逢欧西的盛大时会，受了外力的渲染，又第二次的得有明了历史的良机。”[⑤]雷海宗将“战国策派”的工作，视为“明了历史”的一种努力。不过，正如上文的对比所表明的那样，由于缺乏对康有为、梁启超、严复、杨度等人先行研究的阅读和总结，“战国策派”对于自身的原创性，有着过高的估计。

二、世界大战的冲击

一战前的康有为、梁启超、严复、杨度等人在思考的基本倾向上与“战国策派”是接近的，都认为中国在当下难以适应日益升级的“万国竞争”，需要加强自身的组织力。不过，一战中西方列强相互厮杀，上千万生命灰飞烟灭，给

---

① 雷海宗：《此次抗战在历史上的地位》，载曹颖龙、郭娜：《民国思想文丛：战略策派》，长春出版社2013年版，第65页。

② 雷海宗：《中国文化的两周》，同上，第52页。

③ 同上，第62页。

④ 雷海宗：《无兵的文化》，载曹颖龙、郭娜编：《民国思想文丛：战略策派》，长春出版社2013年版，第42页。

⑤ 雷海宗：《历史警觉性的时限》，同上，第70页。

他们带来了巨大的震撼,从而带来了一定的思想转向。但“战国策派”主力作家对于前人的这一转向,缺乏梳理和总结,而这在很大程度上导致他们重蹈前人的覆辙。

先来看一战带来的思想冲击。作为西学传播先锋,严复在 1918 年 8 月 22 日致熊锡育的信中感叹:“不佞垂老,亲见脂那七年之民国与欧罗巴四年亘古未有之血战,觉彼族三百年之进化,只做到‘利己杀人,寡廉鲜耻’八个字。回观孔孟之道,真量同大地,泽被寰区。”[①]梁启超将德国作为其倡导的国家主义的典范,在一战刚爆发的时候,预测德军必胜:“彼德国者,实今世国家之模范。国家主义如消灭斯已耳,此主义苟一日存在者,则此模范国断不容陷于劣败之地。不宁惟是,以德与英法诸国战,无异新学艺与旧学艺战,新思想与旧思想战,新人物与旧人物战,新国家与旧国家战。使德而败,则历史上进化原则,自今其可以摧弃矣。”[②]梁启超从社会达尔文主义“优胜劣汰”的视角出发,认为德国是引领进化潮流的国家,断无败落之理。但随着战事的进展,梁启超很快转向,支持中国加入协约国作战,而这带来的结果是,他不仅放弃将德国视为引领进化潮流的国家,甚至对社会达尔文主义的基本原理,也一并作出反思。

一战后所作的《欧游心影录》系统地体现了梁启超的思想转变。一战前的梁启超将国家作为最高级的政治单位,认为国家之间的竞争导致文明进步,但一战使其认识到国家之间的竞争带来的剧烈战争有可能消灭文明,从而寻求和平,同意在国家之上建设更高的国际组织;相应地,梁启超也改变了自己对中国文明的认识,不再强调中国秦汉以来的“大一统”构成国家建设的阻碍,而是认为中国古代历史富含建设超国家组织的经验,以此为基础,中国可以在国际联盟的建设中有所作为。同时,梁启超从一战的爆发之中认识到资本主义—帝国主义是战争的根源,因而在战后,从倡导“竞争”转向强调“互

---

① 汪征鲁、方宝川、马勇主编:《严复全集》(第八卷),福建教育出版社 2014 年版,第 365 页。

② 梁启超:《德国战役史论》,载张品兴主编:《梁启超全集》,北京出版社 1999 年版,第 2719 页。

助”；梁启超在20世纪初与革命派论战之时，对革命派的社会主义论述有很多的批判，而在一战之后，他自己也大讲社会主义——当然，他的社会主义主张并不是接受苏俄的方案，而只是缩小贫富差距，调和阶级矛盾，在工业化带来分化之前，就在政治与法律上未雨绸缪，给予弱者特殊的保护。他对1919年德国制定的魏玛共和宪法表现出了很大的兴趣，并将其许多制度创新吸收到了自己起草的《湖南自治法大纲》之中。[①]

与严复、梁启超相比，在战前写作《金铁主义说》并力主君主立宪的杨度在行动上走得更远：他最终在大革命低潮期加入了中国共产党。在作于晚年的《论圣贤同志》中，他以孔子、子路、颜渊各述其志，阐发对“各尽所能、各取所需”的理想社会的想象，称“圣贤同志于共产主义”。[②] 一战期间，思想上看起来变化较小的是康有为，他在1917年激烈反对中国加入协约国参战，并在战后仍然坚持君主立宪的主张，只是对自己的“三世说”理论框架的时代判断作出了一些调整。在1904年的《意大利游记》中，康有为曾称“吾昔者视欧美过高，以为可渐至大同，由今按之，则升平尚未至也”[③]。“升平尚未至”，因此德国的国家主义足以引领时代风潮。但在战后，康有为认为，在列国之间加强协调的“升平世”，“欧美人互相提携而摈斥他种，夷灭菲洲，彼亦自谓内诸夏而外夷狄者也”[④]，德皇威廉二世却行“据乱世”之法、“私其国”。这看起来是“三世说”对具体的时代判断的微调，但究其实质，幅度不可谓不大：如果西方仍然处于“据乱世”，威廉二世的德国无疑是引领风潮的；但如果西方已经到了“升平世”，德国的国家主义就落后于时代了。

不过，对于一战后的中国思潮走向，“战国策派”主力作家注意到的是在“威尔逊主义”影响之下流行的个人主义思潮，认为“欧战后的西方政治与思

---

① 关于梁启超的反转之分析，参见章永乐：《发现“二十世纪之宪法”——以20世纪20年代前期为中心的考察》，载《清华法学》2021年第3期。

② 杨度：《论圣贤同志》，载刘晴波主编：《杨度集》，湖南人民出版社1986年版，第756—758页。其时为防当局，文稿中“共产主义”四字均经涂抹。

③ 康有为：《意大利游记》，载姜义华、张荣华编：《康有为全集》(第七集)，中国人民大学出版社2007年版，第374页。

④ 康有为：《致议和委员陆、顾、王、施、魏书》，载姜义华、张荣华编：《康有为全集》(第十一集)，中国人民大学出版社2007年版，第99页。

想是一种欧洲文化的支流对其本流的暂时反对”，无改于历史发展的大势。与此同时，这种个人主义的思潮并非毫无积极意义，它冲击了“大一统”时代遗留的文化，如宗族的孝文化，间接地起到了强化国家的作用。林同济指出：“个性解放自现代的现实看去，可说是国力发展的基础，也是国力集中的导线。就中国二三十年来的经历而说，‘五四’运动的解放个性正是我们从今而后国力发展运动的先锋。”[①]这在理论逻辑上几乎是对19世纪80年代“救亡压倒启蒙”之说的“逆练”：个性解放的最终指向就是救国。

那么，如何看待一战之后的社会主义思潮呢？林同济并未评论梁启超等人一战后的社会主义论述，而是将关注点集中到苏俄之上，认为苏俄的计划经济事实上加强了国家的力量，塑造了新的“大力国”，为进一步的全面战争做好了准备。时代提出的问题是“如何把整个国家的力量，组织到最高度的效率以应付战国时代势必降临、势已降临的歼灭战、独霸战”，苏联与德国的政治经济制度都是在回应这个问题，向着“战国式”的国家前进，英美也逃脱不了这个大势，最后各国都是向着“国产主义”殊途同归。[②]如此，各种意识形态的争论，无论是民治对全能，还是社会主义对资本主义，都无法契合现实，“如果有一些国家依旧应用着那些老名词，那也是完全把它们当作战国作战的工具。合用则高唱高举，不合用则如屣弃捐”[③]。

林同济等人设想，在未来的激烈“国竞”之中，会有若干“大力国”保存下来，大部分国家将被吞并：“大可能的，也许开始是一种大陆式的若干‘区域霸国’的对峙，最后乃在火拼而成为全世界的‘大一统’。”[④]与康有为类似，“战国策派”主力作家设想了一个殖民帝国相互吞并，最后通过区域一体化直达全球一体化的前景。林同济在1942年发表的《民族主义与二十世纪》一文中讨论了同年荷兰裔美国地缘政治学家斯皮克曼(Nicholas John Spykman)出版的《世界政治中的美国战略》(*America's Strategy in World Politics: The*

---

① 林同济：《大政治时代的伦理——一个关于忠孝问题的讨论》，载曹颖龙、郭娜编：《民国思想文丛：战略策派》，长春出版社2013年版，第77页。

② 林同济：《战国时代的重演》，同上，第87页。

③ 同上。

④ 同上。

United States and The Balance of Power)一书。该书主张，美国如果要保障西半球的安全，就不能不介入欧亚大陆事务，寻求全球范围内的势力均衡。林同济评论："他的见解谅不能得美国朝野大多数人士的赞同，但我们一方面深信英美同盟国确守《大西洋宪章》的精诚，一方面却不能不注意其他发展的可能性以至或然性。"①所谓"其他发展的可能性"，指向的仍然是德日获胜，若干"大力国"宰制世界并最终走向世界一统的前景。在林同济看来，如果德日获胜，民族主义就会逐渐消亡；但如果美国获胜，"民族主义或可取得一种新方式与大力国主义并行而并存"。②

也恰在1942年，钱穆撰文《战后新世界》对"战国策派"的论述作出了回应。钱穆将"战国策派"的主张概括为"此次战争，只是世界人类大决斗之开始。自此以往，国际斗争将愈演愈烈，非至世界归于一统不止"③。钱穆认为，二战不是像一战一样的殖民帝国重新划分殖民地的战争，而是新兴的文化势力反抗旧世界四百年传统殖民侵略文化的"革命战争"。钱穆将日本的殖民政策视为"欧洲传统的一条尾巴"，因而中国的抗日战争尤为集中地体现了反抗殖民秩序的革命性。钱穆预测，随着殖民地的解放，西方殖民宗主国内部的"传统中产阶级"，对外不能榨取殖民地的财富，在国内的优势地位也难以持久，其结果是殖民宗主国内部的政治体制也会进一步演变，超越中产阶级的专政，向着进一步的"全民平等"演变。概言之，二战的结局，不仅是国际关系的平等化，也是西方国家内政的平等化。钱穆认为"战国策派"的主张"误于承袭旧传统"，认为二战是一战殖民帝国对殖民地的争夺的延续，但一战本身就已经证明了武力争夺殖民地的失败。

钱穆同时也驳斥了"战国策派"对于中国战国时代的论述，指出中国的战国相争，其实是传统旧势力之间的战争。六国虽然败亡，但秦国的取胜只是"假胜"，最后成为"封建传统旧势力之最后一个败者"，而真正胜利的力量，是

---

① 林同济：《民族主义与二十世纪——一个历史形态的看法》，载曹颖龙、郭娜编：《民国思想文丛：战略策派》，长春出版社2013年版，第148页。

② 同上，第149页。

③ 钱穆：《文化与教育》，九州出版社2014年版，第66页。

“新起的平民阶级”：“两汉政府四百年规模，此才算是真胜。”[①]然而，钱穆对“新”“旧”的界定，恐怕正是“战国策派”主力作家所排斥的。他们在歌德、尼采和斯宾格勒的影响之下，将一种理想的人格投射到春秋时代的“贵士”身上，而将社会的平等化视为败坏的来源。

究竟是钱穆还是“战国策派”主力作家的看法更符合二战后的历史走向呢？在二战结束将近80年之后，我们可以凭借我们的“后见之明”作一些比较。二战结束之后，亚洲、非洲与拉丁美洲大量民族与国家脱离殖民宗主国而独立，而美、苏两个最符合“大力国”定义的超级大国，也在很大程度上推动了欧洲殖民帝国统治的前殖民地的独立。在国际法上，“主权”原本是自命为“文明国家”的殖民宗主国才能享受的特权，但在二战之后，一系列脱胎于前殖民地半殖民地的国家至少在形式上获得了完整的“主权”。以占领对方土地乃至灭国为目的的战争并未完全消失，但战后国际体系对发动战争的控制力度也是空前的。“战国策派”没有看到的是，旧殖民主义对土地的贪欲，已经不符合新殖民主义帝国的经济理性：新殖民主义帝国只需要在实质上控制其他国家的经济命脉，通过金融体系即可完成巨额财富的转移，而占领土地反而会带来巨大的统治成本和道义上的声誉损失。即便在后冷战的单极国际体系中，美国也并没有在法律上将其他国家的领土纳为自己的国土。

“战国策派”主力作家认为抗战依靠的是平民阶层身上残存的“英雄崇拜”，并认为平民教育会削弱这种“英雄崇拜”，这或许是对国统区抗战经验的一种(片面的)总结，但更暴露出他们对中国共产党及其领导的军民抗战经验缺乏理解。八路军和新四军之所以能够在敌后不断开辟新的根据地，动员人民起来抗击日本帝国主义入侵，靠的绝不是什么“英雄崇拜”，而是通过减租减息与“大生产运动”等改革措施，让农民获得了实实在在的利益，是通过对基层社会的再组织化，克服了“一盘散沙”的局面，更是通过“群众路线”，始终植根于民众，进而从民众中获得源源不断的力量。共产党人大力推广“平民

---

① 雷海宗：《此次抗战在历史上的地位》，载曹颖龙、郭娜编：《民国思想文丛：战国策派》，长春出版社2013年版，第67页。

教育”，让群众认识到个人、家庭的利益与国家危亡之间的密切关系。更为戏剧性的场景其实发生在抗美援朝的战场上：东北战场上投诚起义的国民党军，经过解放军的改编和改造，在朝鲜战场上爆发了惊人的战斗力。而这恰恰是因为这些战士们经过了一种真正的“平民教育”，认识到他们乃是为了保卫革命的胜利果实而战，这种胜利果实不仅包括他们家人分到的土地，更包括了更为平等的政治社会关系带来的尊严感。①

事实上，当“战国策派”主力作家将春秋战国时代的“贵士”作为武德的典范，并认为社会的平等化会摧毁武德之时，他们就已经在极大程度上误解了现代战争的本质。现代战争不是骑士的单打独斗，而是组织化、规模化的对抗，需要大量的人力投入，更需要一个强大的社会组织体系作为后盾。在欧洲，当平民被武装起来之后，他们在政治上也具有了更大的分量，而这进一步推动了政治权利的平等化；反过来，社会的平等化，也使得更深入的军事动员成为可能。拿破仑之所以能够横扫欧洲的传统贵族军队，靠的不是什么“英雄崇拜”，而首先是法国大革命推动的社会的平等化，这使得拿破仑不仅可以征发更多的平民士兵，还可以实践小纵队突击的“散兵线”战术，在战术上对传统贵族统领的雇佣军构成“降维打击”。而拿破仑战争的冲击，也迫使欧洲的王朝贵族国家纷纷改革旧制，一方面推行义务兵役制，另一方面也被迫给予平民更多政治权利。在20世纪，两次世界大战也极大地推动了西方国家内部的平等化：战时男子上前线，使得妇女走出家庭，承担很多社会经济职能，进而获得更大的政治权利；战后大批退伍军人的福利待遇问题，促进了社会福利体系的完善。

“战国策派”主力作家提供了一种强势的“国家自主性”理论，认为国家自身就是强有力的行动者，这对于那种仅仅将国家作为各个不同社会集团竞争的平台的理论，具有“纠偏”的意义。但是，他们自身的理论却构成了另外一种偏见，在强调“国家自主性”的同时，放弃了深入追问是哪种社会力量及其政治原则在支配着国家机器。而被视为“新儒家”的钱穆反而在一定程度上

① 参见高戈里：《心路沧桑——从国民党六十军到共产党五十军》，四川人民出版社2015年版。

受到马克思主义的影响，分析“中产阶级”（资产阶级）对于西方国家内政以及非西方世界的支配模式的变化，探讨战争如何在国际和国内两个方面改变新的政治主体与旧的政治主体之间的力量对比。在第一次世界大战之前，无论是在康有为、梁启超，还是在严复、杨度身上，我们都很难看到这种分析方式，他们的基本理论模式，仍然是国与国的竞争，而春秋战国则是他们为这种竞争所提供的历史镜像。“战国策派”经历了一战后知识界对于“国竞”思维模式的突破，因而相比于第一波“国竞”思想者，可谓更为自觉地回归“国竞”理论范式，从而完成了历史的“押韵”。

三、余论

“战国策派”主力作家们的论述及其历史命运，向今人展示了历史是如何曲折前进的。作为一战之后的“国竞”论述者，他们与一战之前的“国竞”论述者构成了“押韵”关系。只不过，一战之前的“国竞”论述者被广泛视为历史的先行者，而当“战国策派”主力作家们以不同的理论资源，得出类似结论的时候，他们不仅没有得到“先行者”的声誉，反而受到各方的怀疑。在本文看来，两者遭遇不同评价的原因在于，一战之前的不少“国竞”论述者在战后对于帝国主义战争展开了深入的反思，从而汇入了“觉醒年代”的思想大潮，而“战国策派”主力作家们较为轻易地忽略这种反思，从而在更为逼仄的国际环境压力之下，将一战之前的“国竞”论述中的某些倾向进一步推向极端。

逼仄的国际环境，使得包括“战国策派”在内的诸多近代知识分子倾向于将“大一统”以来的古代中国文明视为停滞的文明，认为对竞争的压抑，使得中国在与欧洲文明的遭遇中陷入落后境地。作为一种“批判的历史”，它具有打破自满心态、推动自我革新的政治功能，但它所依据的“中国文明停滞论”不是别的，而正是19世纪欧洲殖民主义的理论家对于中国的典型论述。① 在

① 如黑格尔：《历史哲学》，王造时译，上海书店出版社，2001年，第117—137页；Alexis de Tocqueville, *Selected Letters on Politics and Society*, James Toupin & Roger Boesche trans., University of California Press, 1985, pp. 141-142; Alexis de Tocqueville, *Democracy in America*, James T. Schleifer trans., Liberty Fund, 2010, p. 786.

"中国文明停滞论"之下,欧洲列强对中国的侵略,就会被论证为具有刺激中国走出停滞状态的正面意义,反而会变成功大于过。然而时至今日,越来越多的学者倾向于认为,中西之间实力对比的"大分流",其关键时刻是在18世纪,而绝不应该被追溯到如此遥远的秦汉时期。在18世纪,中国规模巨大的十三行对外贸易吸引全球各地白银源源不断流入中国;中国与欧洲的火器并没有出现显著代差。乾隆平定准噶尔曾震动沙俄帝国,清军于1892年翻越喜马拉雅山反击廓尔喀,曾对英属东印度公司构成极大的震慑。认为中国自秦汉以下战力就不断衰退,不仅于史无据,也不利于今人客观总结近代教训。

更重要的是,从抗日战争到抗美援朝,中国最终实现了"战国策派"向往的"武德"重振,一雪百年国耻,但遵循的并不是"战国策派"想象的倡导"贵士"精神的途径;中国主流史学界也没有像"战国策派"那样褒扬春秋战国并大力贬抑秦汉以下的社会,因为"重振武德"的成功,反而使得这样做没有必要。春秋战国的镜像,无疑是近代中国适应"国竞"的重要思想资源,但当代世界的"国竞"越来越变成超大规模国家之间的竞争,中国作为超大规模国家的"参赛资格",显然需要追溯到秦统一六国、终结战国的历史进程。当代中国以超大规模的统一标准基础设施(如高速公路网、高速铁路网、智能电网、5G通信网、全国一体化算力网等)培育"新质生产力"的经验,恰恰体现出,中华文明的"统一性"并不必然构成对创新的压抑,而是可以通过更普惠的基础设施服务、更细致的劳动分工,不断培育新的创新集群,从而更有效地应对全球局势中的竞争。

从"自主知识体系"构建的角度而言,"战国策派"将中国春秋战国的历史经验作为理论建构的资源,用于解释西方历史,是极其可贵的凭借本土历史经验构建普遍史观的努力。但与此同时,我们还需要认识到,春秋战国的历史镜像并非"战国策派"历史理论的"源代码",而仅仅是其"界面"。就实际的思想发展进程而言,"战国策派"更像是为肇源于德国的"文化"理论找到了本土的符号,并以本土的"界面"展开世界历史论述。然而更具自主性的知识体系沟通,是从"源代码"层面开始,而非仅仅为输入的"源代码"找到本土的"界面"。

在“百年未有之大变局”所带来的新“国竞”态势之下，今人更需要放宽而非收窄历史的视野，认识到“国竞”绝不仅仅是特殊的共同体之间的竞争，更是具有普遍意义的生产方式与生活方式之间的博弈：只有掌握先进生产力，并使发展的成果惠及所有的民众，才能够调动所有民众的积极性，赢得新的“国竞”，对中国而言，这一过程，本身就是推动“中国式现代化”，不断创造“人类文明新形态”的过程。“战国策派”的爱国之心，日月可鉴，但他们未必像许多后世读者想象的那样洞悉现代战争与国家竞争的本质。

以“乡土中国”为镜鉴：费孝通论“门罗主义”

费孝通与美国“门罗主义”之间，究竟存在什么关系？在社会学、人类学学科领域之外，不少学人知道费孝通是中国社会学、人类学的巨擘，“乡土中国”概念的提出者与阐发者，中华民族“多元一体”观念的重要阐发者；社会学、人类学学科领域内的研究者则有可能进一步了解费孝通是“社区研究”(community studies)学术传统的继承与发扬光大者。然而，如果将费孝通与“门罗主义”这样的国际政治议题关联在一起，就大多数人的直觉而言会是不协调乃至突兀的。

二者之间的连接线索，是费孝通关于海外社会的随笔与评论。我们完全可以将费孝通与19世纪法国思想家托克维尔归为一类：他们都是远渡重洋、“在他处思考”的学人，并留下了重要的著作。托克维尔在19世纪上半叶写了《论美国的民主》(更准确的译名应该是“民主在美国”)，至今仍是美国人自我理解的思想镜鉴。而费孝通1943年6月—1944年7月通过中美两国政府支持的学者交流项目，在美国进行了为期一年的学术访问，其间用中文写了一系列随笔与评论，其中《旅美寄言》(共8篇)在昆明的《生活导报》上连载。1945年，费孝通在生活书店出版旅美札记《初访美国》。1947年，费孝通在读到美国人类学家米德(Margaret Mead)的 *The American Character* 之后，有感而发，写下了题为《美国人的性格》的同名札记，同年由生活书店出版。1979 年，费孝通时隔 35 年重访美国，又写了《访美掠影》，1980 年由三联书店出版。1936—1938 年，费孝通就读于英国伦敦政治经济学院，最终获得博士学位。1946 年，费孝通重访英伦。他通过留学和后续的访问经历，保持了对英国的观察和思考。1983 年，费孝通在湖南人民出版社出版了他在 1946 年 4 月—1947 年 5 月之间所撰写的随笔《重访英伦》，在其中亦包含了一些对美国的评论。

我们可以在一种松散的意义上，将这些论著视为费孝通的"区域国别研究"著作，属于费孝通"三圈"论述的"外圈"部分："内圈"的核心内容是对中国内地"乡土社会"的思考，"中间圈"是对中国边疆民族地区的考察，"外圈"则是他的海外民族志论述。[①] 而"社区研究"对于一定地域范围内的人民构成及其生活形态与文化特质的关注，贯穿了他的"三圈"论述。"门罗主义"出现在费孝通"外圈"论述的边缘地带，以往也很少引起人们的注意。目力所及，刘琪于 2008 年发表在《中国人类学评论》上的《异乡之旅——读费孝通〈美国与美国人〉》是少有的触及费孝通"门罗主义"论述的文章，注意到了费孝通将"杜鲁门主义"(Truman Doctrine)置于"门罗主义"传统中进行评论，并对费孝通的中美比较视角作了进一步剖析。[②]陈占江《作为方法的乡土——以费孝通著述为中心》指出，"在行走乡土的间隙，海外行走亦构成费孝通思想的经验之源"，并对费孝通"以乡土为方法"的理论视野作出阐述。[③]不过，迄今为止，对费孝通涉及"门罗主义"的著述，国内国际学界还没有专题性的探讨。对中国社会学、人类学的学术史而言，这一"学术空白"或许无关宏旨，但就"门罗主义"的全球传播史和接受史，以及中国自身的"区域国别学"学术史而

① 此处对于"三圈"的划分，得益于王铭铭教授的启发。参见王铭铭：《中间圈的文化复合性》，载《人文生境：文明、生活与宇宙观》，生活·读书·新知三联书店 2021 年版，第 121—144 页。

② 刘琪：《异乡之旅——读费孝通〈美国与美国人〉》，载王铭铭主编：《中国人类学评论》(第 5 辑)，世界图书出版公司 2008 年版，第 20—27 页。

③ 陈占江：《作为方法的乡土——以费孝通著述为中心》，载《社会学研究》2023 年第 4 期。

言，费孝通如何理解“门罗主义”，就具有了相当的重要性：第一，这是一位泰斗级的中国学术巨擘对于美国外交政策的思考与评论；第二，费孝通访美的1943—1944年，恰如伍廷芳担任驻美公使的20世纪初，都是美国国内精英围绕着本国在全球秩序中的定位和未来政策进行激烈辩论的一段时期。考察一位卓越的中国学者在约80年前如何观察和评论美国在大变局下的自我定位，有助于当代的“区域国别研究”获得历史纵深，建立自己的本土学术谱系。

事实上，至迟在大学本科时期，费孝通就已经接触到了“门罗主义”的概念。根据费孝通的自述，他在1930年到燕京大学上学后，有一次假期回苏州，借到了美国社会学家奥格本（William Fielding Ogburn，费孝通翻译为“乌格朋”）的《社会变迁》一书，于是就利用假期把它翻译了出来，后来经过妻子王同惠的校对发表。[①] 1930年，费孝通只有20岁，即便在1936年赴英留学之时，也不过是26岁。在其翻译的《社会变迁》第四章“发明及传播的困难”中，奥格本在探讨“新观念可以用旧形式来表白”的时候，以“门罗主义”为例，指出：“美国的门罗主义，起始是防御外强移祸于美国的外交政策，但若帝国主义日盛，则很可变为美国以经济侵略别国的工具。这种托梁换柱的方法，实在较另起炉灶为巧妙。所以发明及采用新发明实在比改良旧有的文化困难。”[②]如同20世纪初的梁启超一般，奥格本注意到“门罗主义”的解释经历了巨大的变化，以至于可以从一种防御政策转变为实质上的帝国主义侵略政策，因而符合“旧瓶装新酒”的基本原理。

然而，如果考察费孝通的著述中关于“门罗主义”的论述，我们可以发现，奥格本对“门罗主义”的这句论述，对他的影响几乎可以忽略不计。真正对费孝通的论述发挥重要影响的，是美国传播学巨擘李普曼。但费孝通对于李普曼著作的理解和运用，其实又是高度选择性的，并非对李普曼著作的忠实转述。如果我们进一步深入费孝通对“门罗主义”的认识，可以发现其中最具特色之处，是通过对中美两国移民心理的比较研究，寻找“门罗主义”的根源，从

① 费孝通：《费孝通全集》（第18卷），内蒙古人民出版社2009年版，第1—2页。

② 同上，第81页。

而提供了一个对"门罗主义"的心理学解释。而这恰恰是他以"乡土中国"为镜鉴所获得的认识。这一解释在预测战后美国外交政策走向的时候在一定程度上蹈空,但其问题意识和路径,却包含着一些对于今人有启发的内容,值得认真总结。

一、解读李普曼《美国外交政策:共和国之盾》

我们至少可以找到两个文本上的证据,证明费孝通对"门罗主义"的思考受到李普曼的影响。费孝通首先在发表于《民主周刊》1946 年第 3 卷第 3 期的《东北问题的国际背境》一文中提到了李普曼(费孝通翻译为"李普门"):"美国的外交政策,按李普门的说法,也可以分为二期,以 1900 年为界。1898 年美西战争,美国由西班牙那里得到了菲律宾。在这之前,美国的外交政策是门罗主义,就是要使美国自成一个单位,不令外国的势力干涉,美国也不去干涉外国的事。这政策得到了英国的默契和支持。但自从得到菲律宾之后,美国的势力在太平洋扩大了,它开始进入了太平洋的舞台。为着保障菲律宾的安全,防止日本的侵略,它希望有一个统一强大的中国出现,对于中国,采取了领土完整和门户开放的政策。"[①]在 1947 年出版的《美国人的性格》里的《原是负气出了门》这篇评论中,费孝通再次提到李普曼:"李普门说美国外交政策中只有门罗主义是一贯的,持久的;除此简直说不上任何外交政策。"[②]

费孝通在这两篇评论中并没有交代他引用的李普曼论述的出处,但从具体内容来看,应该是李普曼 1943 年出版的《美国外交政策:共和国之盾》(*U. S. Foreign Policy: Shield of the Republic*)。美国 1941 年参加第二次世界大战后,美国知识界围绕着美国未来的外交政策展开激烈辩论。李普曼在这本出版于 1943 年的著作中,对美国外交政策发表了系统的看法,提出了自己的理论原理:"在外交关系中,正如在所有其他关系中一样,只有在承诺和权力达到平衡时才能形成政策。这是一个被遗忘的原则,如果美国要实现它迫

① 费孝通:《费孝通全集》(第 4 卷),内蒙古人民出版社 2009 年版,第 28—29 页。
② 费孝通:《费孝通全集》(第 5 卷),内蒙古人民出版社 2009 年版,第 227 页。

切想要的外交政策,就必须恢复这一原则并将其恢复到美国思想的首要位置。"[①]其对"门罗主义"的论述,即基于这一原理而展开。

在1946年发表的《东北问题的国际背境》中,费孝通准确地转述了李普曼对于美国外交政策的分期:从1823年"门罗主义"的提出到1898年美西战争,是"门罗主义"在美国外交政策中占据主导地位的时期。但费孝通对于"门罗主义"的具体内涵的理解,却出现了细微的滑动和偏移。费孝通在该文中认为,"门罗主义","就是要使美国自成一个单位,不令外国的势力干涉,美国也不去干涉外国的事"[②]。但这并不是李普曼对于"门罗主义"的解释。李普曼强调的恰恰是,"门罗主义"从一开始就具有越出自身边界的意义:"美国承担了其大陆界限之外的义务。门罗总统将美国的保护范围扩大到整个西半球,并宣称,美国将冒着战争的风险,抵制在这个半球建立新的欧洲帝国。禁令针对的是西班牙、法国、俄罗斯和奥地利。"[③]

在《东北问题的国际背境》中,费孝通指出,"门罗主义"政策得到了英国的默契和支持,这是对李普曼的正确转述。事实上,李普曼反复强调的一点是,从1823年到1898年,美国人对于"门罗主义"何以发挥作用,并没有正确的认知。尽管当时英美不是盟友,英国还在许多重要的时刻与美国发生冲突,但英国不希望欧陆列强加强对于美洲的控制,因而运用其海军,发挥了拒止欧陆列强的作用,而美国无意识地享受了这种拒止的成果。在李普曼看来,这种"不劳而获"给美国人的错觉是,他们不依靠结盟的力量,就能够达到拒斥欧洲列强的效果。于是,"一代又一代的美国人生活在这样的幻想中:我们的立场和我们的承诺是不可侵犯的"[④]。他们相信,美国即便不依靠结盟,也能维持自己的承诺。

1898年美西战争的胜利,使得美国成为一个太平洋大国。它的权力已

---

① Walter Lippmann, *U.S. Foreign Policy: Shield of the Republic*, H. Wolff, 1943, p.7.

② 费孝通:《费孝通全集》(第4卷),内蒙古人民出版社2009年版,第28页。

③ Walter Lippmann, *U.S. Foreign Policy: Shield of the Republic*, H. Wolff, 1943, p.16.

④ Ibid., p.31.

经远远越出了美洲，背负着前所未有的承诺。然而在李普曼看来，美国的外交政策恰恰进入了一个紊乱期。美国人相信旧的外交方针还可以延续，这种态度被称为“孤立主义”。李普曼认为这个名字是有误导性的，因为问题并不在于是否“孤立”，而在于美国是否能够兑现自己的外交承诺。美国的承诺范围与日俱增，然而“门罗主义”顺利运行所依靠的英美非正式盟友关系，却已经遭到了削弱，这导致美国并没有力量来兑现自己与日俱增的承诺。在李普曼看来，威尔逊总统和他的国内政敌，都同样错误地认为，美国从来都没有盟友，最纯粹的美国传统是反对结盟的，而这种错误的认识源于没有正视英国在“门罗主义”政策运作中起到的实质性支撑作用。

在 1943 年的背景下，李普曼强调从 1898 年开始美国外交政策陷入紊乱，正是为了在新的时势之下，重建承诺与力量之间的平衡关系。他强调英国对于“门罗主义”运作的支撑作用，是为了驳斥“美国没有结盟传统”这一常见认识，认为与英国的实质性联盟，恰恰是美国兑现其外交承诺的关键所在。在 1943 年的语境下，李普曼强调的是，要兑现美国的外交承诺，需要维持与苏联、英国以及中国的盟友关系，在未来的战后秩序之中，需要防止德国与日本等战败国重新崛起。

费孝通对李普曼的阅读是高度选择性的。他从李普曼的文本中获得了“英国对于美国很重要”的印象，但并没有深入挖掘李普曼强调结盟的重要性的实践意图。更重要的是，费孝通对“门罗主义”形成了“孤立主义”的印象，这种“孤立主义”甚至可以说是最彻底的孤立主义，即不仅不管美洲之外的事情，甚至也不管外国的事情。这当然可能是一个写作过快导致的笔误，因为在 1947 年的论述中，费孝通明确地将“门罗主义”与“美洲”空间关联在一起。费孝通并没有在文本中呈现李普曼关于英美实质性联盟是“门罗主义”顺利运作之基础这一观点，“英国对美国很重要”“美国奉行孤立主义”两个观点在他的行文中并行不悖。于是，1898 年后的美国外交政策，被费孝通视为相对之前外交政策的根本性转向。费孝通指出：“但自从得到菲律宾之后，美国的势力在太平洋扩大了，它开始进入了太平洋的舞台。为着保障菲律宾的安全，防止日本的侵略，它希望有一个统一强大的中国出现，对于中国，采取了领土完整和门户开放的政策。"[①]在此,"门户开放"被视为"门罗主义"的对立面。但这显然不是李普曼的看法。

二、以"乡土中国"为镜鉴

如前所述,费孝通对于李普曼的选择性阅读,得到的是"门罗主义=孤立主义"的印象。这种阅读很快在费孝通对于美国人的性格的分析中发挥了作用。《美国人的性格》是费孝通受到美国人类学家米德的《美国性格》(*The American Character*)一书影响的产物,而米德的国民性研究,又可以追溯到其导师、德裔美国人类学家弗朗兹·博厄斯(Franz Boas)。博厄斯发展了19世纪德意志浪漫主义思想中的"文化"(Kultur)概念,反思立足于单线进化、寻找普遍进化法则的古典进化论,认为各个民族都有自己的文化,而每种文化都可以体现作为其基础的社会与民族的独特性。这种文化相对主义的"国民性"研究,与近代中日两国盛行的基于"文明等级论"的"国民性"研究,具有相反的诉求,具有反思"欧洲中心主义"与"白人种族优越论"的意涵。在19世纪典型的"文明等级论"之下,基于农业的"乡土社会"至多具有"半文明"或"半开化"的属性。然而,在文化相对主义的视野下,"乡土社会"可以具有和"移民社会"平等的尊严。

费孝通对于美国移民社区的研究,恰如他对中国乡土社会的分析,都运用了社区研究的方法,关注一定地域范围内的人民构成及其生活形态与文化特质。在《美国人的性格》里的《原是负气出了门》一文中,费孝通分析了美国人对于欧洲的复杂感情。他的基本观点是:美国是欧洲的"逆子",欧洲是美国的"严父"。如果说西班牙对其移居到中美洲的臣民相对仁慈的话,来到北美的移民则或多或少遭遇了欧洲严酷的一面。费孝通评论:"……北美……吸引了虔诚地想在地上建筑天堂的清教徒,宁愿短期卖身以求不再挨饿的饥民。充满着威胁、匮乏的欧洲才有这无数背井离乡、抛弃父母之邦的移民,一

① 费孝通:《费孝通全集》(第4卷),内蒙古人民出版社2009年版,第28—29页。

个向欧洲要求独立的美国。”[①]

而在《美国人的性格》里的《美国在旅程的尽头》一文中，费孝通更是明确地指出，对于来到北美大陆的移民而言，“祖国”并不是落叶归根的地方，“大多是代表着穷困，压迫，不自由的陈尸”[②]。不仅如此，“祖国”还是他们在新大陆上发展的障碍，是他们试图抛弃的过去。而他们的父母在他们的心理上是“强项的，可怕的，不可亲的，甚至是可恨的”[③]。费孝通因此认为，这些遭遇祖国残酷的一面的移民，是“负气出了门”，表现出一种复杂的心理状态：他们想报复欧洲，但报复的目的是要让后者说一声“好孩子”；由于负气，他们绝没有丝毫要回乡的念头，而是决心要在新大陆创立个更好的世界给大西洋那边的人看看。同时，为了将来自不同欧洲国家的移民整合为一体，他们需要弱化与欧洲祖籍地的联系，从而减少乡情带来的离心力。于是，“孤立成了美国立国的基本精神”。费孝通指出，所谓“孤立”就是指不管闲事，尤其是不管欧洲的闲事，“门罗主义是孤立主义，人不犯我，我不犯人的不管闲事主义；美国这个负气的孩子唯一希望的是关了门做个样子出来给人看看”[④]。

费孝通在《原是负气出了门》中认为，美国人对于欧洲“即使不幸灾乐祸，但是也不会发生姑奶奶对娘家的关切”[⑤]。这一评论有一个重要的比较对象，那就是中国的海外华侨。华侨身处海外，但积极投钱支持辛亥革命，支持中国的抗战，这是因为他们还抱着回乡的愿望，中国是他们“叶落归根”的地方；不但如此，“祖国的不争气是他们受人歧视和欺侮的原因，他们不能不关心祖国”[⑥]。在美国的华人长期遭遇主流社会的排斥，因而对于祖国更加关心。相比之下，从欧洲到北美的移民，就没有这样的对故乡的眷恋，而且在新大陆上，他们靠着自己的白皮肤，就可以避免由自己的祖籍来源所引发的歧视，即便有这样的歧视，也可以很快洗脱。他们的心态就如同“私逃出门的逆

① 费孝通：《费孝通全集》（第5卷），内蒙古人民出版社2009年版，第224页。
② 同上，第190页。
③ 同上，第192页。
④ 同上，第227页。
⑤ 同上。
⑥ 同上。

子”，对于压迫他们的老家充满忿恨，发誓不再回去，往往矫枉过正地要与自己的老家隔绝，改变自己的口音与名字，避免与曾经的同胞接触。费孝通观察到，美国人在生活中极其认可欧洲的标准，但他们虚心学习欧洲的学术，恰恰是为了“强爷娘，胜祖宗”[①]，“但有机会，也要在严父面前发泄一下，争一个面子”，让老家的人说他们一句“有志气”。[②]

费孝通 1947 年出版《美国人的性格》，在第二年即出版了其经典作品《乡土中国》。费孝通后来指出，两书虽然主题不同，但旨趣均在于研究国民社会性格，可谓“姊妹篇”：“这两本书可以合着看，因为我在这书里是以中国的事实来说明乡土社会的特性，和 Mead 女士根据美国的事实说明‘移民社会’的特性在方法论上是相通的。”[③]刘琪指出，费孝通所说的“共通的方法”，就是接受米德将社会视为高于个人的独立实体的看法，将大量具体的人与事作为理解宏观社会特征的切入点，而非目光停留的焦点。而他不断对中美两个社会进行比较，同时深化了对于两个社会的认识。[④] 这是很有洞见的评论。我们还可以补充的是，费孝通在两书中均使用了社区研究的方法，通过比较的视角，剖析不同社区之中人群的“文化”特质。通过对中美两国移民心理的分析，费孝通为“门罗主义”提供了一个心理学解释，断定美国人“负气”的参照，正是中国移民的“不负气”和对故乡的温情脉脉。在此，费孝通调用了他对“三圈”著述中的“内圈”——中国内地“乡土社会”的理解，来理解“外圈”社区的经验。

我们还可以借助费孝通在同一时期对于英国的思考，来确认费孝通的“乡土中国”参照系的存在。在 1947 年 3 月所作的《重访英伦》里的《访堪村话农业》这一篇中，费孝通记录了他去离牛津 20 里路的基德灵顿（Kidlington，费孝通翻译为“堪德灵顿”）拜访朋友所引发的思考。他的朋友温德先生并非农民，但住在那里。费孝通因而感叹“英国乡村多少已经成为了一些不

① 费孝通：《费孝通全集》（第 5 卷），内蒙古人民出版社 2009 年版，第 201 页。

② 同上，第 226 页。

③ 费孝通：《乡土中国 生育制度》，北京大学出版社 1998 年版，第 94 页。

④ 刘琪：《异乡之旅——读费孝通〈美国与美国人〉》，载王铭铭：《人类学评论》（第 5 辑），世界图书出版公司 2008 年版，第 23—24 页。

需要常住在城市里，而又想暂时享受一些清闲生活的人预备下的一个短期避世的别墅”。而他对接他的温德先生感叹：“你希望我看到一个英国的乡村，但是我怕我看到的也许只是你们都市的后园。”费孝通之所以对朋友这样评论，是因为他认为英国已经是一个很少土气的地方，乡村人口只有全国人口的 20%，但中国只有 20% 的人不住在乡村里。而这个过程是如何发生的？费孝通指出：“500 年前他们和我们也差不多，大家都是靠土地吃饭的。自从这个岛国的海上交通发达之后，他们就发现向海外去买粮食回来比在自己的土地上长粮食来的便宜……一步一步，英国在农业上撤退下来，成了个不必自己耕植畜牧的国家了。农业的式微使得乡村的经济基础彻底改变了。”而世界大战一爆发，英国的海上运输受到阻碍，马上就发生了粮食恐慌，因而导致英国政府重新重视农业。费孝通评论说：“……英国不能不重视农业，表明他们的经济已走出了扩展的时期。”[①]费孝通之所以能对英国农村与农业的特征作出这样的概括，恰恰是因为他以中国乡土社会的经验作为参照。在同一篇随笔中，费孝通还有一句看似漫不经心的评论：“英国至少有一点和美国人不同，他们和泥土接触的爱好。”[②]“乡土性”不等于“农业”，费孝通不可能不知道，美国的农业要比英国发达得多。费孝通提供的是一个“乡土性”而非农业发达程度的排序，在其中，中国强于英国，而英国又强于美国。

在《原是负气出了门》中，费孝通以“乡土中国”为镜鉴，推出了美国这个“移民社会”的基本心理机制，并试图以这种心理分析来理解二战中美国的外交政策走向，并预测未来的发展。费孝通认为英国首相丘吉尔向美国求援，意味着“放逐这逆子的严父已经低头了。非但低头，而且伸出了手，期待着这已经自立的孩子的反哺了”[③]。而美国的态度是，为了自身的安全，为了在欧洲面前获得道德上的胜利，可以出兵欧洲，但这并不意味着他们放弃了孤立与不管闲事的传统。“逆子”并不会轻易回头。

接下来，费孝通过渡到对于“杜鲁门主义”的评论。众所周知，“杜鲁门主

---

① 费孝通：《费孝通全集》（第 4 卷），内蒙古人民出版社 2009 年版，第 185—188 页。
② 同上，第 186 页。
③ 费孝通：《费孝通全集》（第 5 卷），内蒙古人民出版社 2009 年版，第 227 页。

义”源于杜鲁门总统1947年3月12日致国会的国情咨文。在其中，杜鲁门大讲两种生活方式的对立，认为美国的政策应当是支持“自由制度”与“自由民族”。杜鲁门称，“美国帮助自由和独立的民族去维护他们的自由，将有助于联合国宪章的原则发挥作用”①，而具体的政策则是援助希腊和土耳其，帮助它们镇压共产主义运动。杜鲁门主义的提出，标志着美苏同盟关系的终结和冷战的开始。而费孝通认为，“杜鲁门主义”只是“门罗主义”的扩大，过去的“门罗主义”是为了捍卫大陆的安全，而现在“门罗主义”所求的美洲的安全与孤立，无非是加上太平洋与大西洋两个外围以及在两洋对岸建筑下的空军站。费孝通认为，“在两洋边缘的国家也许会感到近似侵略性的压力，但是这压力的来源却是美洲的要保持孤立”②。

费孝通坚持认为，美国人“背叛严父自求独立”的心态从根本上来说没有变化，杜鲁门“不过是个现代化的门罗”。而杜鲁门对联合国的态度似乎印证了他的这一观察。联合国建立的基础是美、苏、英、中等国的反法西斯同盟，它的预设是各国能够在新的制度结构中维持战时的同盟。然而，在1947年，杜鲁门绕过联合国，直接签署《援助希、土法案》，与苏联直接对抗，这被费孝通视为对联合国的抛弃。费孝通评论道：“联合国巨厦的基石刚刚安定在纽约的岛上，而杜鲁门却已开始了放弃这国际组织的行动。这真是使我们哭笑不得的讽刺，不但告诉了我们美国传统里的矛盾，而且告诉了我们，这矛盾已化成了世界共同的矛盾了。”③不过，说杜鲁门放弃联合国，恐怕又是一个操之过急的评论，因为不久之后，杜鲁门积极运用联合国来达到自己的外交目的，在苏联代表缺席的情况下，通过以“联合国军”的名义出兵朝鲜的决议。作为联合国创建基石的美苏联盟固然崩溃了，但联合国并没有崩溃，而是继续成为美苏斗争的平台。

在费孝通1943—1944年访美期间，美、苏、中仍然是战时的盟友，在当时的气氛之下，还很难设想战后的“冷战”局面。而在“冷战”刚刚启动之时，一

① 朱红编译：《美国总统讲演集》，北岳文艺出版社2005年版，第287页。
② 费孝通：《费孝通全集》（第5卷），内蒙古人民出版社2009年版，第228页。
③ 同上。

般评论者很难预见未来的“冷战”会发展到什么程度。费孝通仍然以过去的历史经验来推测未来，在“杜鲁门主义”与“门罗主义”之间建立类比关系。并非偶然的是，费孝通1947年在《美国人的性格》中发表的评论，在1957年成为批判者的批评依据。批判者将《美国人的性格》理解为对于美国的颂扬，尤其重视讨论“门罗主义”心理根源的第八篇，认为费孝通用“逆子不回头”来解释美国，是“为了替杜鲁门主义下注解，说杜鲁门主义就是‘门罗主义’的扩大，是保障美洲的独立”，最终是认为美国不会干涉中国内政。[①]这是费孝通的美国研究的“接受史”的一部分。本文对此不作评论。但经历了二战的美国究竟在多大程度上延续了“孤立主义”的心态，是一个值得重审的学术问题，值得我们继续讨论。

三、超越孤立主义：美国“边疆”的拓展

1917年，伍德罗·威尔逊将美国带入第一次世界大战，并在战后积极推动国联的建设。然而，多数共和党人认为加入国联会使得美国在美洲之外担负刚性的义务，而且，国联有可能成为其他列强（如在国联中拥有六票的大英帝国）干预美洲事务的抓手。威尔逊的外交政策最终遭遇惨败，美国作为国联的发起国，最终却未能加入国联。威尔逊之后的几任总统小心翼翼，一方面在实际上参与欧洲事务，另一方面又尽可能避免承担刚性义务。这可以说是目睹威尔逊失败之后的自我约束。

然而，第二次世界大战给了美国一个全面审视和反思自身外交传统的新机会。在费孝通访问美国前后的一段时间内，美国学界就美国在全球秩序中的位置展开了辩论。费孝通重视的李普曼是这场辩论的重要参与者。但在外交战略上发挥了更大影响力的，其实还不是李普曼，而是荷兰裔美国地缘政治学家斯皮克曼。

1942年，在太平洋战争进行之中，斯皮克曼出版了《世界政治中的美国

① 中共中央民族学院委员会整风办公室编印：《揭露和批判章罗联盟的军师——费孝通》（第1辑第1分册），中共中央民族学院委员会整风办公室1957年，第105—107页。

战略》,用佩里·安德森(Perry Anderson)的评价说:"突显了华盛顿长时段反思的空白。"[①]在德日崛起的背景之下,斯皮克曼主张,美国如果要保障西半球的安全,就不能不寻求全球范围内的势力均衡。美国国内的孤立主义者相信,由于太平洋与大西洋的阻隔,德日联盟在旧世界的全面胜利将不会影响到西半球的存亡,斯皮克曼对此不以为然。他将美洲划分为(包括美国与加拿大在内的)盎格鲁—撒克逊美洲与拉丁美洲,认为如果德日入侵美洲,拉美国家基本上只会拖美国的后腿;即便没有入侵发生,德日控制的旧大陆也能够轻而易举地对西半球发动贸易战,并利用拉美国家的社会结构和意识形态与盎格鲁—撒克逊美洲的巨大差异,对阿根廷的亲德政权实施和平演变,建立柏林控制的傀儡政权,进而在南美扩张,建立"大南美共荣圈"。因此,为了在全球范围内实现均势,以保障西半球的安全,美国必须主动出击,加入欧洲与太平洋战事,击败德国与日本。

在1942年,斯皮克曼甚至设想了战后国际体系的基本形态:美国需要汲取一战之后草率退回美洲的教训,积极介入欧洲与亚洲的联盟体系,维持旧大陆的势力均衡。斯皮克曼确定无疑地指出,在战后的亚洲,美国需要平衡的力量并不是日本,而是拥有更大经济与军事潜能的中国。[②]斯皮克曼将英国地缘政治学家麦金德的名言"谁控制了东欧,谁就控制了心脏地带;谁控制了心脏地带,谁就控制了世界岛;谁控制了世界岛,谁就控制了全世界"改成了"谁控制了边缘地带,谁就控制了欧亚大陆;谁控制了欧亚大陆,谁就掌控了整个世界的命运"[③]。而中国,就处于他所说的"边缘地带"的关键位置。李普曼在著作中建议美国巩固与中国的联盟,而斯皮克曼则将中国作为围堵的对象。冷战初期美国外交政策的主要制定者约翰·福斯特·杜勒斯(John Foster Dulles)和乔治·凯南(George Frost Kennan)等人,都从斯皮克曼处获

---

① 〔英〕佩里·安德森:《美国外交政策及其智囊》,李岩译,金城出版社2017年版,第11页。

② 〔美〕尼古拉斯·斯皮克曼:《世界政治中的美国战略——美国与权力平衡》,王珊、郭鑫雨译,上海人民出版社2018年版,第444页。

③ 〔美〕尼古拉斯·斯皮克曼:《和平地理学:边缘地带的战略》,俞海杰译,上海人民出版社2016年版,第58页。

得了很多启发。

费孝通在评论中认为，美国社会为了增强来自不同国家的移民对于美国的认同，有意识地削弱移民与欧洲祖籍地的情感联系。这是很中肯的观察。在很长一段时间内，美国的史学就是有意地遵循这一导向的。1893 年，美国历史学家弗里德里克·杰克逊·特纳(Frederick Jackson Turner)在美国历史协会年会上发表演讲，论证美国作为一个民族，并非移民的欧洲祖籍地身份的延续，而是移民在不断向西扩展的边疆之中经过重新锻造的结果。边疆使得移民远离自己的祖籍地，远离大西洋，获得了新的民族特征。[①]特纳的"边疆假说"得到了美国史学界的广泛接受。在很长一段时间内，美国的历史教育刻意强调美国是在新大陆上重新锻造出来的民族，弱化美利坚民族与欧洲的联系。不仅如此，如果边疆是不断向西扩展的的话，那么锻造美国民族性的空间场域，也在不断地移动。如果结合特纳和费孝通的视角，可以说，特纳的"边疆假说"不仅否定了将欧洲作为美国的"乡土"，甚至也否定了将新英格兰作为美国的"乡土"。边疆的牵引力，使得来自欧洲的移民即便在美洲大陆上也处于不断的流动之中，由此也不存在发生"乡土社会"的可能性。

在二战结束之后，特纳的"边疆假说"在新的时势之下，也成为后辈学人的反思对象。1945 年 12 月 27 日，历史学家卡尔顿·约瑟夫·亨特利·海斯(Carlton Joseph Huntley Hayes)在美国历史协会年会上发表演讲，题为《美国边疆——何为边疆?》，对特纳的论述作出反思。海斯的旨趣在于强调美国的普遍性而非特殊性，反对美国在历史叙事上的孤立主义。他指出："(美国)试图在出身五花八门，语言、宗教、种族等来源迥异的民众中，制造出一种隶属于一个新的、独特的、民族的、普遍而强烈的意识时，民族主义其实是被当作一种最具效率的工具来传播和使用的。所有的这一切给我们注射以抵抗欧洲的疫苗，在我们的思想意识里建立起一个孤立主义者的国度。"[②]海斯警

---

① 〔美〕弗雷德里克·杰克逊·特纳:《边疆在美国历史上的重要性》，载张世明、王继东、牛咄咄主编:《空间、法律与学术话语:西方边疆理论经典文献》，黑龙江教育出版社 2014 年版，第 57—93 页。

② 〔美〕卡尔顿·约瑟夫·亨特利·海斯:《美国边疆——何为边疆?》，同上，第 198 页。

告，目前的这种趋势如果不加制止，只会在公众心目中强化美国特殊论与优越论的神话，使得美国人的传教和救世冲动越发膨胀，无视其他民族的现实存在和历史文化。海斯追问："当我们认识到政治孤立的徒然无益而最终加入国际安全组织的时候，当我们通过贸易互惠协定接受布雷顿森林提案、放弃经济孤立政策的时候，我们还耿耿热衷于智识上的孤立主义，岂非荒谬绝伦？"①

海斯在《美国边疆——何为边疆？》中也谈到了美国的"门罗主义"，认为"门罗主义"执着于论述其西半球的特色及与老欧洲的差异，但这或许意味着仅仅把一国的"孤立主义"转换为半球规模的"孤立主义"。问题在于，美国已经不仅是区域霸权，而是在欧亚两洲有着广泛政治影响力的大国，要对旧大陆施加影响力，美国需要一种普遍主义视角和话语。海斯倡导一种文明连续性的视角：美国移民是欧洲遗产的继承者，西进的移民并没有成为印第安人，而是仍然继承和发展了欧洲文明，边疆熔炉所炼出的，是欧洲文明的新发展。海斯又采用比较的视角，指出几乎所有的欧洲国家在其历史上的某个时间段都曾有过一个美国意义上的、影响深远的边疆。整个美洲就是一个边疆地带：拉丁美洲是西班牙和葡萄牙的边疆；魁北克是法国的边疆；美国是英国、荷兰、西班牙、法国、德国、爱尔兰、斯堪的纳维亚国家以及意大利、波兰的边疆；而那些已开化的黑人和印第安族裔，在美洲化的同时也被欧洲化。

海斯主张对美国的历史论述作出调整，其实践关注点在于，美国已经是一个大西洋共同体的领袖。他指出："我们美国人同时继承和发展了这样一个大西洋共同体以及作为其基础的欧洲文明，而且将来可能会成为其领导者。如果我们打算成功地卸下战后背上的沉重而艰难的责任，我们就不应该进一步削弱，相反更应该增强这一文化共同体的自觉意识和凝聚力。"②因此，美国人不能够过多强调自身的文化独特性，而应该强调共同性，进而谋求

---

① 〔美〕卡尔顿·约瑟夫·亨利·海斯：《美国边疆——何为边疆？》，载张世明、王继东、牛咄咄主编：《空间、法律与学术话语：西方边疆理论经典文献》，黑龙江教育出版社 2014 年版，第 200 页。

② 同上，第 206 页。

跨大西洋联盟的领导权。他在1945年即认为欧洲联盟是不可能的，“我们与欧洲的和平和安全以及未来世界秩序最稳固的支柱，并不在于一个强制而蹩脚的欧洲联盟，而在于整个大西洋共同体内部民族国家的地区性谅解”，[①]由此确定了美国领导欧洲的基本思路。海斯还认为，泛美联盟也不可能发生，因为拉丁美洲事实上无论在文化还是外观上都更接近于拉丁欧洲，而不是美国。美国需要牢牢掌握跨大西洋联盟，并在其中发挥领导作用。

海斯对于特纳的批评，体现出一种非常强的“领导权”(hegemony)自觉。如果用葛兰西(Antonio Francesco Gramsci)的“领导权”理论来看，美国要掌握跨大西洋联盟，不能仅仅依靠强力(coercion)，更需要获得其盟友的“同意”(consent)，而一种强调大西洋两岸共同的文明认同的历史叙事，更有助于说明彼此的共性，拉近相互之间的关系。时势需要美国人与时俱进，为了领导跨大西洋联盟，弱化对自身独特性的强调，打造共同的西方文明叙事，进而凸显美国在其中的领导地位。只是在1945年发表演讲时，海斯没有想到，他的历史叙事提议，最终会与“冷战”的政策结合在一起。随着“冷战”的到来，美国不仅推进了对西方文明叙事的建设，更推进了所谓“自由世界”的叙事，但无论是哪种叙事，都在很大程度上弱化了对自身特殊性的强调。

不过，从特纳自身的理论逻辑出发，或许可以对海斯的评论作这样一个回应：海斯对于大西洋两岸文明共性的论述恰恰说明，美国的边疆再一次扩展了，越出了美洲大陆，扩展到了大西洋对岸。“老欧洲”现在成了美国新的边疆。因此，费孝通的论断“在两洋边缘的国家也许会感到近似侵略性的压力，但是这压力的来源却是美洲的要保持孤立”[②]并非对时势的准确描述。美国并非保持“孤立”，而是决定性地扩展了自己的边疆。而结合斯皮克曼的论述来看，美国与“老欧洲”的结盟，是预设了欧亚大陆上存在其他强大的第三方势力(苏联、中国)的威胁，这种威胁让美国需要在心理上抑制自身对于

---

① 〔美〕卡尔顿·约瑟夫·亨利·海斯：《美国边疆——何为边疆？》，载张世明、王继东、牛咄咄主编：《空间、法律与学术话语：西方边疆理论经典文献》，黑龙江教育出版社2014年版，第212页。

② 费孝通：《费孝通全集》(第5卷)，内蒙古人民出版社2009年版，第228页。

"老欧洲"的厌恶,从而务实地维持一种战略层面的平衡。

从今天看来,1947年的费孝通以"乡土社会"为参照,敏锐地抓住了作为"移民社会"的美国对于自身的来源地欧洲的复杂情感。这种情感模式确实会在很多时候引发一种"孤立主义"的倾向。比如说,二战之后的美国虽然深度介入了欧亚两洲的政治事务,但是一旦碰到重大的挫折,美国的公众往往迅速要求一种退却的政策。美国深度介入了朝鲜战争,但在遭受挫折之后很快退却;美国深度介入了越南战争,但在遭受挫折之后,国内反战情绪高涨,最终产生了更大规模的退却,以至于英国帝国史家尼尔·弗格森认为,美国缺乏向落后地区输出资金、人口与文化的动力,是一个不敢称自己为帝国的国家,一个抗拒的帝国:"美国人承担起了我们以前的角色,但却不愿面对成为帝国所必须面对的事实。"①

不过,费孝通认为这种复杂的情感必然会导致"孤立主义"的持续,则是过于峻急的推论,并没有充分考虑美国精英对于本国在全球秩序中的位置的理性计算和精心筹划。有两种心理机制可以帮助美国克服对被"旧世界"污染的恐惧:一是,存在强大的第三方威胁,为了在旧大陆上重建势力的平衡,捍卫美国的安全,美国可以抑制自己对于"旧大陆"的消极情绪,与"旧大陆"的某些国家结盟,这正是斯皮克曼论述的基调;二是,美国作为解放者、拯救者与教化者,介入"旧大陆"的事务,就如同他们将"文明"带向印第安人居住的西部一样。前一种心理机制提供了一个心理下限,后一种心理机制提供了上限,但都支持美国的"边疆"的扩展。而当这两种心理机制都出现"防线失守"的情况时,我们就会看到美国从"新边疆"的退却——最新的例子就是美军从阿富汗的撤退。

于是,我们完全可以将费孝通对于"乡土中国"的研究与特纳对于美国"边疆"的研究结合在一起,对费孝通的美国论述"接着讲"。美国确实不是"乡土社会",因为不断移动的"边疆",使得人与土地之间难以建立"乡土社会"中的扎根关系。但这不等于美国就会一直保持"孤立主义"。对于"旧世

① 〔英〕尼尔·弗格森:《帝国》,雨珂译,中信出版社2012年版,322页。

界”的消极情绪，是支持“门罗主义”的重要心理基础。但当美国通过“西进运动”，将“边疆”推到太平洋沿岸之后，固守“美洲”这一空间限制就已经不可持续了。事实上，在美西战争之后，美国就将“边疆”推到了太平洋西岸，占据菲律宾，并在中国推行“门户开放”政策。西奥多·罗斯福总统在1901年10月11日致德国外交官赫尔曼·斯佩克·冯·斯特恩堡的一封书信中指出，“门罗主义”与“门户开放”是高度相似的，甚至可以说“门罗主义”就是南美洲的“门户开放”。[①]昔日，美国自命为“西半球”或“美洲”代言人，在20世纪，美国开始自命为中国代言。

那么，在欧亚大陆，美国究竟在捍卫什么呢？或者，更进一步问：一个没有乡土社会作为文化原型的国家，究竟会捍卫什么？1950年，中国志愿军出国作战，喊出的口号是“抗美援朝，保家卫国”。“保家卫国”正是一个具有强烈乡土性的国家所喊出的口号。而一个缺乏乡土性的国家，则可以将“边疆”的思维贯彻到极致——它可以捍卫各种不属于它自己的东西，尤其是，代言他人的自主性。“门罗主义”在越出西半球的空间限制之后，最终走向了这一方向。1917年1月22日，威尔逊在美国参议院发表了后来被称为“没有胜利的和平”的演讲，重新解释了“门罗主义”：“所有国家应自愿将门罗主义作为世界性的原则；任何国家都不应将其政治体制扩展到其他国家或民族，而且每一民族都有自由决定自己的政治体制，有不受阻碍、不受威胁、不必恐惧地决定自己的发展道路的自由，无论是小国还是大国和强国。”[②]这个演讲看似在释放某种“不干涉”的信息，但实际上带来的是一种普遍的干涉主义。原因在于，美国认为它自己有权也有责任判断哪些国家的发展道路受到了阻碍与威胁，从而可以采取行动，消除这种阻碍与威胁。这是一种为他人的“自主性”代言的逻辑，借助代言建立起对他人的支配。

这种对他人是否自主的判断权，也就给了美国无限的行动空间。然而，

---

① Donald J. Davidson ed., *The Wisdom of Theodore Roosevelt*, Citadel Press, 2003, pp. 50-51.

② President Woodrow Wilson, “Peace without Victory” Speech, January 22, 1917. 64th Cong., 23 Sess., Senate Document No. 685: “A League for Peace.”

对于具有强烈“乡土性”的中国而言,需要捍卫的事物是非常具体的。即便是在推崇“世界革命”的20世纪六七十年代,周恩来总理也曾经这样严厉批评在异国土地上打游击的切·格瓦拉(Che Guevara):“所谓格瓦拉的‘游击中心’,就是跑到那里放一把火就走。就像我们的盲动主义似的,脱离群众,没有党的领导。”[①]周恩来总理对于不能脱离群众的强调,背后正隐藏着乡土社会的“扎根性”,“盲动主义”是乡土社会“扎根性”的对立面。即便在今天,中美两个国家在许多方面的差异和较量,背后仍然存在着“乡土社会”与“移民社会”,“乡土性”与“边疆性”两种不同思维模式的分野。

费孝通对于“门罗主义”的心理解释,固然存在着显而易见的短板。然而他对于“乡土社会”与“移民社会”差异的探索,却饱含理论启发性,值得今人“接着讲”。在今天,中国文明的演进经验、中国式现代化的宝贵经验,是否能够产生具有普遍性的理论,已经成为“自主知识体系”建设的关键所在,而费孝通在研究中所展示的主体意识,恰恰可以为今人思考自身在研究中的主体性,提供有益的启发。

四、余论

费孝通学术研究的空间范围,覆盖了中国内地社会、民族边疆地区社会以及海外社会。以今天的眼光来看,他对海外社会的研究,既是“社区研究”的重要探索,又是非常具有文化自觉的“区域国别研究”。20世纪上半叶,在时代的剧变之中,费孝通关注中国与全人类的命运,对美国、苏联、英国、日本等国家进行了一系列评论。他在考察美国政治社会生活的过程中遭遇了美

① 周恩来:《在外事工作会议上的讲话》,1971年5月31日。竺可桢在1971年6月10日的日记中记录了上级传达的周总理在外事工作会议上的讲话:“今天传达的周总理报告范围很广,以外事为主……谈到格瓦拉(古巴已死的战士)和托派的影响,和他们的错误……古巴胜利后想搞他处,格瓦拉先到大刚果。卢蒙巴死后,基赞加不行,由米都地地领导着,格瓦拉去了一共只100多人,过的是西方生活,吃完罐头就没办法。通过坦桑尼亚使馆曾向我们要求建立全非电台,没理他。阵地守不住,米都地地淹死湖中。格瓦拉坐船到坦桑,给别人一场大祸。在本地无基础,然后在玻利维亚被人杀死。要有了燎原之势,星星之火才能燎原。”竺可桢:《竺可桢全集》(第20卷),上海科技教育出版社2011年版,第403页,第559—560页。

国的外交政策，而他的研究进路，是将对“门罗主义”的研究与对移民的心理特征的比较分析结合在一起，尤其是通过对中美两国移民的不同心理机制差异的观察与思考，发掘“门罗主义”的心理根源，这一视角的背后是“社区研究”对于“文化”的持久关注。他观察到，海外华侨华人积极保持与祖籍地的联系，而移民北美的欧洲人对欧洲老家往往怀有怨恨，但同时又渴求获得欧洲老家的承认，多少体现出一种“负气”的心理。这一分析尤其能体现他的跨国比较的视角——中国乡土社会的参照，使得他能够清晰总结美国作为“移民社会”的特征。在某种意义上，我们甚至可以说，费孝通是以“乡土中国”为镜鉴，来观察海外社会的。当然，美国作为“移民社会”所提供的参照，也深化了他对于“乡土中国”的认识。

费孝通所总结的美国“移民社会”的心理机制，在解释二战后美国的宏观外交政策走向的时候，在一定程度上出现了蹈空。毕竟，宏观外交政策的走向受到许多因素的影响，很难用一个微观层面的心理机制来把握。费孝通在一定程度上高估了美国的孤立主义传统的力量，低估了美国精英在二战期间对于自身在世界中的位置的反思与筹划。正是在二战之中，像李普曼这样的美国精英意识到，“门罗主义”一度取得的成功其实依赖于和英国的实质性联盟，因而“不结盟”并非对于美国外交传统的准确表达；正是在二战之中，美国精英认识到，那种刻意淡化与祖籍地的联系、强调美国特殊民族性的论述，不利于美国在战后的跨大西洋共同体中发挥领导作用。这些讨论一般是在较高的精英层次发生的，因而无法及时地传递到大众文化的领域。然而外交本身就是一个高度精英主义的领域，一旦精英的筹划产生了一定的共识，即便大众仍处于冷漠状态，也不影响新的政策与行动的展开。

但费孝通对于美国外交政策预测的“蹈空”，丝毫不妨碍我们对他的思考和论述“接着讲”。他在著述中所概括的“乡土社会”与“移民社会”的差异，是一个具有强大生命力的理论发生点，这一论述如果与美国自身的“边疆”理论结合起来，就可以进一步深化对美国的观察。正是不断移动的“边疆”，使得美国人与土地之间难以建立乡土社会的“扎根性”。在完成“西进运动”之后，美国的“边疆”很快越出了西半球。“门罗主义”克服“西半球”空间限制的关键，是威尔逊引入了一种为他人的自主性代言的逻辑，而这正是美国的“边疆性”的集中体现：不是捍卫祖先固有之物，而是以捍卫各种不属于它自身的东西的名义，扩展其自我的空间范围。

从梁启超 1899 年在《清议报》介绍“门罗主义”，伍廷芳 1900 年 2 月在宾夕法尼亚大学发表演讲，建议美国精英将“门罗主义”扩展到菲律宾乃至亚洲大陆，到费孝通剖析“门罗主义”的“移民社会”心理根源，将近半个世纪，中国的精英都在不断深化对美国“门罗主义”的认识。如何准确地认识美国的历史、现状和未来走向，始终是对中国“区域国别研究”学者的考验，而包括费孝通在内的先贤们认识美国时的得与失，都可以成为滋养后人思想的养料。费孝通运用“社区研究”的方法，以中国“乡土社会”为镜鉴，考察美国人的移民社区的文化特质，进而从中寻找“门罗主义”的精神起源，这本身就是一种具有强烈文化自觉的区域国别研究，也提示我们，燕京学派的“社区研究传统”，如加以恰当的总结和转化，完全可以给“三圈”中的海外社区研究带来重要的启发，丰富当代区域国别学的理论与方法。

后　　记

《巨灵擘地："门罗主义"与区域国别研究的知识生产》是我的第六本独著专著，以"门罗主义"研究为切入点，考察新旧殖民主义对全球空间秩序与知识传统的塑造，探讨近代以来中国政治精英与知识精英对于新旧殖民主义及其塑造的知识传统的认识。

"巨灵擘地"这一标题，源于梁启超《二十世纪太平洋歌》中"巨灵擘地镵鸿荒，飞鼍碎影神螺僵"，系将梁启超对于鸿蒙开启的描述，转用于对于殖民帝国的支配秩序的描述。虽然是一种转用，但自度不失为对梁启超视角的进一步展开。梁启超就曾经将他访美所看到的商业组织"托拉斯"称为"二十世纪之巨灵"，并担心列强的"保全中国"议论掩盖着险恶的"灭国新法"，即在不瓜分中国领土的前提下，控制和瓜分中国的经济命脉。如此，"巨灵"不必是国家正式的军事和行政组织，"地"也不必是实际的地球表面的空间，而可以有更为丰富多元的形态。这一视野使得梁启超不仅掌握了旧殖民主义的逻辑，而且对于正在展开的新殖民主义有着深刻的理解。借助"巨灵擘地"这一形象，我们可以推进对深刻塑造全球秩序与区域秩序的新旧殖民帝国的研究，并深入理解那些在列强压迫下谋求独立自主的奋斗与探索，20 世纪的中国革命与"中国式现代化"，无疑是这些探索之中极其显著的案例。

本书分为上、下两编，上编"擘地无声"共收入四篇论文，分别探讨"门罗主义”解释史上的区域霸权与全球霸权之争、“门罗主义”两个世纪留下的遗产、美利坚帝国的形态演变以及拉丁美洲在“门罗主义”重压之下的主体性，这四篇论文是我对于“门罗主义”的直接探讨和评论。下编“重识巨灵”收入五篇论文，重点梳理近代中国政治精英与知识精英对“门罗主义”的认识，在视角上可谓一种“二阶观察”。作为美国历史上最为重要的外交政策框架，“门罗主义”在两百年中呈现出了从旧殖民主义向新殖民主义演变的完整谱系。认识“门罗主义”，本身就意味着认识更为隐蔽的殖民主义形态。

我曾在与一些德国学者就“门罗主义”进行研讨时听到这样一种见解：“门罗主义”一开始是反殖民主义的。这其实也是许多“美国例外主义者”的见解。然而它采取了极其狭义的“殖民主义”界定，仿佛只有占取土地和派遣移居者才是“殖民主义”，霍布森(John Hobson)1902 年出版的《帝国主义》区分“帝国主义”与“殖民主义”，采取的就是这样一种界定方式。但即便是按照这个界定，19 世纪的美国仍然能够被界定为一个实践“旧殖民主义”的国家——它不断向西扩张自己的领土，夺取印第安人世居的土地与墨西哥的土地。而“新殖民主义”则是一种在形式上不夺取领土、也不需要派遣移居者的“灭国新法”(梁启超语)，它首要关注的还是对经济命脉的支配。

第二次世界大战之后，“去殖民化”持续推进，但在大部分新独立的国家，去掉的主要是“旧殖民主义”，“新殖民主义”依然强劲有力。比较 21 世纪的发达国家俱乐部与 1900 年攻入北京城的列强的名单，我们可以看到极高的重合度。之所以如此，并不是因为广大发展中国家没有努力发展自身。广大殖民地半殖民地获得政治与法律上的独立后，仍然生活在一个国际交往的规则主要由二战前的列强所制定的世界之中。而且列强可以根据自己利益的变化，对国际规则作出自己所需要的调整。这一点在全球贸易秩序中有着尖锐的体现：当中国的产业总体上尚处于低端的时候，发达国家对华主要采取“自由贸易”话语，旨在进一步打开中国的国门；但当中国的产业不断升级，危及列强对于产业链上游的支配权的时候，“自由贸易”话语很快不知去向，贸易保护主义成为一种常态。美国甚至以举国之力，对中国一家高科技公司进行严厉的制裁。而这就是所谓“以规则为基础的国际秩序”的真相——重要的不是规则的具体内容是什么，而是规则的制定权和修改权掌握在谁的手中。“以规则为基础的国际秩序”的说辞可以列出种种它主张保护的人权，但平等的“发展权”并不是它所主张的权利。一个保护平等发展权的国际秩序，仍然是有待实现的理想。

“巨灵擘地”带来的压迫，引发了全球性的抵抗。20 世纪中国仁人志士筚路蓝缕开拓的“中国式现代化”道路，建立在对“通过战争、殖民、掠夺等方式实现现代化的老路”[①]的否定与反抗的基础之上，而这正是中国的“区域国别学”的历史基础所在。深入研究“中国式现代化”的对立面，是“区域国别学”获得中国道路自觉的关键所在。本书对于 20 世纪上半叶一系列思想人物的探讨，一方面是对中国“区域国别学”学术谱系的重构，另一方面也是对当时中国的区域国别研究者突破殖民主义思想束缚、寻求思想独立自主的足迹的记录。

作为我的第六本独著专著，《巨灵擘地》延续和推进了我近年来对于内/外关系的思考：第一本专著《旧邦新造：1911—1917》是在国际体系变迁的背景之下，思考从清朝到民国的宪制变迁；第二本专著《万国竞争：康有为与维也纳体系的衰变》是系统探讨一位近代中国思想家对于内/外关系的认识；第三本专著《此疆尔界：“门罗主义”与近代空间政治》则更聚焦于国际秩序，探讨“门罗主义”话语在美国究竟经历了什么样的解释历程，并在全球各地“旅行”，催生出种种话语变体，这是一项对于空间边界划分背后的政治主体性的研究；第四本专著《西途东归：朝向中国道路的思想突围》则关注若干有影响力的西学研究范式在解释中国道路时遇到的瓶颈，以及近年来围绕中国道路的新解释的贡献与薄弱之处；第五本专著《铸典宣化：“文明等级论”之下的“旧邦新造”》则聚焦于近代中国突破殖民帝国“文明等级论”的历史进程。《巨灵擘地：“门罗主义”与区域国别研究的知识生产》继续贯彻内/外关系的视角，将我近年来进行的“帝国理由”的研究与对“门罗主义”全球传播史的继续研究关联在一起，其写作也注入了“区域国别学”学科建设自觉。

---

① 习近平：《高举中国特色社会主义伟大旗帜 为全面建设社会主义现代化国家而团结奋斗——在中国共产党第二十次全国代表大会上的报告》，人民出版社 2022 年版，第 23 页。

作为一系列既有研究论文的合集，本书在结构上必然难以避免体系性不够强、不同篇目之间的呼应有所欠缺等问题。不过，在思想的不同发展阶段，思考者难免总会遭遇到自身的瓶颈。本书的基本思路，是在发展中解决发展本身的问题，首先积极参与"区域国别学"的知识生产与学科建设，进而通过获得的反馈来突破思想的瓶颈，推动自己的写作。学界同仁与广大读者的批评对于本书的继续完善及相关研究的继续推进具有至关重要的意义。

本书在写作过程中，获得了钱乘旦、袁明、邓小南、汪晖、黄平、马戎、张静、董经胜、渠敬东、强世功、王锡锌、杨立华、王铭铭、唐士其、初晓波、林丰民、王栋、向勇、郭琳、宋念申、王献华、魏南枝、殷之光、田雷、屈文生、张泰苏、刘晗、昝涛、翟崑、王丹、李昀、靳戈、王维佳、阎天、段德敏、左亦鲁、张敏、马建标、陈玉聃、赖骏楠、王锐、罗祎楠、周展安、傅正、邵六益、刘琪、田耕、孙飞宇、施越、杨博文、吴双等师友的支持、鼓励与启发。郑涛、李旭、吴应娟等同学参与了本书部分章节的校对工作，在此一并致谢。感谢凯风公益基金会为本书研究提供的支持。最后，我还想感谢北京大学出版社夏红卫书记与本书的责任编辑许心晴老师，没有他们的支持与努力，本书不可能与读者见面。

章永乐

2023 年 10 月 6 日于北京